이 토 록
만 날 만 한
예 수

이토록 만날만한 예수

초판 1쇄 | 2024년 7월 17일 펴냄

지은이 | 김영배
발행인 | 소재웅

북디자인 | 루디아153

펴낸 곳 | 도서출판 훈훈
주소 | 경기도 고양시 덕양구 소원로267
이메일 | toolor@hanmail.net
홈페이지 | blog.naver.com/toolor
인스타그램 | @hunhun_hunhun

이토록 만날만한 예수

김 영 배

흔흔

저자는 서문에서 이 책이 "두 가지 목적을 위해 쓰여졌다" 합니다. 하나는 '예수님을 인격적으로 만난다'는 말의 의미를 밝히는 것이고, 다른 하나는 실제 이 책을 읽는 동안에 '예수님을 만나는 일이 일어나기를 바라는 것'입니다. 저자는 처음에 던진 이 질문에 대한 답을, 성경 속 인물들과 그들이 만났던 예수님 이야기를 통해 풀어가고 있습니다. 교회 안에 너무 흔해진 질문, 그러나 선뜻 그 의미가 무언지 대답하지 못했던 '그 질문'에 답을 찾아가는 여행으로의 초청인 것입니다. 저자는 단순히 신학적 정의를 나열하는 대신, 복음서 속 인물들이 예수님을 만났던 이야기들을 생생하게 펼쳐 보여줍니다. 세례 요한의 기대, 나다나엘의 편견, 사마리아 여인의 갈증, 삭개오의 변화, 십자가 위 행악자의 회심… 그들의 이야기 속으로 깊이 들어가 예수님을 만났던 순간들을 함께 경험하며, 독자들로 하여금 '예수님과의 만남'이 우리 삶에 어떤 의미를 갖는지 그리고 그 만남이 어떻게 우리의 존재를 근본적으로 변화시키는지 경험하게 만듭니다.

특별히 이 책은 "말씀 안에서 성령의 감동으로 예수님을 인격적으로 만난다"는 저자의 목회적 확신을 바탕으로 쓰였습니다. 저자가 예수님을 만났고, 그 안에서 인생의 의미를 발견했던 것과 같은 방법으로 독자들도 그 예수님을 만나는 여정에 서기를 권합니다. 단지 누군가가 들려주는 예수가 아니라, "직접 성경 이야기 속에 들어와 그 속을 거니는 예수님을 경험하라"는 것입니다. 독자들로 하여금 신실한 성경연구자의 가이드를 따라 말씀 속 세상에서 일어나는 다양한 사건을 묵상하고, 그 묵상을 품고 하나님과 씨름하는 또 다른 여정을 지나 예수님과 인격적인 관계를 맺는 자리로 나아오도록 초청하는 겁니다. 『이토록 만날만한 예수』는 예수님 만나기를 소망하는 이들에게는 첫 만남의 설렘을, 이미 예수님을 만난 이들에게는 더 깊은 차원의 만남을 선사할 것입니다. 예수님이 우리를 위해 십자가에서 죽으시고 부활하신 이유, 그것은 우리가 그분을 만나 풍성한 생명을 누리도록 하기 위함입니다. 이 책을 통해 더 많은 사람들이 예수님을 인격적으로 만나고 그분의 사랑 안에서 참된 쉼과 회복을 누리게 되기를 소망합니다.

조영민 목사(나눔교회), 『예수님을 만난 신약의 사람들』저자

목회를 하면서 가장 기본적이면서도 가장 대답하기 어려운, 그러나 자주 받게 되는 질문은 "예수님을 인격적으로 만난다는 게 어떤 건가요?"라는 질문이다. 예수와의 만남에 관심을 보이며 질문을 던지는 이를 만난다는 것은 감사한 일이지만, 대답은 늘 만만치 않은 숙제이고 부담이다. 『이토록 만날 만한 예수』는 이 막막한 질문을 정면으로 돌파하는 고마운 책이다. 이 책에 담긴 예수님을 만났던 복음서 속 사람들의 이야기들은 다채롭다. 새삼 '복음서 안에 이렇게 다양한 만남과 사람들의 이야기가 있었구나' 발견하게 된다. 이는 만남이란 것이 획일적인 공식으로 이루어지는 것이 아님을 알게 한다. 다양한 경험들과 여러 양상의 삶의 문제들이 우리를 그분께로 이끌고, 그분 안에 포용되는 경험임을 알게 해준다. 이야기들을 따라가다 보면, 어느 지점에선가 나의 이야기를 마주치게 될 것이다.

그런데 그 이야기들의 배경에, 이 세상의 꽉꽉한 관계들과는 다른 관계로 다가오시는 예수님의 성품과 하나님 나라의 이야기가 따뜻하고 친근하게 깔

린다. 그래서 이 이야기들은 마치 우리의 삶을 위로하는 노래처럼 독자들을 감싼다. 그리하여 이야기 속 사람들을 감싸 안은 그 사랑이 내 삶도 안아주시길 기대하게 될 것이다. 이야기를 풀어내는 저자 김영배 목사는 복음서의 기록을 세심하고 탁월하게 해석하여, 설득력 있는 새로운 통찰로 우리를 안내한다. 『이토록 만날만한 예수』가 그려내는 만남은 특별한 한순간의 경험이나 체험이 아니다. 그 만남은 삶의 여정 가운데 일어나는 사건이며, 우리의 성장과 생애를 따라 깊어지는 만남이다. 그리고 그 만남은 내가 누구인지를, 즉 나의 정체성과 살아가는 의미를 바꾸어놓는다. 우리 삶에 가장 중요한 만남을 실제적으로 그려내고 있는 이 책은 예수를 처음 만난다는 것이 무엇인지 질문하는 이에게도, 예수를 만나는 여정을 이미 시작한 이들에게도 모두 필요하다. 고마운 책이 태어나서 참 감사하다.

유희성 목사(나들목양평교회)

『이토록 만날 만한 예수』는 예수님을 인격적으로 만난다는 것이 무엇인지 삶으로, 성경적으로 깊이 탐구한 책입니다. 저자는 성경 속 인물들이 예수님과 만나는 다양한 순간들을 통해, 예수님을 만난다는 말의 의미를 생생하게 풀어내고 있습니다. 예수님과의 만남이 단순히 추상적이거나 철학적인 개념이 아니라, 실제로 우리의 일상 속에서 어떻게 실현될 수 있는지를 구체적으로 보여줍니다. 이 보석 같은 책은 예수님의 사랑과 용서, 그리고 그 만남을 통해 얻는 구원의 의미를 새롭게 깨닫게 할 뿐 아니라 신앙의 깊이를 더하고자 하는 모든 이들에게 큰 영감을 줄 것입니다. 저자의 말처럼 '예수님을 아직 인격적으로 만난 적이 없는' 분들이라면 운명적인 첫 번째 만남을, 이미 만난 분들이라면 '한 차원 더 깊은 새로운 만남'을 선사할 것입니다. 예수님과의 진정한 만남을 갈망하는 분들에게 이 책을 추천합니다.

정진(장신대 겸임교수, 라이프코치) 『절대 질문』저자

『이토록 만날 만한 예수』에는 성경 속 인물들과 예수 그리스도의 실제적 만남들이 풍성하게 드러나 있습니다. 매우 구체적이고 실질적인 이 만남의 순간들은, 독자가 성경에 기록된 삼위일체 하나님을 인식하고 신뢰해가는 과정이 더욱 풍성해질 수 있도록 힘차게 도울 것입니다. 또한 저자가 성경 속의 인물들을 통해 소개하는, 이 세상에 전해진 가장 기쁜 소식인 예수 그리스도의 대속하심, 부르심, 돌보심, 각자에게 능력을 주시고 헌신하게 하심, 용서하심, 온전히 받아들여주심, 이해할 수 없는 넓이와 깊이와 높이로 용서하심은 우리의 인생에 그대로 경험되고 있는 현실들이며, 앞으로 더욱 풍성하고 다채롭게 모든 독자들의 삶 가운데 드러나리라 믿습니다.

저자가 땅에 발을 딛고 살아가며 삶에서 만나는 다양한 순간마다 새로운 힘을 선물한 예수 그리스도, 성경 속 인물들에게 새로운 삶을 선물한 예수 그리스도를 독자들 역시 만나기를 기대합니다. 그리하여 각자에게 선물로 주어진 삶 속에서 성경을 언박싱하여 더욱 읽고 싶어지기를, 나를 나 되도록 목적대로 창조하시고 섭리하시는 하나님에 대해 더 알아가기를, 그리하여 그 빛을 세상에 전하며 증거하는 존재로 살아가게 되기를 소망합니다.

박송아(아신대학교 다문화교육복지대학원 초빙교수), 『열 번쯤은 만나야 틈이 생깁니다』저자

"예수 그리스도 안에서
인간과 하나님의
만남이 이루어진다"

디트리히 본회퍼

제가 이 책을 쓰면서 품었던 마음의 열망은 크게 두 가지입니다.

첫째는, 도대체 '예수님을 (인격적으로) 만난다'는 말이 (예수님이 더 이상 우리 곁에 육체로 계시지 않은 이 시대에) 무슨 뜻인지를 밝히는 것입니다. 저 자신은 물론이고 많은 그리스도인들이 "나는 예수님을 만났습니다", "당신은 예수님을 만나셨습니까?", "예수님을 만나시기를 축복합니다"와 같은 말들을 사용하곤 합니다. 하지만 그 누구도 그 말이 실제로 우리의 영혼과 일상에 어떤 의미를 갖는 것인지 쉽게 설명하지 못합니다. 이 말은 거의 객관적 진리의 영역이 아니라 개인의 주관적 체험의 영역에 속하는 것처럼 보입니다. 그만큼 많은 오해를 불러일으키고 심지어 듣는 사람들에게 불편한 감정을 초래하는(때로는 무례하게까지 느껴지는) 일종의 오래된 '신앙생활 관용구'입니다.

그런 의미에서 저는 우선 이 흔하고도 심오한 표현의 실제적

인 의미를 밝혀보고자 애썼습니다. 그렇다고 해서 체계적인 조직
신학적 진술을 하려는 것은 아닙니다(이것은 아마도 근본적으로 불
가능한 일일 것입니다). 대신에 복음서들에 기록된 예수님과 인물들
의 만남에 관한 이야기들에 집중함으로써 나름의 스케치를 해보
려고 합니다. 기껏해야 맹인이 서툰 붓으로 커다란 코끼리 그림
을 그리는 것에 불과할지라도 말입니다. 총 스무 개 정도를 연대
기 순으로 배열했는데, 이 이야기들을 다 묵상하고 또 기도한 후
에 예수님과의 만남에 대한 대략적일지라도 진리에 근접한 지식
혹은 인상을 갖게 되시기를 소망합니다.

둘째로, 저는 독자 여러분이 이 만남 이야기들에 깊이 침잠함
을 통해 실제로 예수님을 만나는 일이 일어나기를 간절히 바랍니
다. '예수님과의 인격적인 만남'을 최대한 간단히 정의해 본다면
'예수님과 관계를 맺는 것'이라고 할 수 있을 텐데, 저는 여러분이
이 책을 통해 예수님과 관계를 맺거나 혹은 이미 맺고 있는 관계
가 더 깊어지고 충실해지기를 기대합니다. 예수님을 아직 인격적
으로 만난 적이 없는 분들이라면 운명적인 첫 번째 만남을, 이미
만난 분들이라면 한 차원 더 깊은 새로운 만남을. 이것이야말로
제가 이 책을 쓰게 된 가장 중요하고도 본질적인 목적입니다. (신
학적으로 이의를 제기하는 분들이 있겠지만) 저는 우리가 복음서 그중

에서도 특별히 인물들과 예수님의 만남의 이야기들을 묵상할 때 실제로 예수님과의 만남 사건이 일어날 가능성이 높아진다고 믿습니다.

물론 창세기의 창조 기사를 묵상하다가 예수님을 만날 수 있습니다. 여호수아서의 가나안 정복 기사를 묵상하다가 만날 수도 있습니다. 또 로마서의 믿음에 관한 선언들을 붙잡고 기도하다가 예수님을 만나는 일이 왜 불가능하겠습니까? 참으로 창세기부터 계시록에 이르기까지 모든 성경들의 모든 기사들을 통해서 예수님을 만날 수 있습니다(눅24:27). 심지어 조금 있다가 나눌 저의 경우처럼 찬양을 듣다가 예수님을 만날 수도 있습니다.

하지만 예수님과 인물들의 만남에 관한 이야기야말로 우리를 만나시기를 열망하는 하나님이 우리에게 주신 선물입니다. 우리가 실제로 예수님을 만나는 데 있어서 더할 나위 없이 좋은 통로가 됩니다. 가히 활짝 열린 대로와도 같다고 말할 수 있습니다. 그동안 많은 사람들이 걸어 들어갔지만 여전히 더 많은 사람들이 가야 할 길, 세상 모든 사람들이 그들의 생을 마치기 전에 반드시 지나가야만 하는 은혜의 길 말입니다.

말하자면 저는 독자 여러분을 이 만남의 대로 혹은 광장으로 초대하기 위해서 이 책을 쓴 것입니다. 이제 제 개인적인 이야기를 좀 해야 할 것 같습니다. 역시 예수님과의 만남에 관한 이야기입니다. 저는 열일곱 살 되던 해 겨울에 예수님을 영접했습니다 (아직 만난 것이 아닙니다). 큰 누님이 다니던 교회에 놀러 갔다가 그 교회 목사님의 복음 제시를 듣고 예수님을 구원의 주님으로 영접했습니다. 아주 세세하게 기억나진 않지만 분명히 요한복음 3장 16절 말씀을 들었습니다. 이상하게도 아니 하나님의 은혜로 저는 이미 제가 죄인이라는 자의식이 있었습니다. 아마도 청소년들이 대부분 겪는 주체할 수 없는 성적 욕구의 문제, 그리고 처음으로 맞닥뜨린 충격적인 폭력의 세계가 영향을 주었을 것입니다.

아무튼 저는 당시에 그런저런 죄의 쓴 열매들로 인해 내적인 괴로움을 느끼고 있었기 때문에 그때 들었던 복음은 정말로 복음이었습니다. 아마도 환청을 듣고 환상을 보았던 것 같습니다. 우렁찬 나팔 소리 같은 것이 들리고, 힘차고 새하얀 비둘기떼들이 공중으로 날아오르는 것을 보았습니다. 이렇게 기쁘고 놀라운 소식을 그동안 나에게 전혀 알려주지 않았던 세상이 의아하기도 하고 야속하기도 했습니다.

저는 그 놀라운 기쁨과 함께 신앙생활을 시작했고, 집 근처 교회에 출석하기 시작했으며 고등학교 3년 내내 찬양을 무척 좋아했던 '고등부 학생'이었습니다. 교회 친구들과 함께 찬양팀을 결성했는데, 달리 베이시스트가 없었던 탓에 직접 베이스 기타를 배우러 다닐 만큼 '찬양에는 진심'이었습니다. 대학생이 되어서도 저는 여전히 찬양을 좋아했고, 당시에 우리나라의 찬양 문화를 선도하고 있었던 모 선교단체에 들어갔습니다. 눈치채셨는지 모르겠지만 저는 정말로 찬양 중심적인 신앙생활을 했습니다. 예수님을 영접하기는 했지만 말씀 안에서 자라가는 일에 진보가 없었습니다. 설교 시간에 조는 것은 일상다반사였고, 개인적으로 큐티나 말씀 묵상 같은 것도 거의 하지 않았습니다.

그렇게 20대를 거의 낭비한(영적 성숙이라는 면에서) 저는 어느덧 20대 후반이 되어 직장에 들어갈 즈음이 되었습니다. 대학에서는 신문방송학을 전공했고 호주에 교환학생으로 갔다가 영화의 마력에 빠진 저는 곧바로 충무로에서 영화 조감독 생활을 시작했습니다. 그런데 저에게 다른 기대가 있으셨던 부모님은 저의 충무로 생활을 너무나 싫어하셨습니다. 사소한 오해와 충돌이 몇 번 거듭되었고, 결국 부모님과 의절 아닌 의절 상태에 들어가게 되었습니다. 영화판에서 연출부 막내로서 산다는 것은 육체적으로는 물론 특히 경제적으로 몹시 고달픈 일이었는데, 부모님과 틀어진 저는 어떠한 도움도 기대할 수가 없었습니다. 남의 집 방 한 칸에 얹혀살면서 하루에 겨우 한 끼를 먹는 생활이 계속되었습니다. 아침은 굶고 값싼 점심 한 끼를 사 먹고, 그리고 저녁은 과자 한 봉지와 우유 한 팩으로 때우던 시절이었습니다.

그러던 어느 날, 오전 아르바이트를 마치고 점심을 먹은 뒤 집으로 향하고 있었습니다. 잠시 휴식을 취한 후에 영상 연출과 관련한 어느 아카데미에 수업을 들으러 가야 했기 때문입니다. 피곤한 몸을 이끌고 지하철 3호선 녹번역사 안을 지나던 저의 눈에 한 레코드 가게가 눈에 띄었습니다. 저도 모르게 들어가 고민 끝에(2000년대 초반이었던 당시 저의 하루 수입은 겨우 8750원이었습니다.) 찬양 테이프 두 개를 만 원 정도에 샀습니다. 그리고 제 방에 드러누워 찬양 한 곡을 들었습니다. "독~ 수리 날개쳐 올라 가~~듯나 주님과 함께 일어나 걸으리 주의 사랑 안에~~" 하는 가사의 찬양이었습니다. 바로 그때였습니다. 전혀 예상하지도 않았고 기대하지도 않았던 하나님의 음성을 들은 것이.

누군가, 분명히 누군가 저에게 말했습니다. 물리적인 소리였는지는 확실하지 않습니다. 그렇다고 해서 제 스스로 생각해낸 문장도 아니었습니다. 찬양의 가사와도 상관없는 말이었습니다. 찬양의 곡조에 취해 스스로 감상에 젖은 것이 아니란 의미입니다. 난생 처음 해보는 신기한 경험이었습니다. 분명히 제 마음 안에서 감지되는 소리인데, 제 마음의 소리는 아니었습니다. 지금 생각해 보면 영이신 하나님이 (물리적인 매개 없이) 제 영에게 직접 말씀하신 것이었습니다. "영배야, 내가 너를 사랑한다. 너는 그동안 몰랐겠지만 내가 늘 너와 함께 있었고, 지금도 함께 있고, 그리고 앞으로도 함께 있을 것이다."

저는 그렇게 하나님을 처음 인격적으로 만났습니다. 나중에 성경을 읽다가 알게 되었습니다. 이 소리는 야곱이 벧엘에서 처음 하나님을 만났을 때 들었던 소리와 조금 닮은 데가 있다는 것을요(창28:15). 아무튼 저는 그날 하나님을 그리고 예수님을 인격적으로 처음 만났고, 역시 야곱과 비스름한 탄식 아니 눈물의 고백을 쏟아 내었습니다. "예수님께서 여기 내 삶에 늘 함께 계셨었는데, 내가 그걸 몰랐었구나!"

그때부터 본격적으로 뒤늦은 저의 말씀 생활이 시작되었습니다. 어찌된 일인지 설교가 이해되기 시작했고, 성경이 읽히기 시작했으며, 기도의 샘이 터졌습니다. 또 거의 미친 듯한 열정으로 신앙서적과 신학서적들을 읽어나갔습니다. 저는 결국 영화 조감독 생활을 접고 말씀 사역자의 새로운 인생을 살게 되었습니다. 예수님을 만난다는 것은 이토록 삶에 희열을 주는 것이었습니다. 아마도 그때 누렸던 희열과 행복감 그리고 추억으로 그후 20여 년에 가까운 목회자의 삶을 어찌어찌 살아낼 수 있었던 것 같습니다.

그렇게 세월이 흐르고 저는 어느덧 40대 후반의 나이가 되어 단독 목회를 준비해야 할 시점이 되었습니다. 다른 사역자들이 으레 그렇듯이 우선 청빙을 받고자 노력했습니다. 교회 개척에도 나름의 소망이 있었지만, 그래도 안정된 교회에 청빙 받아 가는 것에 대한 유혹을 이길 수는 없었습니다. 1년 넘게 스무 개 정도의 교회에 원서를 내보았지만 결과는 모두 실패였습니다. 저는 이 과정을 시작할 때만 해도 제가 청빙 받는 것에 실패할 것이라고는 꿈에도 생각하지 못했습니다. 세상적으로 볼 때 나름 좋은 학벌을 가졌고, 교계에서 이름만 대면 알 만한 유력한 교회들에서 부교역자 생활도 했으며, 설교자로서도 늘 인정을 받으며 사역해왔기 때문입니다. 하지만 그 모든 인간적(?) 조건들에도 불구하고 저는 끝내 청빙 받지 못했습니다. 누군가는 될 때까지 시도하면 결국 된다고 말하기도 했지만, 그렇게까지 하고 싶지는 않았습니다. 더 늦기 전에 개척을 하기로 했습니다. 마지막으로 부교역자 생활을 하던 교회에서 함께 할 젊은 가정들도 여럿 있었습니다.

그런데 너무나 뜻밖에도 그때 하나님이 다시 벼락처럼 제게 말씀하셨습니다. 제 입장에서 볼 때 나름 개척을 위한 계산이 서는 '그 도시'를 떠나라는 음성이었습니다. 당황스러웠지만 정말 오랜만에 들은 강렬한 하나님의 음성을 거부할 수가 없었습니다. 저는 무작정 마지막 사역지였던 전라도 광주를 떠나 아무 연고도 없는 경기도 광주에 터를 잡았습니다. 이사를 하고 새로운 도시에 적응하고, 그렇게 몇 달이 지나자 저는 이제 본격적으로 교회 개척을 위해 움직이려고 했습니다. 하지만 마침 코로나 3차 대유행이 시작되었고, 모든 사회적 활동이 유례없이 위축되었습니다. 가뜩이나 낯선 도시에서 저와 저희 가족이 할 수 있는 일이라곤 거의 없었습니다. 개척을 위해 뭔가 해볼 수 있는 일도 없었고, 그렇다고 해서 취직을 할 수도 없었습니다. 한 달, 두 달... 시간은 하릴없이 흘러만 갔고 저는 경제적 압박과 영적 무기력에 차츰 지쳐가기 시작했습니다. 정말 사는 게 사는 게 아니었습니다.

뭔가 돌파구가 필요했습니다. 결국 붙들 수 있는 건 말씀뿐이었습니다. "어느 말씀부터 볼까...?" 복음서부터 보기로 했습니다. 왠지 예수님이 너무나 그리워졌기 때문입니다. 제 처지가 너무나 서글프기도 하고 말이지요.

마태복음 1장부터 펼친 것도 아닙니다. 그냥 아무거나 생각나는 기사, 즉흥적으로 끌리는 이야기를 두서없이 들여다보았습니다. 맨 먼저 수로보니게 여인과 예수님의 만남 이야기를 묵상했습니다. 상황이 상황인지라 말씀은 마음속에 깊이 들어왔고, 눈물 콧물 흘리며 은혜에 젖어 들어갔습니다. 말씀 묵상 후에는 침상 위에 엎드려 자연스럽게 기도를 시작했습니다. 때마침 얼마 전에 방언기도를 시작했던 까닭에 나도 모르게 방언으로 깊이 기도했습니다.

그때였습니다. 제 영은 어느 순간 1세기의 수로보니게 지역에 가 있었습니다. 예수님 앞에 바짝 엎드려 은혜를 갈구하던 그 여인의 곁에 함께 엎드려 있었습니다. 여인처럼 저 역시 '상 아래서' 예수님을 만나고 있었던 것입니다.

저는 그렇게 예수님과 인물들의 만남 이야기를 묵상하면서, 그리고 깊이 기도하면서 다시 한 번 예수님을 만났습니다. 그동안 경험해보지 못했던 새로운 경지였습니다. 갈릴리 바다 위에서 예수님을 만난 베드로 이야기를 묵상할 때, 저는 함께 일렁이는 파도 위에서 예수님을 만났습니다. 거라사의 광인이 예수님을 만날 때, 저는 제자들과 함께 쫄깃한 심장으로 그 드라마틱한 광경을 숨죽여 지켜보았습니다. 예수님과의 인격적인 만남은 인생에 단 한 번 뿐이라고 생각하고 있었던 저에게 이 모든 것은 그야말로 놀랍고도 예기치 않은 기쁨이었습니다. 그러면서 알게 되었습니다. 예수님과 우리의 만남은 평생을 통해 계속된다는 것을요.

그리고 그 '때를 따라 찾아오는 만남'이 주는 희락으로 성도는 부르심을 완수하고 천로역정을 완주해 낼 수 있다는 것을요.

저는 차츰 영적인 힘을 회복해가기 시작했습니다. 새로운 비전과 사명도 받게 되었습니다. 자연스럽게 이 은혜를 나누고자 하는 마음이 샘솟았습니다. 이 짓눌리는 영적 무력함의 시대에 다른 영혼들도 제가 누렸던 것과 같은 은혜와 회복을 누렸으면 하는 바람이 생겨났습니다. 누군가 힘들다는 이야기를 들을 때마다 "그가 예수님을 만나게 해주옵소서!"라고 간절하게 중보하기 시작했습니다. 인생의 배가 흔들릴수록, 어긋나고 고통스러울수록 오직 출구는 '예수님과의 만남'뿐이라는 것을 다시 한 번 체험적으로 알게 되었기 때문입니다. 그러면서 그들이 실제로 예수님을 만나는 데 도움이 되기를 바라는 마음으로 이 책을 쓰기 시작했습니다.

모쪼록 모든 분들에게 저와 같은 은혜가 있기를 소망합니다.

나다나엘처럼 '나를 알아주시는 예수님'을 만나십시오. 세상에서 가장 만나기 힘든 존재가 자기 자신이라는데, 먼저 예수님을 만나고 그리고 진정한 여러분 자신과도 조우하시기를 기원합니다.

부디 제자들처럼 여러분 인생의 부르심을 따라 만나시기를! 사마리아 여인처럼 타는듯한 목마름 속에서 예수님을 만나 시원하게 해갈하시기를! 왕의 신하처럼 보잘것없는 작은 믿음을 가지고도 예수님을 만나는 복이 있기를!

향유를 부은 여인처럼 자신만의 소중한 옥합을 들고 예수님을 만나기를! 음행하다 잡힌 여인처럼 인생의 막다른 골목에서 예수님을 만나 궁지에서 참되게 벗어나기를! 삭개오처럼 외로운 나무 위에서 예수님을 만나 뜻밖의 즐거움을 만끽하기를!

그리고 십자가 위의 행악자처럼 인생의 마지막 순간에라도 제발, 제발 좋으신 예수님을 만나시기를!

김영배

세례 요한

"기대감 속에서 만나다"

요1:19-34

흔히 말하듯이, 오늘날은 '자기 PR' 나아가 (좀 더 체계적인 비전을 품고 있는) '셀프 브랜딩'의 시대다. 자기의 실체를 드러내는 것은 물론이고 허상뿐인 이미지라도 꾸며서 꾸준히 나를 조각해 가는 시대다. 전국적으로 나를 알릴 기회를 갖게 되었다면? 마다할 이유가 없다. 그런데 세례 요한을 보면 좀 다르다. 오늘 세례 요한은 일생일대의 자기 홍보를 위한 기회를 갖게 되었다. 당시 이스라엘의 실세였던 바리새인들이 최근 대중이 주목하는 라이징 스타 요한에게 사람을 보내 "네가 누구냐?" 묻고 있는 것이다.

그래서 요한은 특별한 야심이 없더라도 "나는 누구다"라고 얼마든지 말할 수 있었다. 자기가 그동안 광야에서 얼마나 성경을 깊이 연구하고 얼마나 특별하게 경건 훈련을 했는지, 하다못해 인상적인 정결 식단이라도 공개할 수 있었다.[1]

하지만 세례 요한의 첫 대답은 이것이었다. "나는 그리스도가 아니다." 그 후에도 "나는 엘리야가 아니다", "나는 그 선지자도 아니다"가 요한의 대답이었다. 마치 "나는 ~이 아니다"라는 공식이라도 사용하는 것 같다.

---

1   요한이 먹었던 것은 (구운) 메뚜기($\dot{\alpha}\kappa\rho\dot{\iota}\delta\epsilon\varsigma$)와 야생꿀($\mu\dot{\epsilon}\lambda\iota\ \dot{\alpha}\gamma\rho\iota\rho\nu$)이었는데(마3:4), 이것들은 모두 인간이 기르거나 재배하거나 수확하거나 요리할 필요가 없어서 원천적으로 부정의 가능성이 배제된 음식들이었다.

이것은 일차적으로 요한의 정직한 성품과 겸손을 드러낸다. 하지만 더 중요한 것은 요한이 추호라도 예수님이 취하셔야 할 명예나 영광을 취하길 거부하고 있다는 점이다. 거의 결벽증에 가깝다고 느껴질 정도다. 주변을 둘러보라. 그리스도께서 받으셔야 할 영광을 대신 받는 사람들이 얼마나 많은가? 대중에게 큰 영향을 끼치는 탁월한 영적 리더십일수록 더 그렇다. 특별히 목회자들과 복음 전도자들 그리고 찬양 인도자들이 곰곰이 생각해 보아야 할 대목이다. 가난했던 그리스도를 설교하며 자기는 당당히 부자로 살고, 무명했던 예수님을 전해서 자신은 유명한 스타가 되고, 겸손한 어린 양의 복음을 노래하며 한껏 자신을 드러내기 쉽기 때문이다. 그야말로 영적으로 몹시 위험한 직업군이라고 말해도 과언이 아닐 것이다.

물론 일반 성도들이라고 해서 예외는 아니다. 그리스도의 영광을 위해 신앙생활을 하지 않고 그것을 자기 이익의 방편으로 삼는 이들이 얼마든지 있다. 참으로 우리 모두에게 "나는 아니라"의 경건이 필요한 시대다.

그런데 세례 요한의 경건은 그리스도의 영광을 취하지 않는 데서 멈추지 않는다. 그의 진정한 경건은 그리스도를 설명하고 그리스도를 가리키고, 마침내 그리스도에 대한 기대감을 사람들로 하여금 불러일으키는 것이었다. 예루살렘에서 온 리포터들이 '아니라'는 세례 요한의 대답에 만족하지 못하고 더욱 집요하게 묻자, 그는 이렇게 말한다. "나는 선지자 이사야의 말과 같이 주의 길을 곧게 하라고 광야에서 외치는 자의 소리다."요1:23

이건 결국 이런 말이다. "당신들은 나를 대단한 존재로 보는 것 같은데, 아니다. 나는 진정으로 위대한 존재 곧 그리스도께서 오실 길이나 반듯하게 닦아놓는 존재다."

요한의 이 말을 들었을 때 사람들은 호기심을 가질 수밖에 없었을 것이다. "아니 얼마나 더 위대한 분이 오시길래 세례 요한처럼 존경받고 추앙받는 자가 이렇게 말하는가?"

이번엔 다른 리포터들이 화제를 세례 요한의 물세례로 돌린다. "네가 만일 그리스도도 아니요 엘리야도 아니요 그 선지자도 아닐진대 어찌하여 세례를 베푸느냐?"요1:25

사실 요한의 물세례는 이스라엘 백성들의 눈에는 익숙하면서도 동시에 낯선 것이었다. 익숙한 이유는, 물세례가 모세 오경 중의 하나인 레위기의 정결법에 기원을 두고 있으며 세례 요한 이전에도 이미 행해지고 있었기 때문이다. 반면 낯선 이유는, 이런 물세례는 보통 유대교로 개종한 이방인들에게 베풀었던 까닭이다. 그래서 리포터들이 묻는 것이다. "너는 대체 누군데 이방인이 아닌 동족 유대인들에게 물세례를 베푸느냐? 네가 혹시 메시아라도 되기 때문인 것이냐? 메시아라도 된다면 이해하겠다. 그런데 아니라니, 그럼 대체 왜 유대인에게 물세례를 베푸는 것이냐?"

요한의 대답은 다음과 같은데, 질문자들이 기대했던 정확한 답변이라고 볼 수는 없다. "나는 물로 세례를 베풀거니와... 내 뒤에 오시는 분은 성령과 불로 세례를 베푸는 분이시고, 나는 참으로 그의 신발끈 풀기도 감당하지 못할 존재다."요1:26,27

이건 또 이런 말이다. "당신들은 내가 베푸는 물세례에 관심이 있는 것 같은데, 당신들이 정말로 관심 갖고 기대해야 할 세례가 있다. 바로 그리스도께서 베푸실 성령의 세례다."

요한은 기회만 있으면 예수님을 선전하기에 여념이 없는 것이다. 사람들은 또 한 번 궁금하지 않을 수 없다. "아니 요한의 물세례도 엄청난데, 그리스도가 베풀 '그 세례'는 과연 어떤 것이란 말인가?" 자연스럽게 대중의 시선이 예수가 장차 베풀 '그 세례'로 향한다. 모든 스포트라이트가 이제 곧 이스라엘의 공적 무대에 등장할 예수를 비추는 것이다. 요한은 자신이 물세례를 베푸는 이유가 '예수 그리스도를 이스라엘에 나타내기 위함'이라고 말했는데(요1:31), 바로 그런 의미다. 세례 요한의 물세례를 통해 예수는 이스라엘 백성들에게 자연스럽게 나타나게 되었고, 소개된 것이다.

좀 더 구체적으로 설명해 보면 이렇다. 물세례가 무엇인가? 내 죄를 깨닫고 시인하고, 그리고 그 죄를 물로 씻어내는 의식이다. 그래서 이 물세례를 받은 백성들은 마음이 유쾌해져서 각자 집으로 일터로 돌아갔을 것이다. 하지만 이들이 다음날 곧바로 알게 되는 것이 무엇일까? 한 번의 죄는 씻었지만 여전히 죄를 짓고자 하는 내 마음의 본성은 씻어지지 않았다는 당혹스러운 사실이다.

그러니 어떻게 해야 할까? 뭔가 물세례 이상의 것, 특단의 조치가 필요하다. 내 마음의 성향 자체를 고치는 세례가 필요한 것이다. 그 세례가 무엇인가? 바로, 오직 예수 그리스도께서만 베푸실 수 있는 성령의 세례라는 것이다.

리포터들이 다녀간 다음날, 요한은 마침내 자신이 그토록 기대하고 설명하고 선전해왔던 예수를 만난다. 요한의 입에서 즉시 이 한 마디가 터져나온다. "보라 세상 죄를 지고 가는 하나님의 어린 양이로다!"요1:29 이 한 마디야말로 예수 그리스도의 삶과 죽음의 의미를 가장 정확하고도 풍부하게 표현하는 외침이 아닐 수 없다. 요한은 어떻게 이렇게 쉽게 진리를 말할 수 있었을까? 예수님의 열두 제자들이 3년 반 동안이나 예수님의 가르침을 받고 동고동락 하면서도 끝내 깨닫지 못했던 그 진리를 말이다.

그건 세례 요한이 오랜 시간 간절히 예수님 만나기를 기대해왔을 뿐만 아니라, 말씀 안에서 기대해왔기 때문일 것이다. 다시 말해 요한은 제 입맛에 맞는 주관적인 예수 상을 만들지 않았다. 종려나무 가지를 흔들고 호산나를 외치며 예수의 예루살렘 입성을 환영했던 저 무리들을 보라. 그들의 예수 상은 '늠름하게 군마를 타고 나타나 사자후를 토하는 명연설로 백성들을 선동해 로마를 몰아내는 정치적 영웅'이었다. 로마에 대한 적대감과 이스라엘의 세속적 영광에 대한 욕망이 어우러져 그렇게 어그러진 주관적 예수 상을 품어왔던 것이다. 그리고 그들의 주관적인 예수 상과 실제 예수님의 모습이 달랐을 때 극도의 환멸을 보여주었던 것이다.

반면에 요한은 무엇보다도 말씀의 사람이었고, 말씀이 그려주는 예수 상을 순전하게 자신의 것으로 받아들였다. 당연히 이사야 선지자의 예언(사53:6-7)을 알고 있었으며, 예수를 보는 순간 어렵지 않게 확신할 수 있었다. 게다가 예수님께 세례를 베풀 때 그의 위에 성령이 비둘기 같이 힘차게 내려오는 것을 보니 확신은 더욱 배가되었다. 하나님이 광야에서 미리 예고해 주신 대로였던 것이다(요1:32-33). "이분이 예언 속의 그분이다! 내가 기다리고 온 세상이 함께 기다려왔던 바로 그분이다! 세상을 죄로부터 구원할 메시아다!"

광야에서 메뚜기와 들꿀을 먹으며(마3:4) 오직 일심으로 예수님의 등장을 기다려왔던 요한의 흥분과 기쁨이 이곳까지 전달되는 것만 같다. 사실 그는 어머니의 뱃속에 있을 때 이미 한 번 역시 어머니 마리아의 태 중에 갓 들어선 태아 예수를 본 적이, 아니 감지한 적이 있었는데 그때에도 얼마나 기뻐하며 춤을 추었던가!(눅1:44). "엘리사벳이 마리아가 문안함을 들으매 아이가 복중에서 뛰노는지라… 보라 네 문안하는 소리가 내 귀에 들릴 때에 아이가 내 복중에서 기쁨으로 뛰놀았도다."눅1:41,44

물론 세례 요한의 말씀에 근거한 기대가 모든 면에서 완전했던 것은 아니다. 얼마 후 요한은 갈릴리의 통치자였던 헤롯 안디바의 부도덕[2]을 비판했다가 감옥에 갇히게 되는데, 여기서 그는 기대와 현실 사이의 큰 간극을 느끼게 된다. 세례 요한의 기대에 의하면 예수님은 '세상 죄를 지고 가는 하나님의 어린 양'일 뿐만 아니라, '손에 키를 들고 자기의 타작 마당을 정하게 하사 알곡은 모아 곳간에 들이고 쭉정이는 꺼지지 않는 불에 태우시는'(마3:12) 심판자이기도 하기 때문이다. 그런데 감옥 안에서 듣자 하니 이 기대했던 심판자가 뜻밖에도 심판해야 할 죄인들과 함께 흥청망청 먹고 마신다지 않는가! 요한은 당황했고, 자신의 기대가 잘못된 것이었는지 확인하고 싶어졌다. 제자들을 예수님께 보내어 단도직입적으로 물었다. "오실 그이가 당신이 맞습니까? 아니면 다른 이를 기다려야 합니까?"

예수님은 요한의 이런 반응에 대해서 언짢아하지 않으셨다. 대신 친절하게 요한의 질문에 답하신다. 요한의 의심을 풀어주신다. 요한의 의심이 다름 아닌 말씀에 근거한 것이었기 때문에 예수님 역시 말씀으로 요한의 성경 해석에 새로운 물줄기를 내주셨

---

2   그는 자신의 이복 동생 (분봉왕 빌립이 아닌 다른) 빌립의 아내 헤로디아와 사랑(?)
     에 빠져 그녀를 자기 아내로 삼는 패륜을 저질렀다(눅3:19-20). 헤로디아가 안디
     바와 그의 첫 아내의 이혼을 강하게 주장한 것으로 알려진다. 두 사람의 행위는
     기본적으로 율법(레18:16)을 위반한 것이었으며, 이 모든 과정에서 주도적으로
     행동한 헤로디아는 특별히 유대인들의 반감과 분노를 일으켰다. 세례 요한은 이
     정서를 대변했으며, 그렇기에 헤로디아 역시 세례 요한에 대해서 깊은 악감정을
     품고 있었을 것이다(마14:8). 하지만 유대인 역사가 요세푸스는 헤롯 안디바가
     정치적으로 세례 요한의 영향력을 두려워했기 때문에 그를 처형했다고 해석하
     기도 한다.

다. "맹인이 보며 못 걷는 사람이 걸으며 나병환자가 깨끗함을 받으며 못 듣는 자가 들으며 죽은 자가 살아나며 가난한 자에게 복음이 전파되고 있다고, 가서 요한에게 전해라."마11:5

예수님의 대답을 전해들은 요한은 어렵지 않게 이사야 선지자의 말씀(사35:4-6)을 떠올렸을 것이다. 그리고 자신의 기대가 근본적으로 잘못된 것이 아니라는 것, 더불어 그 기대의 성취가 자신이 예상했던 것과는 좀 다른 방식³과 시간표에 의해 이루어질 것임을 깨달았을 것이다. 예수님이 오신 이유의 초점이 정죄와 심판에 있는 것이 아니라 치유와 회복에 있다는 것을 이해하게 되었을 것이다. 요한의 성경 해석학이 더욱 온전하게 고양된 셈이다.

물론 심정적으로는 여전히 쉽지 않았을 것이다. 요한이 지금 저 악명 높은 마카에루스Machaerus 감옥⁴에 갇혀 고초를 겪고 있질 않은가. 고대했던 메시아가 (물론 치유와 회복 사역에도 헌신해야겠지만 더불어) 급한 대로 우선 악한 권력자의 목덜미를 잡아 무릎 꿇리고 세상을 조금이라도 뒤집어 준다면 얼마나 좋겠는가? 요즘 말로 '시원한 사이다'처럼 말이다. 요한이 남의 생일 파티에서 어

---

3 세례 요한은 먼저 회개한 자에게 하나님 나라를 약속했다. 반면 예수님은 누구든 먼저 용납하시고, 용납받은 그가 은혜의 힘으로 참되게 회개하도록 하셨다.

4 건축에 집착했던 헤롯 대왕은 전시를 대비해 4개의 요새 곧 마사다, 헤로디온, 키프로스 그리고 마카에루스 요새를 지었는데, 이 중 특히 마카에루스는 헤롯의 여름 궁전으로도 사용되었다. 세례 요한은 아마도 궁전 밖의 가파른 토산에 위치한 열악한 환경의 토굴 감옥 속에 갇혀있었을 것이다.

떻게 끔찍하게 최후를 맞이하게 될 것인지(마14:1-12) 잘 알고 있는 우리로서도 그런 마음이 강하게 솟구친다. 하지만 그런 움직임은 커녕 조짐조차도 없다. 이것까지도 감내하고 버티는 것이 요한의 몫이었던 것이다.

아무튼 세례 요한은 예수님 때문에 잠시 실족할 뻔했으나 다행히 이번에도 역시 말씀의 끈을 붙잡고 중심을 잃지 않은 셈이다(마11:6).

과연 우리는 세례 요한처럼 우리 삶의 모든 것을 통해 예수님을 설명하고 가리키고 드러내고, 예수님에 대한 기대감을 불러일으키는 은혜의 통로로서 살고 있을까?

그러기를 간절히 바란다. 하지만 반대라면 너무나 슬프다. 사람들이 우리 삶을 보고 실망해서 예수님에 대한 기대를 저버린다면, 우리의 언행이 오히려 예수님의 메시지를 오해하게 만들고 있다면, 우리라는 이정표가 영적 순례자들에게 하나님 나라로 가는 길을 잘못 가르쳐주고 있다면 말이다.

또, 나 자신 역시 예수님 만나기를 기대하는가? 정말로 그러한가? 주야로 말씀을 묵상하고 그 말씀 안에서 예수님을 만나 뵙기를 진실로 기대하는가? 예수님을 만난 기쁨에 어머니 뱃속의 아기 요한처럼 춤추며 뛰놀았던 적이 언제였는가? 기대감이 사라졌는가? '예수님과의 만남'이란 말을 들어도 더 이상 설레지 않는가?

안타깝고 비극적인 일이다. 주먹으로 가슴을 치며 애통할 일이다. 우리가 이 땅에서 살아가는 동안 참으로 가슴 떨리게 기대해야 할 단 한 가지, 기대가 성취되었을 때 결코 실망할 리 없는 단 한 가지, 우리에게 세상 그 무엇과도 비교할 수 없는 기쁨을 가져다 줄 단 한 가지, 그것은 바로 예수님과의 만남이기 때문이다.

왜일까? 예수님이야말로 하나님이 우리에게 주기를 원하시는 모든 좋은 것들의 응축이며, 그래서 우리가 누릴 수 있는 모든 복락의 충만함이 그분의 인격과 어우러지는 데 있기 때문이다.

물론 오늘날 그리스도인들은 육체로 계신 예수님을 만날 도리가 없다. 하지만 다행스럽게도 우리에게는 예수의 영, 성령이 계시다. 그리고 무엇보다도 말씀과 더불어 사는 특권이 있다. 사도 요한은 우리와 함께 하는 말씀에 대해서 다음과 같이 증언한다. "태초에 말씀이 계시니라 이 말씀이 하나님과 함께 계셨으니 이 말씀은 곧 하나님이시니라."요1:1

태초부터 하나님과 함께 계셨던 하나님의 말씀, 동시에 그 자신이 하나님이신 분이 바로 예수 그리스도였다. 쉽게 말해 예수님은 성부 하나님의 '말'(The Word)이시다. 그래서 그는 스스로도 물론 하나님이시지만 특별히 성부 하나님의 생각과 마음과 의지를 표현하는 존재다. 그럼으로써 성부 하나님이 어떤 분인지 드러내주고 설명해주는 존재다. 성육신 이전에도 그랬고 성육신 이후에는 더욱 그렇다. 지금으로부터 2천여 년 전에 인간의 육체를 입고 팔레스틴 지역을 활보하셨던 예수님은 '볼 수 없는 성부 하나님'이 어떤 분인지 드러내주고 설명해주는 '보이는 하나님'이었던 것이다.

지금 우리가 가지고 있는 성경 곧 말씀도 본질적으로 같은 역할을 한다. 하나님은 오늘도 말씀을 통해 자신의 뜻과 정서를 우리에게 전달하신다. 우리는 그 무엇보다도 말씀을 읽고 듣고 묵상할 때 그리고 순종할 때 하나님을 만난다. 말씀 속으로 들어갈 때 하나님의 말씀이신 예수 그리스도를 만난다.

단순히 예수 그리스도에 대한 지식을 습득하는 차원에 머무르지 않는다. 실제로 예수 그리스도의 영을 만난다. 말씀 속으로 들어갈 때 예수의 영, 성령께서 우리의 영을 예수님의 영과 접촉시켜 주기 때문이다. 그렇다. 우리는 '말씀 속으로 들어가' '성령의 감동을 통해' 예수 그리스도를 만나고 그분의 인격과 터치를 경험할 수 있다. 언제나 말씀과 성령이 함께 일한다. 예수님을 만나기 원한다면 둘 중에 어느 하나도 소홀히 여겨서는 안 된다. 먼저는 말씀이지만 또한 동시에 성령의 일하심이 필수적이다. 오직 성령께서만 예수님을, 그분의 현존을 우리에게 모셔오실 수 있다.[5] 성령은 창조주와 피조물 사이에 다리를 놓는 분이며, 물질과

---

5   성령이 모셔오는 그리스도의 현존을 '영-그리스도'(Spirit-Christ)라고 부른다. 성령이 인격화(personification) 된 분이 곧 예수님이라고 말할 수도 있다. 그러므로 이제 우리는 성령을 경험함으로써만 예수님을 인격적으로 만날 수 있고, 또 예수님을 인격적으로 만남으로써 더할 나위 없이 충만한 성령 체험을 할 수 있다.

영의 신비로운 경계를 넘나들며 양자를 연결해 주는 분이기 때문이다. 그러므로 오직 성령 안에서만 우리는 하나님 우편에 앉아 계신 예수님을 만나고 그분과 대화 나눌 수 있다.

또 성령은 본질적으로 성자 예수님을 부각시키고 우리의 눈과 마음과 애정을 성자 예수님께 고정시키는 분이시다. 우리에게 예수님을 알리고 그분의 말씀을 이해시키고, 그리고 그분을 높이는 것, 이것이 성령의 가장 중요한 일이자 최고의 기쁨이다.

비유컨대, 예수님과의 인격적인 만남이 (성부 하나님이 우리에게 주시는) 선물 상자 안의 내용물이라면 성령은 그것을 언박싱 unboxing하는 즐겁고도 힘찬 손이다. 성령이 손을 놀리지 않으시면 예수님 만나는 기쁨은 현실이 되지 않는다.

예수님은 십자가에 달려 돌아가시기 직전에 불안해하는 제자들에게 약속하셨다. "걱정하지 마라. 내가 너희를 고아처럼 그냥 내버려두지 않고 다시 돌아올 것이다."요14:18 물론 예수님은 이후에 부활의 몸을 입으시고 제자들에게 곧바로 돌아오셨다. 또 장차 마지막 심판의 날에 최종적으로 한 번 더 돌아오실 것이다. 하지만 예수님이 제자들과의 마지막 식사 자리에서 해주신 이 약속은 무엇보다도 성령 안에서 돌아오실 것에 대한 확언이다. 성령 안에서 그리고 성령과 함께 예수님은 당신과의 만남을 사모하는 모든 이들에게 돌아와 주신다. 돌아오셔서 우리로 하여금 자신이 이 땅에서 하셨던 사역의 의미를 이해시키시고, 성령 안에서 자신의 마음 속 깊은 곳을 비추어 보여주시고, 성령과 함께 자신의 손으로 우리의 영을 어루만지신다.

참으로 우리는 성령을 통해 사랑의 주님을 만나고, 그리고 주님으로부터 사랑의 부름을 받는다.

언제 그렇게 되는가? 우리가 말씀 속으로 깊이 들어갈 때이다.

이제 이렇게 자문할 수 있을 것이다.

나는 지금 말씀 속으로 들어가 성령의 감동을 통해 하나님의 말씀이신 예수 그리스도의 인격과 만나기를 기대하고 있는가? 진실로 기대하는가?

마음껏 기대해도 좋다. 무엇을 기대해도 그 기대 이상의 기쁨과 은혜를 누릴 수 있기 때문이다.

<u>만남을 위한</u> 기도

하나님 아버지, 우리의 삶이 예수 그리스도를 가리키는 손가락이 되게 해주옵소서. 사람들이 우리의 삶을 보고 예수님께 마음이 이끌리게 하시고, 예수님에 대해 기대감을 품게 해주소서. 참으로 우리의 삶이 사람들의 마음을 예수님께 이끌어 주는 은혜의 통로가 되게 해주소서.

또한 우리 자신도 예수님 만나기를 기대하게 하소서. 사랑하는 연인 만나기를 기대하는 것처럼 예수님 만나기를 설레는 마음으로 기대하게 하소서. 기대가 사라져버린 저희 마음을 용서해 주소서.

이 시간 돌처럼 굳은 저희 마음을 두드려 깨워 주시고, 성령 안에서 예수 그리스도를 만나게 해주소서. 우리의 영을 오염시키고 있는 세상의 온갖 허망한 생각들과 더러운 욕망들을 녹여 주시고, 성령 안에서 우리 주님을 만나게 해주소서.

우리 주님 만나는 기쁨을 맛보아 알게 해주시고, 그 기쁨을 이웃들에게 증거하며 살게 해주옵소서.

베드로와 안드레, 그리고 빌립

부
르
심
을

따
라

만
나
다

요1:35-44

세례 요한의 제자 중 두 사람이 예수님에 대한 세례 요한 자신의 증언을 듣고 예수님의 제자가 되었다. 세례 요한은 요단 강가에서 처음 예수님을 보았을 때 "보라, 세상 죄를 지고 가는 하나님의 어린 양이로다"라고 외쳤고, 다음날에는 "보라, 하나님의 어린 양이로다"라고 말했는데(요1:36), 이 말들은 요한의 개인적인 견해나 느낌이 아니었다. 구약성경에서 예수님을 '유월절 어린 양'으로 예언하신 바로 그 말씀을 자기 식으로 압축해 표현한 것이다.

다시 말해 세례 요한은 예수님을 제대로 전했고, 그의 제자들은 이에 제대로 반응했다. 물론 평소 자신의 스승에 대한 절대적인 신뢰가 한몫을 하긴 했을 것이다.

반복되는 스승의 말을 듣고 예수를 따르기 시작한 두 사람에게 예수님이 물으셨다. "너희가 지금 무엇을 구하느냐?"

그러자 두 사람은 이렇게 대답한다. "랍비여, 어디에서 머무르고 계십니까?" 이제부터 자기들이 따를 새 스승에 관한 가장 기본적인 정보부터 얻으려는 것이다. 너무나 합당한 질문이다. 하지만 예수님은 단순히 그 정보를 주는 데서 만족하지 않으신다. 두 사람의 질문이 기대하는 그 이상의 답을 주신다. "와서 보라!"

두 사람은 예수님의 거처 혹은 주소지만 물었다. 그런데 예수님은 그 거처에 직접 와서 자신을 만나보라고 초청하시는 셈이다. 자신에 대한 정보를 얻는 데서 그치지 말고 말 그대로 직접 와서 보고 부딪치라는 것이다. 예수 그리스도 자신의 인격을 직접 보고 경험하고, 온 몸으로 진리에 부닥치라는 것이다. 그래야만 제자가 될 수 있기 때문이다. 예수님에 관한 정보는 잔뜩 수집해놓았으나 정작 예수님의 인격을 한 번도 만나고 경험해본 적 없는 이들에게 너무나 필요한 초청이요 도전이 아닐 수 없다.

'와서 보라'는 예수님의 말씀을 듣고 두 사람은 정말 가서 보았다. 그리고 예수님과 함께 거했다(요1:39). 함께 거했는데, 꽤 오랜 시간을 함께 거했다는 것이 중요한 포인트이다. 유대식으로 계산해도 8시간 정도, 로마식으로 계산하면 거의 하루종일 두 사람은 예수님과 함께 시간을 보냈다.[1] 이것이야말로 제자가 되어가는 과정 중에 꼭 있어야 할 일이다. 예수님과 함께 시간을 들여 오래 머무르는 것! 오늘날 예수님의 참된 제자가 드문 이유 중의 하나는 사람들이 예수님께 시간을 많이 내드리지 않기 때문이다. 자기 자신의 일과 유흥과 배움을 위해서는 거의 무제한으로 시간을 쓰면서도 말이다. 경건생활과 관련된 것은 뭐든지 짧은 것을 좋

---

[1]   요한복음에 의하면, 세례 요한과 그의 두 제자는 '열 시쯤'에 예수님을 만났다(요 1:39). 요한의 증언을 들은 그의 두 제자가 곧 예수님을 따라갔고, 예수님의 거처에서 종일 머물렀다("그날 함께 거하니"). 이 열 시는 유대식으로 계산하면 오후 4시이고, 로마식으로는 (밤이 아닌) 오전 10시로 볼 수 있다. 따라서 예수님과 제자들이 자정 무렵까지 함께 했다고 가정하면 그들은 유대식으로는 8시간 정도, 로마식으로는 14시간 정도를 초면에 함께 한 것이다(요한복음의 시간 계산에 관한 자세한 설명으로는 이야기다섯의 각주2, 에필로그의 각주1을 보라).

아한다. 예배도 설교도 짧은 것이 대세이고, 기도도 길게 하는 것이 익숙하지 않다. 잠깐 자리만 덥혔다가 일어나는 꼴이다. 그래 가지고는 예수님을 만날 수도, 예수님의 제자가 될 수도 없다.

시간이 필요하다. 시간이 꽤 필요하다. 예수님을 만나서 그분의 인격을 경험하고 예수의 영, 즉 성령의 만지심을 경험하려면 최소한 예수님이 어떤 분인지 감이라도 잡으려면, 시간이 필요하다. 말씀을 묵상할 때 시간을 좀 들여서 충분히 깊이 있게 말씀을 묵상해야 하고, 무엇보다도 기도할 때 시간을 꽤 들여야 한다. 하루에 5분, 10분 기도해가지고는 예수님을 만나기가 어렵다. 아니, 사실상 만날 수 없다고 말하는 것이 솔직한 대답일 것이다.

예수님께 문제가 있어서가 아니다. 문제는 우리에게 있다. 하루종일 세파에 시달리면서 먹고 사는 문제로 씨름하고 미래를 염려하고 온갖 세속적인 욕망들과 잡생각에 젖어있는 아니 절어있는 우리의 영이, 어떻게 기도한지 5분, 10분 만에 성령의 소리를 들을 수 있겠는가? 성령의 터치를 느낄 수 있겠는가?

원리상 불가능한 일이다. 시간을 들여서 말씀 보고 시간을 들여서 기도해야 한다. 예수님이야 늘 준비돼 계시지만 우리가 예수님을 만나기 위해서는 영적으로 집중해야 하고, 또 그러기 위해서는 적지 않은 시간이 필요하다. 작심하고, 시간을 들여서 예수님 앞에 오래 머물러 보라. 다른 아무것도 바라지 말고 오직 예수님의 존재 자체를 즐기겠노라고 다짐해 보라. 그러다 보면 예수님을 인격적으로 만나고 성령의 터치를 경험할 수 있는 커다란

이야기 하나

공간이 생긴다. 아니 그러다보면 자연스럽게 만나게 돼있다. 영적인 법칙이다.

　이렇게 해서 세례 요한의 제자였던 두 사람이 예수님의 첫 제자들이 되었다. 한 명은 이름이 알려지지 않았고,[2] 또 한 사람은 시몬 베드로의 형제인 안드레였다. 안드레는 예수님과 시간을 들여 함께 거한 이후에 예수님의 제자가 되었는데, 함께 있으면서 예수님에게서 뭔가 특별한 점을 발견했기 때문이다. (좀 더 구체적으로) 예수님이 이스라엘 백성들이 그토록 오매불망 기다려왔던 메시아인 것 같다고(혹은 그럴 확률이 높다고) 느꼈기 때문이다. 그래서 안드레는 자기 형 베드로를 찾았고, 그를 예수님께 데리고 갔다. 베드로를 본 예수님은 이렇게 말씀하신다.

　"네가 요한의 아들 시몬인데, 장차 게바라 하리라."

　'게바'는 당시 유대인들의 일상 언어였던 아람어인데, 이걸 성경이 기록된 헬라어로 번역하면 '베드로' 곧 '반석'이 된다. 그러니까 예수님이 지금 시몬이라는 한 남자의 이름을 베드로로 개명해 주시는 것이다. 예수님이 한낱 인간에 불과했다면 있을 수도 없고 있어서도 안 되는 일이다.

　하지만 예수님은 인간이시면서 동시에 창조주 하나님이시기 때문에, 베드로의 이름을 바꾸실 수 있다. 예수님이야말로 베드

2　대개 요한복음의 저자인 사도 요한일 것으로 보는데, 이 책에서도 앞으로 동일하게 간주하고자 한다.

로가 어머니 뱃속에서 잉태되기 이전부터 베드로라는 존재를 알고 계셨고, 그의 게놈 지도를 계획하셨고, 그의 형질[3]과 내장을 만드셨으며(시139:13-16), 따라서 그에게 가장 어울리는 이름이 무엇인지 알고 계시기 때문이다. 어떤 의미에선 베드로의 부모가 세상적인 안목으로 지은 이름을 이제 예수님이 바꿔주신 것이다.

"너는 시몬이 아니다. 시몬으로서 살 사람이 아니다. 베드로로서 살 사람이다. 베드로처럼, 반석처럼, 교회의 반석으로서 살 사람이다."

우리가 예수님을 만날 때, 한 번쯤은 반드시 이름을 가지고 만나게 돼있다. 예수님이 우리의 이름을 물으신다. 그리고 그 이름에 걸맞는 삶을 살고 있는지 물어보신다. 걸맞게 살고 있다면 그 이름을 더욱 격려해 주신다. 만약 그렇지 못하다면 오늘 베드로처럼 새 이름을 주신다. 새로운 이름, 다시 말해 '새로운 정체성에 대한 꿈'을 주신다. 사실 이 꿈은 본래 하나님의 꿈이다. 하나님께서 우리라는 존재를 만세 전에 계획하셨을 때 '이런 존재로서 이렇게 살았으면 좋겠다'라고 기대하셨던, 바로 그 꿈이다.

최초의 작명가이기도 하신 하나님은 우리 한 사람 한 사람을 향한 당신의 꿈과 바람을 우리의 이름 안에 그득 담아 놓으셨다. 우리가 예수님을 깊이 만나면 바로 이 하나님의 꿈과 기대를 알

3 　시편 139편에서 '형질'로 번역된 히브리어 '골렘'(גֹּלֶם)은 문자적으로 '일정한 형태가 없는 덩어리'를 가리키고, 여기서는 문맥상 배아(embrio)를 의미한다.

게 되는 것이다.

그런데 베드로가 이 개명 사건 이후로 3년 동안 '베드로답게' 살았을까? 그러지 못했다. 특히 예수님이 십자가에 달려 돌아가실 때, 베드로는 전혀 베드로답지 못했다. 그는 견고한 반석이 아니라 쉽게 요동하고 속절없이 무너지는 모래성이었다. "다른 사람은 다 주님을 부인해도 나는 부인하지 않겠습니다! 주님과 함께 죽을지언정 절대로 주님을 부인하지 않겠습니다!"

말만 그렇게 했을 뿐, 실천하지 못했다. 예수님을 위해서라면 목숨이라도 버릴 수 있다고 다른 제자들 앞에서 큰소리쳤다가(요 13:37), 정작 예수님이 가장 필요로 할 때 자기 한 몸 살자고 예수님을 버렸던 것이 이 사람이었다. 그것도 한낱 여종 앞에서 저주하고 맹세하며 세 번이나 거듭 부인했었다(마26:74). 경박함의 표본이자 겁쟁이의 본보기였다. 하나님께서 애초에 베드로에게 기대하셨던 반석 같은 모습과 가장 동떨어져있는 얼굴이었다. 자존심은 만신창이가 되고 수치스러움과 두려움에 몸이 떨리는 시간이었다. 어둠이 가장 깊었을 때이다.

하지만 부활하신 예수님은 갈릴리 바닷가에서 그런 베드로에 대한 재위임 프로젝트를 시작하셨다. 먼저, 잡은 물고기를 예수님께 가져오는 일을 베드로가 할 수 있도록 하심으로써 여전히 그가 제자 무리의 리더십인 것을 인정해 주셨다(요21:10-11).

그리고 결정적으로 이렇게 불러주셨다. "요한의 아들 시몬아..." 이상한 호칭이었다. 처음 만나 시몬일 때는 뜬금없이 베드

로라고 부르더니, 이제 베드로라고 불린 지 오래인데 갑자기 옛 이름으로 다시 부르신 것이다.[4]

왜 그러셨을까? 아마도 그날 밤 모닥불 앞에서 스승을 부인했던 그 부끄러운 제자는 본래 그의 모습 곧 베드로가 아니라 그를 둘러싸고 있던 껍질 곧 시몬이라는 의미일 것이다. "베드로야, 너는 그날 밤 시몬으로서 그렇게 한 것이다. 그리고 너는 아직도 그 시몬의 껍질 안에서 울고 있구나..."

나아가 이제 예수님은 베드로가 시몬이라는 옛 자아를 완전히 벗어버리고 베드로 곧 반석이라는 새 자아로 다시 도약할 수 있도록 튼튼한 징검다리를 마련해 주신다. "요한의 아들 시몬아, 네가 이 사람들보다 나를 더 사랑하느냐?"요21:15 예수님이 먼저 베드로를 깊이 사랑하고 계셨기에 할 수 있는 질문이었다. 베드로는 그런 주님의 사랑을 느끼며 (아마도) 기어들어가는 목소리로 겨우 대답했다. "주님, 그렇습니다. 제가 주님을 사랑하는 줄 주님께서 알고 계십니다."

베드로가 주님을 사랑하는 것은 누구도 부인할 수 없는 사실

---

4   새 이름을 받은 후 베드로는 주로 '베드로'로 불리거나 '시몬 베드로'로 불렸다. 즉 새 이름으로만 불리거나 혹은 옛 이름과 함께 불렸다. 초창기를 제외하고는 (막1:29,30,36) 이렇게 옛 이름으로만 불린 적이 거의 없었다. 예수님이 겟세마네 동산에서 자고 있던 베드로를 이렇게 부르신 적이 있긴 하다. "시몬아 자느냐? 네가 한 시간도 깨어 있을 수 없더냐?"막14:37 이때 이렇게 부르신 것도 아마 갈릴리 바닷가에서와 비슷한 이유였을지 모른다. 또한 베드로와 제자들의 영적인 취약함을 언급하실 때 이렇게 부르신 것도 참고할 만하다. "시몬아 시몬아, 보라 사탄이 너희를 밀 까부르듯 하려고 요구하였으나."눅22:31

이었다. 주님을 사랑하는 열정에 있어서만큼은 누구에게도 지지 않았다. 그는 풍랑이 거세게 이는 갈릴리 바다 위에서도 유일하게 주님께로 걸어갔던 사람이고, 비록 세 번 부인하긴 했지만 한 번 칼이라도 휘둘러 주님을 보호하려 했었던 단 한 명의 제자였다(요18:10). 자칭 주님이 사랑하시는 제자라던 요한마저도 도망친 그 무서운 밤, 그 어두운 동산에서 말이다. 또 부활하신 예수님이 그 바닷가에 서 계셨을 때도 가장 먼저 물에 뛰어들었던 사람이 베드로다.

그 사랑을 어떻게 부인할 수 있겠는가? 다만 그 사랑의 열정을 용기가 따르지 못했을 뿐 아니었던가?

3년 동안이나 아니 베드로의 전 생애 동안 그를 끈질기게 둘러싸고 있었던 시몬이라는 껍질이 결정적으로 깨어지고 있었다. 예수님은 두 번 더 같은 질문을 하심으로써 베드로가 예수님 자신에 대한 그의 사랑을 상기할 수 있도록, 더불어 베드로에 대한 예수님의 한결같은 사랑도 재확인할 수 있도록 하셨다. 세 번 부인했던 수치와 치욕이 세 번의 사랑 확인으로 흔적없이 씻어지고 있었다. 시몬이 진정 베드로로 변화되는 순간 아니 베드로가 진정한 자기다움을 회복하는 순간이었다.

우리는 이미 알고 있지 않은가! 베드로는 그날 이후로 다시는 회복된 자기 본모습을 잃어버리지 않았다. 주님처럼 두 팔을 벌리고 그것도 거꾸로 매달려 용기 있게 십자가에서 순교하기까지 그는 반석같이(베드로답게) 견고한 모습으로 복음을 전하고 주님의 양들을 힘껏 목양했다. 충동적이고 겁쟁이었던 그가 교회의 기둥과도 같은 사도가 되었다. 이름처럼 초대교회를 든든히 떠받치는 반석이 된 것이다. 예루살렘 교회의 수장 자리도 주님의 동생 야고보에게 양보해 버렸다(갈2:12). 아마도 가장 연장자이며 늘 앞장 서기만 했던 예전의 베드로였다면 있을 수 없는 일이었다.

그는 물론 예수님과 함께 했던 3년여의 시간 동안에도 그분의 사랑을 느끼고 경험했지만, 특별히 부활하신 예수님을 만난 후에 그 사랑을 존재의 심연에 새겼기 때문인 것이다.

이처럼 우리는 예수님을 만나고 예수님의 사랑을 심장에 새겨야만 진짜 '나'를 찾을 수 있다. 하나님이 내 어머니의 모태 안에서 나를 빚으실 때 '나에게 기대하셨던 나', 바로 그 모습을 회복할 수 있다. 변화된다기보다는 본 모습을 되찾는 것이다. 베드로가 예수님을 만나고 또 부활하신 예수님을 만나고 나서야 비로소 베드로 곧 반석이 될 수 있었던 것처럼 말이다.

베드로와 안드레, 그리고 요한까지 세 사람의 제자를 얻은 예수님은 이튿날, 이번에는 빌립을 제자 삼으신다. 요한복음은 이렇게 기록한다. "빌립을 '만나' 이르시되 나를 따르라."요1:43 개역 개정성경의 뉘앙스는 예수님이 길 가시다가 우연히 빌립을 만난 것처럼 느껴진다. 하지만 '만나'로 번역된 헬라어 동사의 원형 '휴리스코'(εὑρίσκω)는 사실 '찾다', '발견하다'라는 의미다. 미리 염두에 두었던 사람, 미리 계획해 두었던 어떤 것을 말 그대로 찾아서 발견한다는 뜻이다. 안드레가 자기 형제 시몬을 '찾아' 말했다고 (요1:41) 할 때와 같은 단어다.[5] 그러니까 예수님은 어느 날 길 가시다가 우연히 빌립을 만나 즉흥적으로 그를 제자 삼으신 것이 아니다. 예수님이 만세 전부터 당신의 제자 감으로 점 찍어놓으셨고, 이제 때가 되어 소집한 것뿐이다.

주님의 부르심은 누구에게나 이와 같다. 예수 그리스도를 구원의 주님으로 영접한 순간부터 우리는 예수님의 제자가 되는 여정을 시작한 셈인데, 이것은 만세 전에 이미 삼위일체 하나님의 경륜 안에서 계획된 일이다. 태초부터 하나님의 마음과 작정 속에 있었던 것이다. 우연이거나 허투루 시작된 일이 아니라는 말이다.

그러므로 자신의 소명에 대해 의심하는 그리스도인이 있다면 오늘 빌립과 예수님의 만남 이야기를 묵상해 볼 필요가 있다.

지금 당신의 소명이 불분명한가? 때가 되면 구름이 걷히고 명확해질 것이다. 부르심이 끝난 것처럼 느껴지는가? 하나님은 섭리를 따라 우리를 잠시 쉬게 하실지언정 결코 부르심을 끝내지 않으신다. 하나님의 은사와 부르심에는 후회하심이 없다(롬11:29).

---

5   아르키메데스가 목욕탕 욕조에서 흘러넘치는 물을 보고 비중의 원리를 깨달은 후에 '휴레카'(εὕρηκα)라고 외쳤다고 알려지는데, 바로 이 단어의 부정과거형이다. 곧 그는 "내가 (답을) 찾았다!"라고 외친 것이다.

우리를 향한 주님의 부르심은 이 땅에서 우리의 생명이 다하는 날, 바로 그날 끝나는 것이다.

부르심이 끝난 것처럼 느끼고 좌절해 로뎀 나무 아래에 주저앉았던 엘리야에게 하나님이 하신 일을 기억해 보라(왕상19:1-18). 하나님은 우선 엘리야를 어루만지며 허기진 배를 채우길 권하셨다. 상차림은 숯불에 구운 떡과 물 한 병이 전부였지만, 기진해있던 엘리야의 육체에 새 힘을 공급하기에 충분한 식단이었다. 먹고도 다시 드러누운 엘리야를 하나님은 한 번 더 어루만져 깨우시고 좀 더 먹기를 종용하신다. 충분히 먹고 힘을 회복해야만 호렙산까지 사십 주야를 가서 하나님을 대면할 수 있기 때문이다.

물론 하나님을 대면하는 것만으로 모든 문제가 해결되지는 않는다. 엘리야는 호렙산에 가서도 동굴 속에 틀어박혀 있었고, 하나님이 "네가 왜 여기 있느냐"고 물으셨을 때 여전히 자신의 왜곡된 현실 인식과 지나치게 부풀려진 두려움을 토해놓기에 급급했다(왕상19:10). 하나님은 그런 엘리야를 동굴 밖으로 끌어내길 원하셨지만, 단단히 낙심한(토라진?) 엘리야는 하나님의 '말'에 순종하지 않았다. 설득당하지 않았다. 하나님은 동굴 밖에서 바람과 지진과 불의 요란함 곧 '행동'으로 엘리야의 주의를 끄신 후에 갑자기 침묵하셨고,[6] 엘리야는 그제서야 겉옷으로 얼굴을 가린 채 (아마도 하나님 얼굴 뵙기가 민망해서였을 것이다) 동굴 밖으로 나와 하

---

6   개역개정성경에서 '세미한 소리'(왕상19:12)로 번역된 히브리어 표현 '콜 데마마 다크'(קוֹל דְּמָמָה דַקָּה)는 문자적으로 '가느다란 침묵의 소리' 정도로 번역할 수 있다.

나님 앞에 섰다.

비로소 새로운 사명을 전달받을 준비가 된 것이다.

이처럼 낙심한 사명자에게 때론 하나님의 침묵이 약이 되기도 한다. 하나님이 별다른 말씀을 하지 않고 계속 침묵하시니 오히려 이미 들었던 말씀을 새삼 상기할 수 있는 여백이 생긴다.

우리는 어떤 말씀을 이미 들었던가? "너희에게 아버지가 되고 너희는 내게 자녀가 되리라 전능하신 하나님의 말씀이니라..."고후6:18 그렇다. 하나님의 종으로서 임무를 부여받기 이전에 하나님은 아버지의 큰 사랑을 베푸셔서 자격 없는 우리를 당신의 자녀삼아 주셨다(요일3:1). 설사 우리가 사명을 잃었다 할지라도(그럴리 없지만!) 우리는 여전히 자상한 아버지이자 왕인 분의 자녀다. 우주의 왕이신 하나님이 아버지이시니 우리에겐 부족함이 없다. 그 사실 하나만으로도 모든 것이 충분하다.

그리고 우리에게 부족함이 없고 모든 것이 충분하다는 사실을 기억하는 것이 우리의 마음을 회복시킨다. 사명 그 자체로부터 사명을 주신 아버지께로 초점이 옮겨진다. 내가 지금 사명을 잃었다는 사실로부터 내가 여전히 하나님의 사랑받는 자녀라는 사실로 시선이 옮겨진다.

그런 의미에서, 사명은 일종의 보너스와도 같다. 하나님의 자녀로 부르심을 받고 또 성도라 부르심을 받는(고전1:2) 우리에게 하나님이 건네시는 파티의 초대장이다. 이 파티에서 잠시 물러나 있다고 해서 우리의 넉넉함과 즐거움에 문제가 되지 않는다. 우리는 왕의 자녀들로서 여전히 복되고 부요한 사람들이다. 또한 그리스도이신 주님과 연합한 자들로서 오직 주님에게만 허락된 만유에 대한 권세를 약속받은 억세게 운 좋은 사람들이다(눅19:17 ; 계22:5). 쉽게말해, 미래가 보장된 행운아들이다.

이 마음의 넉넉함과 부요함을 되찾을 때 하나님은 다시 우리에게 새 일과 사명을 주신다(믿어도 좋다!). '띵동' 소리와 함께 새로운 파티의 초대장이 도착하는 것이다.

사명이 끝난 것 같은 상황 속에 있는가? 제자로서의 부르심이나 일과 사명에로의 부르심보다 더 근원적인 부르심을 기억하기 좋은 시간이다. 하나님께서 우리를 부르신다. 우리의 이름을 부르시고, 우리의 존재를 불러주신다. 사실, 이 부르심은 예수님을 만날 때 깨달아진다. 인간은 오직 예수 그리스도와의 만남을 통해 하나님이 부르시는 소리를 듣게 되는 것이다.

그런데 왜 부르시는 걸까? 하나님의 부르심에는 목적이 있는데, 첫째는 하나님 자신의 존재를 드러내시기 위함이다. 야곱을 부르신 것이 대표적인 예다. 야곱이 형에게 사기치고 도망하던 중에 벧엘에서 노숙을 했는데, 그때 하나님이 야곱을 부르셨다. 꿈에 사닥다리를 보여주시고 이어 말씀하셨다.

"야곱아, 나는 여호와 하나님이다. 내가 누구냐면, 네 할아버지 아브라함의 하나님이고 네 아버지 이삭의 하나님이다. 많이 들어봤겠지? 그래, 내가 바로 그 하나님이다. 그동안 너 혼자서 살아왔다고 생각했겠지? 아니다. 내가 그동안 언제나 너와 함께 있었고, 지금도 함께 있고, 앞으로도 영원히 너와 함께 있을 것이다. 네가 어딜 가든지 너를 지켜주고 너를 떠나지 않을 것이다."

야곱은 폭풍 같은 하나님의 커밍아웃에 놀라고 감격해서 부르짖었다. "여호와께서 여기 계셨는데, 내가 여태 그걸 모르고 있었구나!"창28:16

이와 같이 하나님의 부르심은 우선 하나님의 존재를 깨닫게 하는 것이다. 하나님이 내 옆에, 내 앞에 계시는 것을 알아차리도록 하는 것이다. 머리로 그 사실을 인정하는 차원을 넘어서서 내 영이 실제로 하나님을 감지하게 되는 사건이다. 그럼으로써 최초로 '개념으로서의 하나님에 대해서' 말하는 것이 아니라 '인격이신 하나님께' 수줍게 말문을 떼는 역사적인 순간인 것이다.

이처럼 자신의 존재를 우리에게 드러내신 후에, 하나님은 이제 자신과 사귐을 갖자고 우리를 부르신다. "너희를 '불러' 그의 아들 예수 그리스도 우리 주와 더불어 '교제'하게 하시는 하나님은 미쁘시도다."고전1:9 하나님이 어느 순간 우리에게 자신을 드러내시는 이유는 사귀자는 것이다. 특별히 예수 그리스도와 사귐을 갖자는 것이다. 말씀 안에서, 기도 안에서 또 매일의 일상 속에서 예수의 영 성령과 깊고 친밀한 관계 속으로 들어가라는 초청인 것이다.

그래서 이 두 번째 부르심에 충실히 부응을 하면 하나님의 나

머지 부르심들이 자연스럽게 다 성취된다. 거룩함으로의 부르심
(살전4:7), **자유함**으로의 부르심(갈5:13), **하나됨**으로의 부르심(엡4:4),
영생으로의 부르심(딤전6:12), 그리고 제자가 되고 **사명자**가 되라는
부르심. 예수님과 친밀하게 교제하는 사람은 이 모든 부르심들을
한 묶음으로 다 이루게 된다.

그러니까 거꾸로 말하면 사명자로서 낙담한 사람일수록 이 근
본적인 부르심으로 돌아갈 필요가 있는 셈이다. 사명이 끝난 것
이 아니라 새로운 사명을 전달받기 위해 잠시 쉬고 있는 것이다.
쉬면서 몸과 마음을 회복하고 하나님을 깊이 대면해서 다시 사명
의 자리로 나갈 수 있도록 하시려는 하나님의 플랜이고 배려다.
하나님이 제공하시는 구운 떡을 먹고 물을 마시는 시간이다.

여유 있게 그 시간을 즐겨도 된다. 우리가 여전히 왕의 자녀라
는 사실을 기억하고 예수님과의 사귐이 우선이라는 진리를 상기
하고 마음의 넉넉함과 부요함을 회복할 황금 같은 기회다.

그러면 곧 새로운 사명을 발견할 수 있을 것이다.

예수님은 아무나 우연히 만나 제자 삼는 분이 아니다. 예수님
은 정확하게 자신이 제자 삼기로 계획하신 '그 사람'을 찾고, 그리
고 그에게 사명을 주신다. 하나님은 우리 한 사람 한 사람도 이미
태초에 구원하기로 택정하셨고, 제자 삼기로 계획하셨고, 그리고
찾아 사명을 주셨다.

이 택하심의 무게감, 더불어 부르심의 독특함을 결코 잊어서
는 안 된다. 이것을 잊을 때 우리는 이 거대한 삶의 항해에서 방

향타와 용기를 함께 잃게 되기 때문이다.

만남을 위한 기도

하나님 아버지, 만세 전에 우리를 선택해 주시고 사랑해 주시고, 당신의 자녀 삼아 주시니 감사합니다. 또한 우리에게 이 땅에서 살아가는 동안 감당해야 할 사명을 주시니 감사합니다. 이 사명이 무엇인지 날마다 구체적으로 더욱 분별해 나가게 하시고, 감당할 수 있도록 잘 준비되게 하시고, 감당할 수 있는 능력을 더해주옵소서. 함께 주님의 뜻을 이루어드릴 수 있는 영적인 동지들을 허락해 주시되, 다윗과 요나단 같은 참된 우정으로 하게 하옵소서. 실패하고 넘어졌을 때도 낙심하지 말고 우리를 부르신 하나님을 기억하게 하옵소서. 하나님의 은사와 부르심에 후회가 없다는 것을 잊지 말게 하옵소서.

낙심했을 땐 우리를 먹이시고 어루만지시는 하나님의 따뜻한 손길을 경험하게 하소서. 우리가 여전히 왕의 자녀들인 것을 기억하게 하시고, 하나님의 사랑 안에서 온전히 회복되어 다시 즐겁고 담대하게 사명의 바다로 나아가게 하소서. 예수 그리스도의 제자로서의 삶을 끝까지 우직하게 살아내게 하옵소서.

이야기 하나

이야기 둘

나다나엘

나를 알아주시는 분을 만나다

요1:45-51

지금까지 예수님의 제자는 모두 4명이었다. 요한과 안드레, 안드레의 형 베드로, 그리고 빌립이었다. 예수님은 갈릴리 바다로 나가시는 도중에 '만세 전에 제자 삼기로 택정하신 한 사람'을 찾으셨는데, 그가 바로 빌립이었다. 그리고 빌립 역시 한 사람을 떠올렸다. 바로, 친구 나다나엘이다.[1]

예수님이 직접 해주신 인물평에 의하면, 나다나엘은 '그 속에 간사한 것이 없는 참 이스라엘 사람'이었다(요1:47). 간사함의 대명사인 야곱과는 다른 사람, 언제나 정직하고 올곧은 사람, 남을 속여 자기 잇속을 챙기는 것 따위는 상상도 할 수 없는 착한 사람, 하나님 나라를 추구하면서도 결코 인간적인 술수 따위를 고려하지 않는 우직한 사람, 그가 바로 나다나엘이었다.

그래서 친구 빌립이 보기에 나다나엘이야말로 예수님의 제자로서 어울리고 또 될 만한 1순위의 후보였던 것이다.

그런데 빌립이 나다나엘을 찾아서 실제로 예수님을 전했을 때, 정작 그의 반응은 썩 좋지 않았다. 상당히 부정적이었다. 냉소가 느껴진다. "나사렛에서 무슨 선한 것이 날 수 있느냐!"요1:46

---

1   나다나엘은 공관복음에 나오는 열두 제자 중 바돌로매와 동일인으로 여겨진다. 늘 빌립과 짝을 지어 호명된다는 점(마10:3 ; 막3:18 ; 눅6:14), 그리고 전승이 그렇게 말하고 있다는 점 등이 근거다.

예수님이 어디 출신인지를 듣고 걸려 넘어진 것이다.[2] 나다나엘이 보기에, 나사렛처럼 작고 평판 안 좋은 촌구석에서 도무지 메시아가 나올 리 없었던 것이다. 나올 만한 곳에서도 그간 가짜들만 무수히 출몰했었는데, 심지어 나사렛이라니? 말도 안 되는 일이다! 물론 이것은 나다나엘만의 생각이 아니라 당시 이스라엘 사람들에게 보편적으로 퍼져있었던 관점이기는 하다. 후에 예수님이 초막절에 예루살렘에 올라가서서 권력자들의 심기를 건드림으로써 체포령이 내려졌는데, 니고데모가 이렇게 변호한 적이 있었다. "우리 율법은 사람의 말을 듣고 그 행한 것을 알기 전에 심판하느냐."요7:51

그러자 대제사장들과 바리새인들은 니고데모를 날카롭게 힐난했다. "너도 갈릴리에서 왔느냐 찾아 보라 갈릴리에서는 선지자가 나지 못하느니라."요7:52 나사렛도 문제였지만 좀 더 넓게는 갈릴리 전체가 문제였던 것이다. 그도 그럴 것이 역사적으로 보면 이스라엘 북쪽에 위치한 갈릴리는 언제나 외세의 침략과 그로 인한 종교적, 문화적 침탈의 주요 희생지였다. 이방 문화가 팽배했을 뿐만 아니라 문화적 수준 자체가 낮았다. 따라서 신실한 유대인들은 차츰 남쪽으로 거주지를 옮기는 경향이 다분했으며, 어

---

2 나다나엘이 메시아가 베들레헴에서 나올 것이라는 구약성경의 예언(미5:2)을 알고 있었을지도 모른다. 하지만 어쨌든 그가 베들레헴을 언급하지 않고 그저 나사렛에 대해서 거론하는 것을 보면, 그에게 있어서 걸림돌은 예수님이 베들레헴 출신이 아니라는 점이 아니라 갈릴리 나사렛 출신이라는 사실 그 자체였을 것이다.

느덧 북쪽 갈릴리를 무시하고 경멸하는 게 일반화되어 있었던 것이다. 그래서 그 자신이 갈릴리의 가나 출신이었던 나다나엘조차도 갈릴리 그것도 나사렛에서 메시아가 나온 것 같다는 친구의 말에 부정적일 수밖에 없었다.

이것이 그 유명한 '나다나엘의 편견'이자 오늘날도 우리가 늘 주의해야 하는 경건의 적이다. 예수님에 대해서, 어떤 영적 진리에 대해서 나만의 강고한 편견과 선입견을 가지고 대하는 것이다. "하나님이 그러실 리가 없다", "예수님에게 그런 면이 있을 리 없다", "교회는 당연히 이러이러해야 한다", "예배 형식이란 모름지기 이런 모습이어야 한다"... 이런 생각들이 옳을 수도 있지만, 반대로 틀릴 수도 있다는 사실을 기억해야 한다. 내겐 지극히 당연한 상식일지라도, 아무리 오랫동안 내 사고를 형성해 온 가치관일지라도 진리는 그것을 넘어설 수 있다. 하나님은 결코 그런 것에 매이지 않으신다.

그러므로 우리의 편견과 선입견이 진리의 장애물이 되지 않도록 늘 주의해야 한다. 유연해야 한다. 특별히, 사람들과의 관계에 있어서도 지역, 외모, 학벌, 기타 모든 사회경제적 편견이 걸림돌이 되지 않도록 조심해야 한다.

나다나엘의 편견에 대한 빌립의 대답, 그것은 "와서 보라!"(요 1:46)였다. 요한과 안드레가 예수님의 거처를 물었을 때 들었던 바로 그 대답이었다. 단순히 정보를 주는 데서 그치지 않고 상대방을 예수님의 인격과 만나게 해주는 전략이다. 나다나엘의 편견에 대해서 이러쿵저러쿵 논박을 한다고 해결될 건 없다. 편견에 사로잡힌 사람과 말싸움 하는 것만큼 힘든 일도 없는 법이다. 그냥 실제로 예수님을 한 번 만나면 해결될 문제다. 우리 안의 이런 저런 편견들, 진리에 대한 오해들, 신앙생활의 문제들도 실제로 예수님을 인격적으로 만나면 눈 녹듯 해결된다. 이것이야말로 참된 해답이요 속 시원한 해결책이다.

"와서 보라!" 와서, 실제로 보는 것이다. 와서, 실제로 예수님의 인격을 만나고 실제로 예수의 영이신 성령의 만지심을 경험하는 것이다. 그러면 편견은 사라지고, 믿음의 싹이 돋아나고, 제자가 되어가고, 마침내 헌신의 사람이 된다.

문제는 오늘날 교회 안에 예수님을 인격적으로 만난 경험들이 풍부한가 하는 점이다. 나부터가 예수님을 인격적으로 만난 일이 없다면 과연 그 누구에게 "와서 보라"고 초청할 수 있을까? 예수님을 만나본 사람만이 예수님 만나보기를 확신을 갖고 권할 수 있다. 예수님을 만나본 설교자만이 자신의 설교를 통해 회중이 예수님을 만날 수 있도록 능력 있는 마중물이 되어준다. 예수님을 만나본 전도자만이 빌립처럼 "와서 보라"고 힘주어 전도할 수 있는 것이다.

아마도 나다나엘은 빌립의 말 속에 담긴 확신과 자신감을 느낄 수 있었을 것이다. 그래서 빌립의 말대로 실제로 가서 예수님을 만나본 결과 자기 생각이 정말로 편견인 것을 알게 되었다. 직접 겪어 보니 예수님은 너무나 비범한 인물이었고, 심지어 신적인 인물이었다.

나다나엘이 예수님을 신적인 인물이라고 느끼게 된 것은 두 가지 이유 때문이었다. 첫째는, 예수와 자기가 서로 초면인데, 같이 생활하지도 않았는데 자기가 언제 어디서 뭘 하고 있었는지 훤히 알고 있었기 때문이다. "빌립이 너를 부르기 전에 네가 무화과나무 아래에 있었지? 네가 그 아래에서 ~하고 있었지?" 누구라도 이런 상황에서 이런 말을 듣는다면 깜짝 놀라지 않을 수 없다.

하지만 나다나엘이 놀란 것이 그 이유 때문만은 아니었다. 예수님이 그저 비범하게도 시공간을 초월해서 나다나엘의 행적을 알고 있었던 것이 아니라 나다나엘의 깊은 내면을 알고 있었던 것이다. 예수님이 그가 오는 것을 보시고 **"봐라! 그 속에 간사한 것이 없는 참 이스라엘 사람이다"**라고 말씀하셨을 때 나다나엘의 반응이 무엇이었나? "어떻게 나를 아시나이까?!"였다.

이것은 읽히는 그대로 하나의 질문이기도 하지만, 동시에 놀라움의 표현이다. 힘들고 혼탁한 로마 치하에 있으면서도 어떻게든 하나님의 백성답게 의롭고 진실하게 살아보려고 몸부림치고 있는 자신의 내적인 분투를 알아주시는 예수님에 대한 감격의 표출인 것이다. 아마도 나다나엘은 그동안 누구한테도 이런 말을 들어본 적이 없었을 것이다. 오늘, 예수님이 처음으로 알아주시는 것이다. 나다나엘의 마음속 깊은 곳을 예수님이 온전히 읽어

주시는 것이다. 말하자면 나다나엘이 겪은 예수님은 '사람의 존재를 꿰뚫어보는 분'이었다. 한 사람의 성품과 그의 오랜 소망과 좌절, 그 모든 내적인 움직임과 씨름들을 속속들이 아는 분이었던 것이다.

당시 유대인이 '무화과나무 아래에 있다'는 말은 일반적으로 휴식도 취하면서 말씀을 묵상하고 기도하고 있다는 뜻이다. 가장 개인적이고 은밀하면서도 경건한 시간이다. '내가 정말로 내가 되는 시간'이다. 이 시간에 하는 생각이 진짜 내 생각이고 이 시간에 하는 말이 진짜 내 말이다. 예수님은 나다나엘의 바로 그 시간을 알고 계신다고, 보고 계셨다고 말씀하시는 것이다.

우리에게도 우리만의 '무화과나무 아래의 시간'이 있다. 내가 가장 나다운 시간, 내 자신에게 가장 정직한 시간, 내 욕망과 좌절, 기쁨과 슬픔, 과거의 상처와 미래의 소망이 숨김없이 다 드러나는 시간이다. 예수님은 바로 이 시간을 알고 계신다. 그러므로 예수님은 우리를 가장 잘 아신다.

사실 예수님만이 우리를 아신다. 우리는 각자 자신만의 고유하고 복잡한(때로는 기이하고 난해한) 삶의 문법을 가지고 있는데, 예수님만이 그 모든 문법을 정확히 독해하실 수 있다. 그래서 오직 예수님만이 우리에게 가장 적합한 언어와 모양과 전략으로 다가와 주신다. 오직 예수님을 만나서 "어떻게 저를 아시나이까!", 나다나엘처럼 감격하고 눈물 흘리는 인생이 복되다.

나다나엘은 예수님이 신적인 인물인 것을 느끼고, 또 자신을 알아주심에 감격했다. 즉시로 믿음이 생겨 이렇게 고백한다. "랍비여, 당신은 하나님의 아들이시요 당신은 이스라엘의 임금이로소이다."요1:49

당신은 이스라엘의 임금이로소이다! 이제 나다나엘의 임금은 예수님이시다. 나다나엘을 다스리고 그에게 명령하는 분이시다. 더 이상 헤롯이나 로마의 황제가 그의 임금이 아니다. 신적이면서도 자신을 진정으로 알아주시는 이 나사렛 예수가 '경건한 회의주의자' 나다나엘의 새로운 주권자 되신다. 나다나엘은 실제로 자신의 고백에 걸맞게 부활하신 예수님을 만난 이후로 주님의 충성스러운 증인의 삶을 살다가 순교한다. 아르메니아 지방까지 가서 세상의 참된 임금이신 예수를 증거하다가 산 채로 온 몸의 살가죽이 벗겨지는 고통 끝에 죽임을 당한다. 그런 참혹한 고통 속에서도 자신의 유일하고 참된 임금이신 예수님을 배반하지 않고 끝내 버텨낸다. 우직하고 정직한 사람, 자기 주님을 배신하는 일 따위는 상상할 수도 없는 나다나엘답게 말이다.

예수님을 만난다는 것은 이런 것이다. 어느 날 문득 "내가 널 알아..." 하는 주님의 음성을 듣고 "어떻게 나를 아시나이까!", 이 감동과 경탄을 터뜨린 후에 이제는 그분의 충성스러운 신하요 제자로서 나에게 맡겨진 삶을 강단 있게 살아내는 것이다.

그런데 나다나엘이 예수님을 그토록 사랑하고 그렇게까지 충성해야 할 진짜 이유가 아직 남아 있었다. 예수님이 '하늘과 땅을

이야기 둘

이어주고 하나님과 인간을 연결해 주는 분'이기 때문이다.

  "진실로 진실로 너희에게 이르노니 하늘이 열리고 하나님의 사자들
이 인자 위에 오르락 내리락 하는 것을 보리라!"요1:51

  인생의 문제는 하늘이 열려야 풀린다. 하늘이 열리고 하나님
의 은혜가 쏟아져 내려와야만 해결된다. 우리가 올라갈 수 있는
것이 아니다. 하나님이 내려와 주셔야 한다. 오늘 예수님이 나다
나엘에게 그려주신 이미지는 하늘이 열리고 하나님으로부터 쏟
아져 내려오는 그 모든 은혜와 생명의 통로가 바로 자신인 것을
가르쳐 준다. 자신이야말로 하늘과 땅을 연결해 주는 유일한 사
다리라는 것이다. 예수님을 만난다는 것은 바로 이 유일한 사다
리를 품게 되는 것이다. 하나님을 만나는 유일한 채널을 갖게 되
는 것이다. 하나님으로부터 쏟아져 내려오는 각양 좋은 은혜와
생명과 치유와 복락을 공급받을 수 있는 거대한 수로 앞에 서는
것이다.

  참으로 좋지 아니한가!

만남을 위한 기도

하나님 아버지, 우리 안에 혹시 나다나엘의 편견이 있지는 않은지 돌아보게 하옵소서. 우리의 지식이나 경험이나 취향이나 그 어떤 것이라도 하나님을 만나는 데 있어서 방해가 된다면 겸손히 내려놓게 하소서. 밝은 눈과 열린 귀를 주시고, 무엇보다도 순전하고 부드러운 마음을 주셔서 하나님의 일하심을 바로 보게 하시고 하나님의 음성을 있는 그대로 듣게 하옵소서.

또한 나다나엘처럼 우리를 알아주시는 예수님을 만나게 하옵소서. 우리의 아픔과 눈물이 무엇인지, 우리의 소망과 비전이 무엇인지 속속들이 알고 계시는 주님을 만나게 해주소서. 그 주님 앞에 오래 머무르고 깊이 대화하게 하소서.

나아가 이렇게 좋으신 주님을 하늘과 땅을 이어주는 사다리로서 만나게 하소서. 예수님을 통해 하나님을 더욱 깊고 온전하게 알아가게 하시고 예수님을 통해 하늘의 위로와 지혜와 생명을 공급받게 하소서.

예수의 어머니 마리아

여종으로서 만나다

요2:1-11

나다나엘이 실제로 예수님을 만나보니, 예수님은 시공간을 초월해서 자신의 일거수일투족을 훤히 알고 있는 분이었다. 또한 자기 존재의 가장 깊은 곳까지도 꿰뚫어보고 이해해 주는 분이었다. 그래서 나다나엘은 믿음이 생겨서 "랍비여, 당신은 하나님의 아들이시요 이스라엘의 임금이로소이다"라고 고백했다. 가슴 떨리는 고백의 순간, 예수님의 반응은 **"네가 이것보다 더 큰일을 보리라"**였다. 가나의 첫 표적은 바로 이 '더 큰일'이 실제로 일어난 것이라고 말할 수 있을 것이다.

예수님은 나다나엘의 고향 마을에서 물로 포도주를 만드는 큰일을 행하셨다. 그것도 60리터씩이나![1] 이것이 예수님의 첫 표적인데, 이것은 기본적으로 예수님이 창조주의 권능을 갖고 계신 것을 보여준다. "그가 태초에 하나님과 함께 계셨고, 만물이 그로 말미암아 지은 바 되었으니 지은 것이 하나도 그가 없이는 된 것이 없느니라."요1:2,3 사도 요한이 요한복음 1장에서 이렇게 명제적으로 선언한 것이 실제적으로 확인되는 사건인 셈이다. 애초에 예수님이 물의 분자식(H_2O)도 고안하셨고, 포도의 고유한 맛

---

1   예수님은 정결 예식을 위해 입구에 놓아두었던 돌항아리 여섯 개에 가득 물을 채우라 하시고 그것을 모두 포도주로 바꾸셨는데(요2:6-7), 돌항아리 하나에 대개 10리터 정도의 물을 채울 수 있었다.

과 향기도 만들어내셨고, 발효의 원리도 창안하셨다. 그러니 물이 포도주로 '변하는 것' 정도야 사실 예수님께는 일도 아닌 것이다. 무에서 유를 창조하실 수도 있는데, 이미 창조된 것의 형질을 좀 변하게 하는 것이 대수일까? "예수께서 이 첫 표적을 갈릴리 가나에서 행하여 그의 영광을 나타내시매 제자들이 그를 믿으니라."요2:11

예수님은 첫 표적을 통해 당장은 창조주의 영광을 나타내셨고, 후일에 십자가의 죽음과 부활을 통해 본격적으로 충만히 계시될 구속주의 영광을 언뜻 내비치셨다. 그리고 무엇보다도 이제 갓 모여든 제자들의 믿음을 불러일으키셨다. '제자들의 믿음을 돕는 것', 이것이 표적의 우선적인 목적이었다. 예수님은 처음엔 이 일에 개입하지 않으려고 하셨던 것 같은데, 결국 표적을 행하신 가장 중요한 목적이 제자들의 믿음이었던 것이다.

이런저런 이유로 이제 막 예수님을 따르기 시작한 제자들이 표적을 보고 무엇을 느꼈을까? "예수님은 정말 보통 분이 아니시구나! 인간 랍비 그 이상의 뭔가가 이분께 있구나! 이분은 심지어 물이 변하여 포도주가 되게 하실 수도 있구나!" 이런 깨달음 끝에 결국 믿음이 생기는 것이다. 마가복음 1장 16-20절을 보면, 나중에 제자들이 본격적으로 직업과 가족을 떠나 예수님과 동행하게 되는 것을 볼 수 있는데, 그게 사실 하루아침에 그렇게 된 것이

아니다.[2]

하루아침에 그렇게 되어서도 곤란하다. 평생을 종사한 어부 일과 가족을 어떻게 그렇게 쉽게 충동적으로 떠날 수 있겠는가? 요한복음 1장에 나타나 있는 것처럼 제자들은 이미 예수님과 함께 시간을 꽤 보낸 상태였고, 오늘 이 가나의 표적 같은 것을 보면서 예수님의 메시아 됨을 더욱 확신해오고 있었기 때문에 가능했던 것이다.

어쨌든 예수님이 이처럼 제자들의 믿음을 위해서 결국 표적을 행하신 것은 맞지만, 그래서 그것이 이 표적의 가장 중요한 의미일 수 있지만, 아주 단순하게는 이 표적이 사람들의 필요를 채워주는 것이었다는 사실을 잊지 말아야 한다. 먼저는 어머니 마리아의 필요다. 아들의 도움을 기대하는 어머니의 필요를 예수님은 물리치지 않으셨다.

또 무엇보다도 이 결혼식 혼주의 필요다. 만약 끝내 예수님이 자신의 사역 일정표를 고수하기 위해서 표적을 행하지 않으셨다면, 포도주 준비에 직접적인 책임이 있었던 신부의 아버지와 신부, 그리고 신랑과 그의 부모들은 평생 부끄러움 속에서 살아야 했을 것이다. 잘 알려진 대로, 당시 결혼식에서 포도주가 동난다는 것은 오늘날 우리가 상상할 수 없을 정도로 신랑신부 양가에게 큰 위기이자 재앙이다. 그래서 대부분의 아버지들은 딸이 태

---

2   마가복음을 비롯한 공관복음서(마4:18-22 ; 눅5:10-11)는 그런 인상을 주는 것이 사실이다.

어나면 첫 해부터 시집가는 해까지 매년 혼인잔치에 소용될 포도주를 창고에 비축해놓는다. 말 그대로 웬만해선 그럴 일이 없도록 넉넉하게 적립해놓는 것이다.

그런데 그렇게 철저히 준비를 해도 오늘 이 경우처럼 예상치 못했던 일이 벌어질 수도 있었다. 아마 생각보다 훨씬 많은 하객들이 몰려들었기 때문일 텐데, 예수님과 제자들의 갑작스런(?) 방문도 한몫 했을 수 있다. 여하튼 이런 일이 생기면 당사자들은 평생 동네에서 수군거림의 대상이 되어야 할 뿐만 아니라 심지어 성격 괄괄한 이웃에게 법적 소송을 당할 수도 있었다.

우리 삶에도 이와 같은 위기의 순간들이 있다. 마땅히 있어야 할, 인생을 인생답게 만들어 줄 포도주가 예상치 않게 떨어져 버린 순간 말이다. 한창 일해야 할 나이에 갑자기 암 선고를 받는 순간이 올 수 있다. 그런 말도 안 되는 이야기가 어느 날 바로 내 이야기가 되는 것이 인생이다. 삶을 몽땅 갈아 넣어 헌신한 직장에서 하루아침에 해고당할 수도 있다. 믿고 사랑했던 배우자에게 혹은 절친이나 동업자에게 배신당해 하늘이 무너지는 것 같은 순간이, 인생에는 있다. 포도주가 떨어지고 흥이 깨져버린 인생이다.

이런 위기들은 궁극적으로 예수님을 만나야 해결된다. 예수님을 만나고 예수님을 통해 하늘문이 열리고 하늘의 위로와 자원들이 쏟아져내려야만 해결된다. 부끄러움을 당할 뻔했던 신랑은 연회장의 입을 통해 오히려 영광을 받았다(요2:9-10). 예수님은 물이 변하여 포도주가 되게 하실 수 있는 창조주이시고, 그런 창조의 능력을 통해 인생의 수치를 영광으로 반전시켜 주실 수 있는 우리의 진짜 희망이신 것이다.

그런데 이 이야기 중에는 이 중요한 사실 말고도 너무나 자연스럽게 우리의 주목을 끄는 한 인물이 있다. 바로 예수님을 낳은 어머니 마리아다. 마리아가 포도주가 떨어진 것에 대해서 뭔가 대책을 마련하려는 것을 보면, 이 결혼식의 신부 혹은 신랑 가족과 꽤 가까운 관계였음을 짐작해볼 수 있다. 그래서 마리아는 자신의 믿음직스러운 장남에게 이렇게 말했던 것이다. "저들에게 포도주가 없다." 완곡하지만, 아들의 도움을 바라고 있는 것이다. 물론 기적을 기대하는 것이라고 보기는 어렵다. 마리아는 아직까지 아들 예수가 기적을 행하는 것을 본 적이 없기 때문이다.

여하튼 어머니 마리아는 아들 예수에게 "네가 어떻게든 좀 해볼 수 없겠니?" 하는 의미로 말을 했다. 하지만 아들의 대답에서는 난데없는 거리감이 느껴진다. **"여자여, 나와 무슨 상관이 있나이까? 내 때가 아직 이르지 아니하였나이다."**요2:4[3]

---

3 예수님은 죄의 무거운 굴레로부터 우리를 해방시켜 주기 위해서 이 땅에 오신 것이지 이런 시시콜콜한 인간사의 문제 해결사로서 오신 것이 아니다. 그분 말처럼 영혼의 구원자와 잔치집 포도주가 동난 것이 무슨 상관이 있단 말인가? 게다가 그분 자신도 이날은 그저 초대받은 손님에 불과하지 않은가?

'여자여', 논란이 많은 이 표현은 유교 문화권에서 느끼는 것만큼 무례하거나 패륜적인 것은 아니다. 굳이 평가하자면 중립적인 호칭이다(요4:21). 하지만 그렇다고 하더라도 아들이 어머니에게 흔히 쓸 수 있는 호칭도 아니다. 예수님은 분명히 의도적으로 마리아와의 혈연적 밀착 관계에 확연한 틈을 내었다. 비록 육신의 어머니일지라도 예수님의 메시아로서의 일정에 영향력을 행사할 수는 없기 때문이다. 또, 이런 식으로 계속 어머니의 필요를 채우는 것에 우선순위를 둔다면 그는 아마도 십자가의 수난을 피하고 싶어질지도 모르는 까닭이리라.

아무튼 어떤 어머니라도 이런 상황에서 아들에게 이런 말을 들었다면, 아마도 기가 막혀 입을 다물었거나 혹은 아들을 책망했을 것이다. 그런데 마리아는 달랐다. 그녀는 아들에게는 아무 말 하지 않고 대신 하인들에게 당부했다. "너희에게 무슨 말씀을 하시든지 그대로 하라."요2:5

분명히 마리아는 아들의 냉정한 말을 듣고 정신이 번쩍 들었을 것이다. 물론 처음에는 당황스러웠을 것이다. 혼란스러웠을 테다. 그러나 이 아들이 사실은 누구인지 재빨리 생각을 정리했을 것이다. 수태고지부터 기억하지 않았을까? "그는 큰 자가 되고 지극히 높으신 이의 아들이라 일컬어질 것이다."눅1:32 "성령이 네게 임하시고 지극히 높으신 이의 능력이 너를 덮어 네가 잉태하게 될 것이다."눅1:35

그리고 최근의 것으로 아들 예수가 열두 살 되었을 때 예루살렘에서 자신에게 했던 말, 그때 온전히 이해할 수는 없었지만 마음속에 담아두었던 말도 떠올렸을지 모른다. 마리아가 수태고지를 들은 후 엘리사벳을 방문했다가 그녀의 집에서 부른 찬가를 떠올려 보라. 그녀는 하나님이 (엘리사벳처럼) 자기에게도 큰일을 행하셨다고 결론 내렸고, 스스로를 세세토록 복 있는 여자라고 자평하였다(눅1:48-49). 아들 예수는 그렇게 믿음으로 낳은 아이였다. 자신의 아들이기 전에 하나님의 아들이었다.

하지만 막상 아들 예수를 낳고 기르면서 마리아는 점점 이 환희에 찬 송가를 잊어가고 있었을 것이다. 그도 그럴 것이 아무리 하나님의 아들이라고 선지식을 가지고 보아도 아들 예수는 너무나 완벽하게 평범한 인간 아이였기 때문이다.[4] 마리아와 요셉은 그래서 아들 예수가 홀로 무단으로 예루살렘에 남았을 때에 사흘 만에 겨우 찾고 나서 이렇게 책망을 했다. "애야, 너 대체 왜 이런 짓을 한 거니? 나와 네 아버지가 얼마나 걱정하며 찾은 줄 아니?" 눅2:48 영락없이 평범한 열두 살 자기 아들 녀석에게 하는 말이다. 이 아이가 하나님의 아들이라는 의식 따위는 전혀 없어보이는 말투다. 그랬을 때 소년 예수는 이 가나의 혼인 잔치의 예고편과도 같은 대답을 했었다. "어째서 저를 찾으셨습니까? 제가 제 아버

---

4   초현실주의 화가 막스 에른스트Max Ernst의 그림 <세 명의 증인 앞에서 아기 예수님을 체벌하시는 성모>를 보라. 양육에 찌들어 눈 밑에 다크서클이 짙게 드리운 젊은 엄마 마리아가 아기 예수를 자기 무릎 위에 거꾸로 눕혀 놓고(벌거벗긴 채로!) 손바닥으로 엉덩이를 후려치고 있다.

지 집에 있어야 된다는 걸 모르셨습니까?"^{눅2:49}

남편 요셉이나 마리아나 이해 못 할 말인 것은 동일했다. 하지만 엄마 마리아는 달랐다. 그녀는 13년 전에 직접 천사로부터 수태고지를 들었던 사람이었다. 그래서 그녀는 아들의 이 낯선 말을 마음에 담아두었고, 아마도 오늘 퍼뜩 떠올렸을 것이다. 말하자면 마리아는 그 짧은 순간에 '돌아선' 것이다. 예수의 어머니로부터 예수님의 여종으로! 아들 예수가 최근에 제자들을 모으고 공적 사역을 시작한 것을 보고서도 깨닫지 못했던 마음이 비로소 각성된 것이다. 수태고지를 들은 후 마리아가 했던 말이 무엇인가? "마리아가 이르되 주의 여종이오니 말씀대로 내게 이루어지이다…"^{눅1:38}

말씀대로 내게 이루어지이다! 오늘 마리아가 하인들에게 한 말은 분명히 수태고지를 들은 후에 천사에게 했던 말과 닮았다.

> "무슨 말씀을 하시든지 그대로 하라"
> vs "말씀대로 내게 이루어지이다"

이것은 우연이 아니라 마리아의 평생을 통해 일관된 태도다. 마리아가 보여준 경건의 가장 아름다운 정수다. "하나님이 말씀하시면 나는 그대로 순종하겠습니다. 그 말씀이 이해가 되든 안 되든, 그 말씀이 나를 궁지로 몰아넣든 어떻든, 나는 그대로 따르겠습니다." 마리아의 이 순종과 경건이 어쩌면 예수님의 본래 계획표에는 없었던 가나의 첫 표적을 가능하게 하지 않았을까?

예수님을 만날 때 우리에게도 이런 상황이 주어진다. 내가 그동안 예수님을 어떻게 알고 있었든, 내가 얼마나 예수님과 친밀한 관계를 누리고 있었든 그저 예수님의 종으로서 입 꾹 닫고 순종해야만 하는 상황 말이다. 그동안 익숙했던 예수님이 아니라 낯선 예수님을 만나는 순간이다. 더불어, 이해할 수 없고 받아들이기 힘든 명령을 듣는 순간이다. 이런 순간에 마리아와 같은 경건이 필요하다. 들은 말씀에서 일점 일획이라도 더하거나 빼지 않고 그대로 순종하는 믿음이 필요한 것이다.

바로 그때 포도주가 떨어진 인생에 복이 임한다. 우리를 곤경에서 건져주시는 창조주 하나님을 만난다. 물은 변하여 포도주가 되고 인생의 위기가 해결된다. 흥이 깨져버린 인생이 다시 축제로 변한다.

마리아 다음으로 이 축제의 일등공신이 있다. 우리를 미소 짓게 만드는 인물들, 바로 하인들이다. 하인들은 이미 마리아로부터 "예수께서 무슨 말씀을 하시든지 그대로 하라"는 지시를 들은 상태였다. 그래서 **"항아리에 물을 채우라"**는 예수님의 말을 들었을 때 별다른 토를 달지 않고, 불퉁거리지 않고 그대로 따랐다. 사실 이게 말이나 되는 소리인가? 맹물을 그것도 손발 씻을 허드렛물 따위를 가져다가 귀한 잔칫상에 포도주랍시고 내놓으라니?

또한 일 자체도 수월하지는 않았을 것이다. 지금처럼 수도꼭지를 틀어서 간단히 해결할 수 있는 일이 아니었기 때문이다. 필시 근처의 샘이나 우물가에 땀을 쏟으며 여러 번 오고 갔을 테다.

여기서 하인들의 '순종의 정도'가 눈에 띈다. 그들은 항아리에 물을 채우되, 아귀까지 가득 채웠다. 다시 말해 그들의 순종은 형식적인 것이 아니었다. 어떤 의미에서 그들은 예수님의 말씀 그 이상으로 순종했다. 예수님은 단지 물을 채우라고만 했지 어느 정도까지 채우라고 구체적으로 지시하지 않았기 때문이다. 결국 하인들의 적극적인 순종이 60리터에 이르는 엄청난 양의 최상급 포도주를 만들어 냈고, 잔치를 다함없는 풍부함으로 이끌었다. 이 차이는 결코 작은 것이 아니다. 하인들이 적당히 6리터만큼만 채웠다면 포도주도 그저 면피하기에 적당한 6리터에 불과했을 것이다. 절반까지만 꾸역꾸역 순종했다면 잔치의 흥도 절반에 그쳤을 것이다.

순종하는 것 자체도 물론 중요하다. 하지만 얼마나 마음을 담은 순종인가가 더 중요하다. 어떤 순종은 심지어 본질상 불순종과 매한가지이기도 하다. 억지 춘향이 같은 순종, "이 정도 했으면 저도 할 만큼은 한 거죠, 주님?" 하는 것 말이다. 그렇게 예배 드리고 그렇게 헌금하고 그렇게 봉사하는 그리스도인들이 얼마나 많은가? 바리새인적인 순종이 아닐 수 없다.

아귀까지의 순종, 전심을 다한 순종이 필요하다. 끌려가듯 하는 순종으로는 우리의 삶을 축제로 바꿀 수 없기 때문이다.

이렇게 마리아의 경건과 하인들의 순전한 순종으로 잔치는 계속되었다. 발이나 씻는 데 사용될 허드렛물이 사람의 마음을 흡족하게 만족시키고 기쁘게 하는 프리미엄급 포도주로 변했다.

우리 삶 주변에 흔하게 널려있는 허드렛물도 그렇게 될 수 있다. 단, 예수님을 만나고 그분의 말씀에 순종하되 아귀까지에 이르는 '마음의 순종'을 다할 때.

하나님 아버지, 우리에게도 예수님의 어머니 마리아와 같은 경건이 있게 해주소서. 하나님이 무슨 말씀을 하시든, 그 말씀이 이해가 되든 되지 않든, 설사 그 말씀이 나에게 손해를 끼치고 나를 궁지에 몰아넣는다 하여도 말씀대로 순종하는 경건이 있게 해주옵소서.

"말씀대로 내게 이루어지이다!", 이것이 우리의 고백되게 해주시고, 이 고백처럼 우리의 인생이 하나님의 말씀이 이루어지는 좋은 밭이요 선한 무대가 되게 해주시옵소서.

그래서 우리가 말씀대로 순종했을 때, 특별히 아귀까지 차오르는 순종을 다했을 때 우리와 우리 이웃의 삶에 하나님의 역사가 일어나고 하나님의 능력이 나타나는 것을 보게 해주옵소서.

특별히, 포도주가 떨어져 버린 것 같은 인생 가운데 찾아와 주셔서 물이 포도주로 변하는 은혜를 경험하게 하옵소서. 주님을 창조주 하나님으로 만나게 해주시옵소서. 파탄나버린 것 같은 인생을 회복시켜주시는 예수 그리스도의 은혜를 누리게 하옵소서.

세례 요한(2)

신랑의 친구로서 만나다

요 3:22-30

세례 요한은 겸손한 사람이었다. 예수님이 받으셔야 할 관심이나 영광을 결코 자기가 받으려고 하지 않았다. 그의 인생 전체는 (짧은 인생이었지만) 오직 예수 그리스도를 높이고 예수 그리스도를 드러내고, 사람들로 하여금 예수 그리스도에 대한 기대감을 불러일으키기 위한 것이었다. 제사장의 아들로 태어나 진정한 제사장의 역할 곧 하나님과 사람들을 연결해 주는 사명에 한결같이 충실했다. 사람들이 자신의 물세례에 열광할 때도 "여러분이 정말로 관심 갖고 꼭 받아야 할 세례가 있는데, 그건 바로 예수께서 베푸시는 성령의 세례입니다", 이렇게 말했던 것이 세례 요한이었다.

그래서 그토록 고대했던 예수님이 실제로 역사의 무대에 등장했을 때 그는 자연스럽게 주름진 커튼 뒤로 퇴장하는 것처럼 보였다. 그것이 요한복음을 제외한 나머지 세 복음서의 기록이다. 하지만 요한복음을 보면, 세례 요한과 그의 제자들이 여전히 세례 베푸는 사역을 하고 있었다는 것을 알게 된다.

그러니까 예수님도 사역을 하시고 동시에 아직 세례 요한도 사역을 하는, 두 사람의 사역이 겹치는 시기가 잠깐이나마 있었던 것이다. 그것도 지리적으로 비교적 가까운 거리를 두고 말이다. 여기서 문제가 생겼다. 정작 세례 요한 자신은 아무렇지도 않은데 그의 제자들이 뿔이 난 것이다. 사실 세례 사역 그 자체를 놓고 보면 자기들이 원조인데, 예수님이 등장하시고 나니까 사람들이 다 예수님께 몰려가는 것이 아닌가! 예수님께 말씀을 배우고 예수님의 제자가 되는 것까지는 그래도 이해하겠는데, 심지어 세례조차도 죄다 예수님께 받기를 원하는 것이다.

물론 예수님은 자신이 직접 세례를 베풀지 않으시고 대신 제자들로 하여금 베풀게 하셨는데, 아무튼 예수님께로 몰려온 수많은 사람들이 결과적으로 다 세례를 받게 되었고, 이 숫자가 기존에 세례 요한에게 세례 받은 사람들의 수를 훨씬 넘어서는 정도에 이른 것이다(요4:1,2).

하지만 이번에도 세례 요한은 전혀 흔들림이 없이 이렇게 말한다. "내가 전에도 말하지 않았느냐? 나는 그리스도가 아니라 그리스도를 가리키고 그리스도를 드러내라고 하나님이 앞서 보내신 종일 뿐이다. 너희는 이 사실을 증언해야 할 사람들인데, 어째서 그리스도를 질투하느냐!"

그러면서 결정적인 한 마디를 덧붙인다. "신부를 취하는 자는 신랑이다." 무슨 말일까? "이스라엘 백성이라는 신부를 취하는 자는 예수 그리스도라는 신랑이다"라는 말이다. 그러니까 그리스도의 신부된 이스라엘 백성들이 신랑 되신 그리스도께 달려가고 세례 받는 것은 너무나 당연한 일이라는 것이다. 더 나아가, 신부를 취한 신랑의 음성을 듣고 신랑의 친구가 사심없이 기뻐하듯이 자신은 그러한 기쁨으로 충만하다고, 세례 요한은 고백한다. "신부는 신랑 품에 안기는 것이 당연하고, 신랑의 친구는 그걸 보고 기뻐하는 것이 또 당연하다. 나는 그러한 기쁨으로 충만하다."

이 지점에서 스스로에게 한 번 물어볼 필요가 있을 것 같다. "내 삶에는 기쁨이 있는가?" "내 삶은 어떠한 종류의 기쁨으로 채워져 있는가?" "내 삶은, 오늘 세례 요한처럼, 사람들이 참 신랑되신 예수님 품에 안기는 것을 보고 기뻐하는 그러한 종류의 기쁨으로 채워져 있는가? 충만한가?"

우리의 기쁨이 고작 맛있는 거 먹고 재미있는 거 보고 좋은 데 놀러가고 돈 잘 벌고 내 명예가 올라가는 것 따위로만 채워져 있다면, 뭔가 잘못된 것이다. 물론, 그런 것들에서 기쁨을 느끼는 것 자체가 문제인 것이 아니다. 그런 것들로만 우리의 기쁨을 채우려 하는 것, 그런 것들에서 기쁨을 찾는 것을 삶의 우선순위에 두고 거기에 돈과 시간과 에너지를 먼저 쏟아붓는 것, 그것이 문제다.

기쁨의 지형도가 획기적으로 바뀌어야 한다. 하나님을 만나는 기쁨, 하나님의 뜻을 이루어 드리는 기쁨, 영혼들을 예수님께 붙여드리는 기쁨이 우리 마음에서 점점 더 넓은 공간을 차지해가야 한다. 어느 정도까지? 심지어 다른 인간적인 기쁨이 전혀 없을지라도 그런 기쁨 때문에 배부른 정도까지다. 아니 최소한 배고프지 않은 정도까지다. 우리를 진실로 기쁘게 하는 기쁨의 질이 높아져야 하는 것이다.

오늘날 그리스도인 중에 누구인들 세례 요한의 제자들처럼 예수께서 높임 받는 것을 질투할 일이야 있겠는가? 또 우리 중에 누구인들 세례 요한의 기쁨과도 같은 기쁨이 전혀 없는 사람이야 있겠는가? 중요한 것은, 그러한 기쁨이 말 그대로 우리 안에 충만해져야 한다는 것이다. 세례 요한은 "그는 흥하여야 하겠고 나는 쇠하여야 하리라"(요3:30)고 말했다. 이것이 우리의 고백이기도 해야 할 텐데, 뒷부분이 문제가 되는 것은 아닌지 진지하게 점검해 볼 필요가 있다. 다시 말해, 예수께서 흥하시는 것은 너무나 당연한 것이지만 정말로 내가 쇠하여지는 것도 괜찮은가 말이다. 오늘 세례 요한의 두 번째 이야기는 이것마저도 괜찮은 우리가 되라고 도전한다.

그런데 어떻게 하면 이것마저도 괜찮은 우리가 될 수 있을까?

예수님을 진짜 만나면 된다. 예수님을 인격적으로 만나 그가 베푸시는 은혜로 채워지면, 심지어 내가 쇠하여질지라도 좋으신 예수님이 높여지시는 것만으로 충분한 인생이 된다. 사람들이 예수님 품에 안기고 예수님의 제자답게 자라가는 것을 보고 눈물 흘리며 기뻐하는 인생이 된다. 그러한 종류의 기쁨이 세상 그 어떤 기쁨보다도 압도적인, 신랑의 좋은 친구 같은 인생 말이다.

만남을 위한 기도

하나님 아버지, 우리 안에 세례 요한의 기쁨과도 같은 기쁨이 충만하게 하옵소서. 사람들이 영혼의 참된 신랑이신 예수님 품에 안기고 날마다 말씀과 기도로 그분의 제자답게 자라가는 것을 보고 기뻐하는, 그러한 종류의 기쁨으로 가득 채워지게 하옵소서. 정말로 우리의 기쁨의 질이 높아지게 하옵소서. 거룩해지게 하옵소서.

세례 요한은 "그는 흥하여야 하겠고 나는 쇠하여야 하리라"고 말했는데, 이것이 우리의 고백도 되게 하소서. 예수님은 참으로 흥하게 하소서. 더 많은 사람이 예수님을 믿게 해 주시고, 더 많은 참된 예수님의 제자들이 나타나게 하소서.

더불어, 이 과정에서 혹시 쇠하여지더라도 괜찮은 내가 되게 하소서.

예수님을 진실로 인격적으로 만나서, 심지어 내가 쇠하여질지라도 좋으신 예수님이 높여지시는 것만으로 충분한 인생이 되게 하옵소서.

이야기 **다섯**

사마리아 여인

생
수
를
　만
나
다

요4:1-30

세례 요한에게 열광했던 이스라엘 백성들은 시간이 흐를수록 점점 더 예수를 따르고 추종했다. 예수님은 세례 요한이 행할 수 없었던 기적들은 물론이고 심지어 세례에서조차 이미 세례 요한을 아득히 능가하는 인물이 되었던 것이다. 자연스럽게 예수는 이스라엘 사회에서 유명한 사람 중의 하나가 되었고, 정치적으로도 가장 주목받는 유력인사가 되었다. 당연히 바리새인들이 모를 리 없었고, 예수님은 자칫 너무 일찍 정치와 정쟁의 소용돌이에 휘말릴 수 있는 그런 상황이 되었다.

이때 예수님이 하신 행동은 유대를 떠나는 것이었다(요4:3). 유대를 떠난다는 것은 무엇보다도 정치를 떠난다는 것이고, 인기와 명예와 권력을 떠나는 것을 의미한다. 예수님께는 그런 것들에 결코 휘둘릴 수 없는 확고한 자신만의 사명이 있었기 때문이다.

아무튼 예수님은 유대를 떠나서 다시 갈릴리로 가는 것이 목적이었다. 거기서 다시 복음을 전하고 사람들을 제자 삼고 병자들을 치유하기 원하셨다. 예수님의 사명이다. 그런데 그런 예수님이 갈릴리로 가는 길의 경로를 이상하게 잡으시는 것이다. 대개 이스라엘 사람들은 유대에서 갈릴리로 갈 때 사마리아를 피해서 오른쪽으로 돌아가든지(이것이 가장 지름길이다), 아니면 왼쪽으로 돌아 지중해 해안 길로 가는 것이 보통이다. 물론 시급한 일이 있을 땐 어쩔 수 없이 사마리아를 통과하기도 했다. 하지만 어찌됐건 이 루트는 유대인들이 일반적으로 피하고 싶은 길이었다. 그런데 오늘 예수님은 '반드시' 사마리아를 통과해서 가시겠다는 것이다. "사마리아를 통과하여야 하겠는지라."요4:4 이 말씀에는 예수님의 강한 의지가 표현돼 있다. 통과하면 좋고 아니어도 어쩔 수 없고, 그런 것이 아니다. 말 그대로 반드시 사마리아를 통과해서, 사마리아를 거쳐서 갈릴리로 가시겠다는 것이다. 개처럼 더럽게 여기는 이방인들과 피를 섞은 잡족들의 땅, 관계가 불편해서 여행의 편의를 도모하기도 어려운 땅, 사마리아를 말이다.

왜일까? 반드시 만나야 할 사람이 있었기 때문이다. (잘 아는 대로) 사마리아 지역 내 수가 성의 한 여인을 반드시 만나셔야 했기 때문이다.

그러면 예수님은 왜 이 여인을 반드시 만나셔야만 했을까? 요한복음 4장10절에 있는 표현을 빌려보자면, 예수님은 이 여자에게 선물을 주고 싶으셨던 것이다. "네가 만일 '하나님의 선물'과 또 네게 물 좀 달라 하는 이가 누구인줄 알았더라면 네가 그에게 구하였을 것이요..."

예수님의 마음속으로 잠시 들어가 보자. 예수님이 이 번거로운 경로를 굳이 고집하시는 이유는 여인에게 줄 선물이 있었기 때문이다. 여인에게 너무 필요한 것이 있어서 그걸 꼭 전달해 주고 싶은 은혜로운 마음이다. 손주들을 너무 사랑하는 할머니 할아버지가 아이들을 위해 준비한 선물을 꼭 전달하고 싶어서 먼

길 마다하지 않고 달려오시는 것과 같은 마음이랄까?

그런데 예수님이 준비하신 선물은 여인이 '좋아하는 것'이 아니라 여인에게 '필요한 것'이다. 요한복음 4장의 예수님과 여인의 대화는 어떻게 보면 동문서답의 연속이기도 하고, 또 어찌 보면 비약의 연속이어서 대화의 맥락과 흐름을 이해하기가 쉽지 않다. 예수님이 대화를 일부러 그렇게 이끌어 가셨기 때문인데, 그 이유는 이 여자가 자신에게 정말로 '필요한 것'이 무엇인지 깨닫도록 하시기 위해서였던 것이다.

여인이 '좋아하는 것' 그래서 원했던 것은 무엇이었을까? 우선 15절에 있는 대로 '한번 마시면 영원히 목마르지 않는 물'이다. 여인이 이런 공상과학 영화에나 나올법한 물을 원하는 것은 사실 전혀 이상한 것이 아니다. 물이 한번 떨어지면 왕복 4km 정도를 걸어서 무겁게 이고 지고 메고 와야 하니, 이게 얼마나 고역이었겠는가? 하지만 여인이 정말로 좋아했던 것, 그래서 마음 깊이 가장 원했던 것은 다름 아닌 '좋은 남자'였다. 다섯 번이나 결혼에 실패했으니 이 또한 당연한 일이다. 여인은 아마도 좋은 남자를 만나 함께 살 수만 있다면 그야말로 더 바랄 것이 없다고 생각했을 것이다.

그런데 예수님은 여자에게 그런 것들을 선물로 주지 않으셨다. 대신 여자에게 정말로 가장 필요한 것이 무엇인지 깨닫게 하시고, 또 그것을 사모하게 하셨다. 여자에게 정말로 필요한 것은 한 번 마시면 영원히 목마르지 않는 '신비로운 물'이거나, 모든 면에서 흠잡을 데 없고 검은 머리 파뿌리 되도록 자신만을 사랑해 줄 '완벽한 남자'가 아니라, 바로 '성령'이라는 것을 가르쳐 주고 싶으셨던 것이다. 사실 나에게 필요한 것을 갈망하면 최선이다. 하지만 많은 사람들이 나에게 필요한 것을 원하기보다는 내가 좋아하는 것을 원한다. 내가 좋아하는 것에 사로잡혀서 정작 가장 필요한 것에 무관심하기 십상이다. 하나님께도 내가 좋아하는 것을 달라고 기도하기가 쉽다. 그리고 하나님이 그걸 주시면 은혜받았다고 느낀다.

오해해서는 안 된다. 하나님은 우리가 그걸 원해서 주시는 것이 아니라 그것이 우리에게 유익하고 필요한 것이어서 주신다. 다시 말해 참된 은혜는 하나님께서 우리의 영혼과 삶에 가장 필요한 것을 주시는 것이다. 그래서 예수님은 여인에게 참된 은혜를 주시려고 이제 드디어 남편 이야기를 꺼내신다. 그녀에게 일종의 금기어인 '남편' 이야기 말이다. 여인에게 있어서 남편 이야기는 한 마디로 무엇에 관한 이야기일까? 그것은 일단 깊이 숨겨진 이야기이자 감추고 싶은 이야기이며 나아가 죄 이야기이다.

물론 여인이 주도적으로 남자들을 계속 갈아치운 것은 아닐 것이다. 사실 그 반대다. 당시의 사회적인 관습상, 그리고 법률상 이혼은 남자가 공동체에 요구해서 이루어지는 남자의 권리였기 때문이다. 그러니까 남자들이 계속해서 이 여자를 버려왔던 것이지, 여자가 적극적으로 남성편력을 즐겨왔던 것이 아니란 의미이다.

왜 그렇게 버림을 받아왔던 것일까? 무려 다섯 번씩이나. 무슨 치명적인 결점이라도 있었던 것일까? 그럴지도 모른다. 하지만 꼭 그렇게만 볼 필요는 없다. 당시의 사회법상 남자들은 여자가 밥만 태워도 얼마든지 합법적으로 이혼할 수 있었기 때문이다.[1] 아무튼 남자들이 왜 계속해서 이 여자를 버려왔는지 그 구체적인 이유를 알 수는 없다. 다만 중요한 것은 이 여자가 연신 남자들에게 버림을 받으면서도 계속해서 새 남자들을 찾아 나섰다는 사실이다. 아니 최소한 자기에게 다가와서 또 결혼하자고 프러포즈하는 남자들을 거부하지 않았다는 것이다. 29절과 39절을 보면, 여자는 그동안 자기가 겪었던 과거를 '내가 행한 모든 일'이라고 표현한다. '내가 당한 모든 일'이 아니다. 다시 말해 자기가 적극성을 가지고 액션을 취해왔다는 뜻이다.

사실 그것이 무슨 잘못이겠는가? 인간은 누구나 적극적으로 자기의 행복을 추구할 권리가 있으니 말이다.

그런데 문제는 당시 유대사회에서 여자의 재혼이 최대 세 번까지만 허용됐다는 사실이다. 이 여자의 네 번째, 다섯 번째 결혼은 모두 불법이고 죄였던 셈이다. 심지어 여섯 번째는 정식으로 결혼도 안 하고 그냥 동거하고 있었으니까, 더더욱 죄요 음란한

---

1   물론 그렇다고 해서 당시 유대 사회에서 실제로 이혼이 (오늘날처럼) 빈번했던 것은 아니다. 기본적으로 유대인들은 결혼 계약을 하나님의 창조의 섭리 가운데 있는 것으로서 매우 중요하게 여겼기 때문이다. 그런 맥락에서 소수파에 속하는 보수적인(혹은 엄격한?) 샴마이 학파는 예수님이 말씀하신 것처럼(마19:9) 오직 배우자의 외도만을 이혼의 정당한 근거로 인정하기도 했다.

짓이었다. 게다가 그리 크지도 않은 마을에서 한 여자가 무려 여섯 남자를 섭렵했으니 동네 여자들의 공분을 산다 해도 할 말이 없지 않았겠는가? 결론적으로, 이 여자에게 있어서 남편 이야기는 상처와 아픔의 이야기면서 동시에 음란과 죄에 관한 이야기였다. 그리고 상처나 죄가 흔히 그렇게 발전하듯이, 주변 사람들과의 갈등에 관한 이야기이다.

예수님은 그 핵심에 죄의 문제가 있는 이 복합적인 이야기를 꺼내신 것이다. 왜냐하면 성령이라는 (여인에게 가장 필요한) 하나님의 선물을 받으려면 바로 이 죄의 문제를 해결해야 하기 때문이다. 내 죄가 무엇인지 가감 없이 깨닫고 죄인인 것을 시인하되 절절히 아파하면서 시인해야 한다. 그리고 내 죄를 위해 대신 십자가에 못 박히신 예수 그리스도를 믿고 그에게 내 삶을 온전히 맡겨드릴 때, 바로 그때 하나님의 선물 곧 성령을 받을 수 있기 때문이다.

그리스도인은 어떤 사람들인가? 무엇보다도 자신이 죄인인 것을 깨달은 사람들이다. 어느 날 만난 예수님이 내 남편 이야기, 깊이 숨겨져 있던 내 죄 이야기를 꺼내셨을 때 그것에 믿음으로 반응한 사람들이다. 피하지 않고, 어둠 속에 숨어버리지 않고 빛 되신 예수님께 나아온 사람들이다. 빛 가운데 나아와서 용서함 받고 치유함 받고 그리고 자유함을 얻은 사람들이다.

예수님은 사마리아 여인에게 성령의 선물을 주고 싶으셨다. 하지만 성령의 선물을 받으려면 누구나 죄의 문제를 관통해야만 한다. 그래서 예수님은 남편 이야기를 꺼내신 것이다.

"여자야, 네가 한 번 마시면 영원히 목마르지 않는 물 곧 성령의 샘물을 마시려면 네 죄 문제를 해결해야 한다."

대화가 무르익어가며 마침내 여자는 예수님이 보통 존재가 아니란 것을 알게 됐다. 그리고 무엇보다도 예수님의 이야기에 흥미를 느끼게 됐다. 설득당했다. 즉 자기 죄 문제를 해결하고 '그 영원히 목마르지 않는 샘물'이란 것을 얻고 싶어졌다. 그래서 이제 여자는 예수님께 예배에 대해서 묻는다. 자신의 죄 문제를 회피하는 것도 아니고, 당황해서 화제를 돌리는 것도 아니다. 이 당시에 예배를 드린다는 것이 무슨 의미인가? 그것은 한 마디로 짐승을 끌고 가서 하나님께 제사드린다는 것을 의미한다. 그리고 제사를 드리는 가장 핵심적이고 중요한 목적은 바로 죄 문제를 해결하는 것이다. 내 죄를 해결하기 위해서는 내가 죽어야 하는데, 그럴 수 없으니까 짐승의 머리 위에 안수하고 짐승을 대신 죽이는 것, 그것이 제사이고 당시에 예배의 의미다.

정리하자면, 여자는 영원히 목마르지 않는 샘물을 얻고 싶었고, 그러기 위해서는 자기 죄 문제를 해결해야만 했고, 죄 문제를 해결하기 위해서는 예수님께 제사 곧 예배에 대해서 물을 수밖에 없었던 것이다. 여자는 갑자기 너무나 제사를 드리러 가고 싶어졌던 것이다! 오늘 우리 식으로 표현하자면, 너무나 예배드리러 가고 싶어졌다. 가슴이 요동치고 하나님 만나러 가고 싶어졌다. 하나님 앞에 자기 죄 문제를 토해놓고 해결함 받고 새 인생을 살고 싶어졌다. 자기 인생의 갈증이 무엇 때문인지 깨닫게 됐고(완벽한 남자를 못 만나서가 아니었다), 그 갈증을 영원히 해갈시켜 준다는 신비한 샘물, 그것을 마시고 싶었다. 미치도록 마시고 싶어졌다! 그런데 생각해 보니까, 문제가 하나 있었다. 제사드리러 가야 하는데, 하나님께 예배드리러 가야 하는데 어디서 드려야 되는 것인가? 사마리아인들은 그리심 산에서 드려야 된다고 하고, 유대인들은 예루살렘에서 드려야 한다고 한다.

예수님의 대답은 무엇이었나? 첫째는, 어디서 예배드리는가가 중요한 것이 아니라 **누구에게 예배드리는가**가 중요하다는 것이다. 하나님 아버지만을 진실되게 예배한다면 어디서 예배드리든 장소는 중요하지 않다. 우리 예배의 초점이 정확하게 하나님 아버지만을 향하고 그분께만 영광 올려드리는 것이라면, 그것으로 족하다. 둘째로, 하나님 아버지께 예배드릴 때 **'영과 진리로'** 예배드려야 한다. 여기서 '영과 진리'란 문법적으로 '영 곧 진리'라는 의미다. 영은 성령을 가리키고 진리는 본질 혹은 실체를 가리킨다.

그러므로 영과 진리로 드리는 예배란 '성령이 드러내주는 실체의 예배', '오직 성령만이 경험하게 해주는 본질적인 예배'를 뜻한다. 오늘날 우리가 오직 성령의 감동으로 예수 그리스도의 은혜를 깨닫고 예수 그리스도의 인격을 통해서 하나님 아버지를 만나는 예배, 하나님 아버지께 나아가는 예배, 바로 그것을 의미한다. 구약시대의 모든 제사들이 모형이요 그림자에 불과했다면, 이제 그리스도께서 십자가에 달려 죽으시고 사람들에게 성령이 부어져야만 그 실체가 오롯하게 드러나는, 바로 그 예배다. (제임스 토런스James B. Torrance의 말처럼) 예수님이 자기 육체로 드리신 유일한 제사 위에만 기초하며 그 기초를 딛고 성부 하나님의 거룩한 현존과 임재 속으로 이끌려 들어가는 '참예배'다.

하나님께서 기뻐하시는 예배의 관건은 성령이다. 하나님이 '영'이시니 우리도 성'령'으로 예배드려야 한다(요4:24). 하나님은 육체가 아니시다. 그러므로 우리의 몸뚱이만 예배당에 앉아 있어봤자 의미가 없다(몸이 의미가 없다는 말이 아니다). 우리의 영이 하나님께 예배드려야 한다. 우리의 영이 지금 성령께서 주신 감동으로 채워져 있는가 아닌가, 그것이 핵심인 것이다.

여인은 갈증 속에서 예수님을 만났다. 육체도 목말랐지만 영은 더욱 목말랐다. 예수님은 여인의 목마름을 해갈해 주시려고 유대 땅에서부터 여기 멀리 사마리아까지 땀 흘리며 걸어, 걸어

오셨다.[2] 한 번 마시면 인생의 목마름을 영원히 해갈할 수 있는 샘물, 마시고 마셔도 또 마시고 싶은 달콤한 성령의 샘물, 바로 그 선물을 주시려고 아니 최소한 그런 좋은 것이 있다는 사실을 알려주시려고 말이다. 심판하시기 위해서가 아니었다. 정죄하시기 위해서가 아니었다. 그 어떤 것으로도 결코 채울 수 없었던 여인의 목마름을 풀어주고 싶으셨다.

사마리아 여인은 무엇 때문에 결혼을 다섯 번이나 했던 것일까? 불법인 것을 알면서, 눈총 받을 것을 알면서, 그리고 이웃들과의 관계가 불편해질 것을 뻔히 알면서 말이다. 결혼을 통해서, 결혼관계가 주는 안정감과 친밀함을 통해서 자기 인생의 목마름을 해갈하고 싶었기 때문이었을 것이다. 쉽게 말해, 제대로 된 남자 하나만 만나면 자기 인생의 문제가 다 해결될 거라고 믿었기

---

2 유대에서 사마리아까지의 거리는 60km 정도이고, 당시에 사람이 말을 타지 않고 걸어서 하루에 갈 수 있는 거리는 대략 20km(최대 30km) 정도였다. 예수님과 제자들은 (일반적으로 그랬듯이) 아침 일찍 유대 땅을 출발했을 것이다. 그리고 최소한 이틀 이상 걸어서 아마도 삼 일째 오후 여섯 시 무렵에 수가 성에 도착했을 것이다. 요한복음의 '여섯 시'(요4:6)를 유대식으로 계산해서 정오로 보는 견해가 많지만, 로마식으로 계산해서 오후 여섯 시로 보는 것이 여러모로 더 합리적이다. 유대인들은 대개 아침에 여행을 떠날 때 점심거리를 준비해서 출발하고, 저녁을 여행지에서 사서 먹는 것이 일반적이기 때문이다. 정오 무렵에는 동네에서 먹을 것을 사는 것 자체가 어렵다. 마지막으로, 유대식 계산을 선호하는 이들은 흔히 이 여인이 평소 마을에서 소외받고 있었기 때문에 한낮에 물을 길러 왔다고 가정하기를 좋아하지만, 사실 그녀가 물동이를 버려두고 뛰어가 마을 사람들에게 복음을 전했을 때 이웃들이 보이는 호의적인 반응은 그런 해석과는 잘 어울리지 않는다(사마리아인들이 예수님께 주무시고 가기를 청한 것도 그때가 저녁 무렵이었음을 암시한다).

때문이다. 최소한, 자기랑 궁합(요즘 말로는 '코드')이 맞는 남자를 만나면, 진짜 짝꿍을 만나면 자기 삶이 달라질 거라고 믿은 것이다. 그동안 계속 재수 없게 잘 안 맞는 남자들만 만나서 그렇지, 잘 맞는 남자를 만나면 행복해질 수 있다는 철석같은 믿음이다.

물론 좋은 배우자 만나서 좋은 가정을 꾸리면 행복해질 수 있다. 정말 중요한 부분이다. 하지만 그렇다고 해서 우리 영혼의 궁극적인 갈증이 해갈되지는 않는다. 우리의 영혼은, 애초에 하나님이 창조하시기를, 하나님을 인격적으로 만나서 하나님으로부터 영적·정서적 공급을 받아야만 온전히 만족할 수 있게끔 되어 있기 때문이다. 다른 그 어떤 것으로도 우리의 마음은 궁극적인 만족을 얻을 수 없다. 좋은 배우자와 행복한 가정만으로도 안 되고, 권력이나 부나 명예로도 안 되고, 그 어떤 짜릿한 쾌락이나 유흥이나 신박한 놀이로도 안 된다. 그때뿐이다. 그런 것들은 들이키면 들이킬수록, 아니 집착하면 집착할수록 우리 영혼을 더욱 목마르게 만드는 짠 바닷물과도 같다.

우리 영혼의 갈증을 저 밑바닥까지 시원하게 풀어줄 수 있는 생수, 그것은 바로 예수님과의 인격적인 만남이다. 예수님을 인격적으로 만난 사람만이 경험할 수 있는 성령의 맛이다. 예수님 자신이 생수이시고, 예수의 영 곧 성령이 생수이시다. 그래서 예수님을 진짜로 만난 사람은, 성령과 동행하는 사람은 종종 이런저런 인생의 결핍을 경험할지라도 영혼의 궁극적인 갈증을 느끼거나 호소하지 않는다. 반대로, 이런저런 인생의 풍요함과 복을 누리고 있으면서도 여전히 마음속 깊은 곳에 온전한 만족이 없는 사람이라면 한 번쯤 진지하게 고민해 보아야 한다. 아직 예수님을 인격적으로 만나지 못했거나, 만났으되 아직 충분히 깊이 만나지 못한 것이다.

예수님을 인격적으로 충분히 그리고 깊이 만나는 지름길이 있다. 오늘 이 여인처럼 남편 이야기를 관통하는 것이다. 이 여인도 처음에는 예수님을 인격적으로 만나지 못했다. 예수님 앞에 서 있긴 했지만 여인의 인격과 예수님의 인격 사이에 전혀 접촉이 이루어지지 않았다. 예수님이 누구신지 몰랐고, 오해했고, 심지어 공격적으로 나왔다. "아니 당신, 보아하니 물동이도 없는 주제에, 이 우물은 엄청 깊은데 어떻게 물을 떠서 나한테 주겠다는 겁니까?"

그러자 예수님께서 대답하신다. "내가 너한테 주려는 물은 이런 물이 아니다. 이런 물은 한 번 마시고 나면 나중에 또 목마르게 되고 그래서 또 마셔야 되는 물이지만, 내가 주는 물은 다르다. 내가 주는 물은 한 번 마시면 그걸로 충분하다. 다시는 목마르지 않게 된다. 왜냐하면 그 물은 밖에서 네 속으로 들어가는 물이 아니라, 네 속에서 계속 영원토록 솟아나는 샘물이기 때문이다."

그래서 혹한 여인이 예수님께 그 신비한 물을 달라고 요청했을 때 예수님의 대답이 무엇이었는가? "가서 네 남편을 불러오라", 이것이었다. 여인은 물론 놀라고 당황했겠지만, 예수님을 피하지 않았다. 아니 남편 이야기를 회피하지 않았다. 그리하여 이제 본격적으로 예수님과 인격적으로 접촉할 수 있었던 것이다. 만약 이 여인이 남편 이야기를 회피해 버렸다면, 그녀는 그 후로도 남자를 끊임없이 바꿔야 했을지도 모른다. 그렇게 끝없는 목마름의 인생을 살다가 결국 쩍쩍 갈라져버린 논밭처럼 안타깝게 생을 마쳐야 했을지도 모른다.

오늘도 생수 되신 예수님을 만나지 못한 채 죽어가는 저 수많은 인생들의 슬픈 운명인 것이다.

만남을 위한 <u>기도</u>

하나님 아버지, 우리 안에 상처와 아픔의 이야기가 있습니다. 깊이 감추어져 있는 은밀한 죄의 이야기가 있습니다. 이것 때문에 우리의 영혼이 목마르고, 이것 때문에 우리의 인생이 갈합니다. 속히 우리 주님을 만나서 이 이야기를 토해놓게 하옵소서. 회개하게 하시고 죄 사함 받게 하옵소서. 치유받게 하옵소서. 그래서 하나님의 선물 곧 성령의 샘물을 들이키게 하옵소서. 한번 마시면 영원히 목마르지 않는 성령의 샘물, 마음껏 마시게 하옵소서.

우리의 예배 가운데 성령의 기름부음을 허락해 주옵소서. 성령이 충만한 예배되게 하시고, 진리이신 예수 그리스도의 은혜가 흘러넘치게 해주소서. 하나님은 영이시니, 우리도 성령으로 예배드리게 하옵소서. 기대하는 마음으로 예배 가운데 나아가게 하시고, 예배 때마다 성령충만하게 하시고, 예배 때마다 예수 그리스도를 만나는 복이 있게 하소서.

믿음과 믿음 사이에서 만나다

요4:43-54

사마리아 수가 성에서 이틀을 주무신 예수님은 그 이틀 후에야 본래 목적지였던 갈릴리에 도착하게 되었다. 그리고 갈릴리 중에서도 특별히 가나에 가셨는데, 예수님은 이곳에서 분봉 왕 헤롯 안디바의 신하 한 사람을 만나게 된다. 사실, 이 왕의 신하[1]가 예수님을 기다리고 있었던 것이다. 왜인가 하니, 병들어서 거의 다 죽게 된 자기 아들을 좀 살려달라고 부탁하려는 것이었다. 아들은 가나에서 약 26km 정도 떨어져 있는 가버나움의 집에 누워있었기 때문에 예수님을 가나에서 가버나움으로 모셔가려는 것이 그의 계획이었다.

하지만 예수님은 이 절박한 아버지의 요청에 순순히 따르지 않으실 것처럼 보였다. 대뜸 이렇게 말씀하신다. **"너희는 표적과 기사를 보지 않으면 도무지 믿질 않는 자들이다."**요4:48 여기 예수님이 '너희'라고 지칭하신 것은 물론 갈릴리 사람들이다. 갈릴리 사람들의 일반적인 성향을 언급하신 것이다. 그런데 따지고 보면 이 왕의 신하도 갈릴리 사람 아니던가? 그러니까 예수님의 이 말씀은 좀 부정적으로 느껴진다. 아들을 고쳐주실 생각이 없는 것 같은 분위기다. 왕의 신하는 그런 예수님의 말씀에 아랑곳하지 않고 더욱

---

1   '왕의 신하'로 번역된 헬라어는 '바실리코스'(βασιλικὸς)인데, 문자적으로 '왕에게 속한 사람'을 의미한다. 우리 성경의 번역대로 당시 갈릴리 지역을 다스리던 헤롯의 신하일 수도 있고, 혹은 그냥 헤롯 가문에 속한 귀족일 수도 있다.

간곡히 청한다. 사랑하는 아들의 목숨이 경각에 달렸는데 그런 말
쯤이 대수이겠는가? "내 아이가 죽기 전에 빨리 내려오소서!"

그러자 예수님은 이번에는 이렇게 대답하신다. **"가라, 네 아들
이 살아있다."** 무슨 말일까? "네 아들의 병이 이미 나았으니까 가
라, 내가 직접 가버나움에 가지 않아도 된다", 이 말씀이다. 인간
적으로 보면 굉장히 황당한 말씀이다. 아이가 다 죽어가는 걸 보
고 왔는데 살아났다니? 같이 가서 봐주지도 않고, 뭐 그럴싸한 치
유의 제스처 한 번 취해주지도 않고 그냥 말로만 살아났다니? 그
야말로 믿을 수 없는 말씀이다.

그런데 예수님의 이 믿을 수 없는 말씀을 듣고 왕의 신하가 어
떤 반응을 보였는가? 예수님이 하신 말씀을 믿고, 갔다. 따지지
않고 황당해하지 않고, 어떻게든 예수님을 모시고 가려고 기를
쓰지 않고 말 그대로 그냥 '믿고' 갔다. 굉장한 믿음이다. 예수님
이 '표적과 기사를 보지 못하면 도무지 믿지 않는 사람들'이라고
평하신 다른 갈릴리 사람들과는 사뭇 다른 믿음이다(그래서 사도
요한이 이 왕의 신하의 믿음 이야기를 요한복음에 기록해 놓지 않았을까?).

하지만 본문을 자세히 들여다보면, 왕의 신하는 곧장 집으로
돌아가지 않았다. 예수님과 대화를 끝내고 나니 벌써 밤 일곱 시
가 다 되었던 까닭이다. 30km 가까운 거리를 밤새 걸어서 돌아
갈 수는 없는 노릇이었다. 그래서 그는 어쩔 수 없이 가나에서 하
룻밤을 묵고 다음날 아침 일찍 가버나움으로 향했다.

얼마나 걸었을까? 왕의 신하는 집으로 돌아가는 길에서 자기

집 종들을 만나게 된다. 종들은 자기 주인을 그냥 집에서 기다릴 수가 없었다. 다 죽어가던 주인의 아들이 지난밤에 돌연 쾌차했기 때문이다. 이 기쁜 소식을 한시바삐 가서 주인에게 알려야만 했다. 기쁜 소식이기도 하거니와 주인이 괜한 고생을 더 하지 않도록 말이다. 그런데 이 기쁜 소식을 들은 왕의 신하의 반응이 좀 의외다. 분명히 왕의 신하는 예수님을 믿고 가버나움으로 돌아가던 길이 아닌가? 그랬으면, 종들의 말을 들었을 때 펄쩍펄쩍 뛰고 기뻐하면서 "역시 그렇구나! 예수님 말씀대로였구나! 내 믿음대로였구나!"라고 환호성을 지르는 게 자연스러운 일 아닐까?

왕의 신하는 물론 기쁘기도 했겠지만, 잠시 감정을 추스르고 한 가지 사실을 확인한다. 아들이 나은 것이 정말로 예수님의 말씀 때문인지, 아니면 그냥 우연이거나 다른 요인이 있었던 것인지 말이다. "아들이 언제부터 낫기 시작했느냐?" 종들은 대답했다. "어젯밤 일곱 시 무렵부터 갑자기 열기가 떨어지더니 순식간에 나으셨습니다." 어젯밤 일곱 시면 정확히 예수께서 믿고 가라고 말씀하시던 바로 그 시각이었다.

왕의 신하의 이런 반응은 언뜻 보면 불신앙인 것처럼 느껴진다. "예수님의 말씀을 믿고 갔다고 했는데, 이제 보니까 실은 안 믿었던 것인가?"하는 생각이 들게 만들기도 한다. 하지만 왕의 신하는 처음에 안 믿었던 게 결코 아니다. 처음에도 믿긴 믿었는데, 그 믿음이 아직 온전함에 이르지 못했을 뿐이다. 그래서 기회가 생겼을 때 자기의 믿음을 더 견고하게 만들고 싶었던 것이다.

의심해서 그런 질문을 한 것이 아니라 더욱 확신하기 위해서, 더욱 튼튼한 기초 위에 자신의 믿음을 놓기 위해서 질문한 것이다.

실제로 질문에 대한 답을 들었을 때, 왕의 신하는 더 단단한 믿음에 이르게 된다. 53절을 보면, 왕의 신하는 물론이고 그의 모든 집안사람들이 다 이 일을 계기로 예수님을 믿게 되었다고 기록되어 있다. 왕의 신하가 먼저 단단한 믿음에 선 이후 집안사람들에게 확신에 차서 전도한 결과일 것이다. 말하자면, 왕의 신하의 이 '두 번째 믿음'은 첫 번째 믿음과 비교해서 '더 견고한 믿음, 더 확신에 찬 믿음'이라고 말할 수 있다.

우리는 이 이야기에서 믿음의 성장을 보게 된다. 믿음은 처음부터 완성된 수준으로 주어지는 것이 아니라 시간을 두고 성장하는 것이다. 처음 예수 믿었을 때의 그 믿음의 상태가 끝까지 계속되는 것이 아니고, 변화가 일어난다. 물론 어떤 사람은 믿음이 오히려 약해지고 퇴보하기도 한다. 하지만 많은 경우 이 왕의 신하처럼 믿음이 더 견고해진다. 왕의 신하처럼 예수님을 만나고 예수님의 역사를 경험하면 성장이 빠르다. 오늘날 그리스도인의 경우엔 예수의 영이신 성령의 역사를 체험할 때 믿음이 크게 자란다.

그렇다고 해서 질문이 모두 사라지는 것은 아니다. 믿음의 성장과 질문은 얼마든지 공존할 수 있다. 오히려 성령의 역사를 질문 없이 맹목적으로 수용하는 것이 위험할 수도 있다. 필요할 땐 왕의 신하처럼 질문도 해야 한다. 유대인 공동체의 쉐마 교육법이 시사하듯이 인간은 질문을 통해 성장한다. 순수하고 열정적인 질문이야말로 인간의 영적 생장점을 자극하는 최고의 수단인 것이다.

정녕 못 믿겠으면 못 믿겠다고 정직하게 말해야 한다. 예수님의 열두 제자 중의 하나였던 도마가 좋은 예다. 부활하신 예수님이 처음 제자들에게 나타나셨을 때 도마는 공교롭게도 그 자리에 없었다. 나중에 다른 제자들로부터 소식을 들었을 때 도마는 조금도 서슴지 않고 못 믿겠다고 말했다.

"예수님 손의 못 자국을 확인하고 거기에 내 손가락을 넣어 보지 않는 한, 예수님 옆구리에 난 창 자국에 내 손을 넣어 보지 않는 한 나는 믿지 못 하겠다!"요20:25

놀라운 용기이고 소신이다. 다들 믿는 그 분위기에서 어떻게 이렇게 말할 수 있었을까? 다른 사람들이 모두 보았다고, 그래서 믿는다고 하는데 오직 혼자서 아니라고 말한다. 얼마든지 믿음이 없다고 부정적으로 볼 수도 있다. 하지만 어쨌거나 도마는 자기 자신에게 정직했다. 천성이 냉정하고 이성적이어서가 아니라 그저 그 순간 자기 마음의 소리에 충실했던 것이다.

사실 도마에게는 '이성'만 있었던 것이 아니라 '비이성적인 열정'도 있었다. 예수님이 친구 나사로를 살리기 위해 다시 유대로 돌아가시려 했을 때 대부분의 제자들이 말리지 않았던가? "얼마 전에도 유대인들이 돌로 치려고 했었는데, 설마 거길 또 가시겠다구요?!"(요11:8). 그야말로 이성적인 반응이었다.

이야기 여섯

하지만 그 순간 도마의 마음속에서 들려오는 소리는 이번에도 다수와는 달랐다. 그는 다른 제자들에게 흥분해서 이렇게 말했다. "까짓것 우리도 주님과 함께 죽으러 갑시다!"(요11:16).

그렇게 도마는 자기 자신에게 한결같이 정직한 사람이었다. 자기 자신을 속여가면서 대세를 따른다? 도마 사전에 그런 일은 없다. 8일 후에 다시 나타나신 예수님도 소신 있는 도마를 책망하지 않으셨다. 도마가 제시한 믿음의 조건들을 다 수용하시면서 그렇게 해서라도 믿으라고 격려하셨다(요20:27). 물론 도마는 부활하신 예수님을 두 눈으로 본 것만으로도 충분했지만 말이다.

아무튼 도마는 의심했다가 결국 믿음을 갖게 되었는데, 그런 그의 믿음은 나중에 그 누구와 견주어도 결코 부족함이 없었다. 의심할 때는 최선을 다해 의심했고, 공경할 때는 그 누구보다도 큰 영광을 예수님께 올려드리며("나의 주님이시요 나의 하나님이시니이다!"[2]) 그분을 예배했다. 전승에 의하면, 도마는 다른 어떤 제자들보다도 더 멀리(아마도 인도에까지) 가서 자신의 주님이시오 하나님이신(요20:28) 예수를 확신 속에 증거하다가 순교했다.[3]

---

[2] "나의 하나님"이라는 표현은 열두 제자 중 오직 도마만이 한 신앙 고백이며, 이는 사실상 예수님을 이스라엘의 유일신인 여호와와 동등한 반열에 둔 것으로 여겨질 수 있다.

[3] 외경 중의 하나인 도마복음은 특정한 제자들 곧 '하나님께 특별히 선택받은 자들'만 비밀스러운 영적 진리를 깨닫고 소유할 수 있다는 점을 강조한다. 이 책을 도마가 직접 썼는지 혹은 도마의 이름을 딴 것인지는 알 수 없지만, 평생 자신만의 확실한 믿음을 추구했던 도마의 성격과 어울리는 것처럼 보인다.

질문한다고 해서 꼭 불신앙인 것도 아니고, 지금 못 믿겠다고 해서 끝까지 안 믿는 것도 아니다. 가령 청소년 시기에는 성경과 신앙에 대해서 의심 혹은 질문이 많아지는데, 이건 사실 무척 자연스럽고 정상적인 일이다. 부모와 교회가 일방적으로 주입해 주었던 신앙의 틀을 진짜 자기 것으로 다시 소화시키는 과정에서 일어나는 부대낌이기 때문이다. 가정과 교회가 그런 진정성 있는 질문이나 의심을 터부시하는 분위기여서는 곤란하다.

오히려 정직한 질문과 합리적인 의심은 내 믿음을 견고한 반석 위에 세우고자 하는 영혼의 진실한 몸부림일 수 있다. 시편의 기도들을 보라. 시편 기자들은 하나님께 질문하기를 망설이지 않았다. 의심과 회의와 두려움과 절망을 표출하기를 주저하지 않았다. 심지어 원수에 대한 적개심조차도 그들은 오롯이 자신의 기도라는 그릇에 (넘치도록) 담아 하나님 앞으로 가져갔다. 그 모든 복잡다기한 감정들과 생각들과 의문들은 오직 하나님 앞에서만 해결될 수 있다는 '믿음'이 있었기 때문이다.

"하나님, 이제 그만 좀 일어나십시오! 하루 종일 주무시기만 하십니까? 잠 좀 깨십시오! 우리한테 무슨 일이 벌어지는지 신경도 안 쓰십니까?"시44:23_The Message

"하나님, 당신은 우리를 떠나버리시고 뒤도 한 번 안 돌아보셨습니다. 어떻게 그러실 수가 있습니까? 당신이 기르시는 양들한

이야기 여섯

테 어떻게 그토록 무섭게 화를 쏟아부으십니까?"시74:1_The Message

"오 하나님, 주를 조롱하는 원수들을 언제까지 그대로 두시렵
니까? 그들이 주의 이름을 영원히 모욕하도록 내버려 두실 것입
니까? 왜 주의 힘 있는 오른손을 거두십니까? 손을 드시고 그들
을 쳐서 멸하소서!"시74:10-11_쉬운성경

"여호와여, 어찌하여 나를 버리십니까? 어찌하여 내게서 숨으
십니까? 어려서부터 나는 약하여 여러 번 죽을 뻔하였습니다. 주
가 무서워 앞이 캄캄합니다. 주의 분노가 나를 휩쓸고, 주의 두려
움에 내가 죽을 것 같습니다."시88:14-16_쉬운성경

우리도 이렇게 기도할 수 있다. 시편은 일종의 기도 어휘집과
도 같다. 여기에 있는 단어와 표현들로, 그리고 여기에 있는 주제
들로 우리도 기도할 수 있다. 우리는 시편을 통해 하나님께 무슨
말을 어떻게 할 수 있는지를, 그리고 그 말을 어디까지 할 수 있
는지 '기도의 한계'를 배운다. 쉽게 말해, (최소한) 시편 기자들이
하는 정도까지는 우리도 할 수 있다. 시편의 높은 울타리 안에서
우리는 하나님께 마음껏 요청도 하고 불만도 토로하고 의심도 게
워놓고 분노도 표출할 수 있다.
　이 울타리의 가장 높은 끝까지 올라가 처절하게 노래한 시인
이 있다. 바로 바벨론 땅에서의 포로 생활 못지않은 일제 치하의
떨리는 치욕을 온 영혼으로 받아낸 윤동주 시인이다. 그가 남긴

시들 중에 <팔복>이라는 제목의 시가 있다.

> 슬퍼하는 자는 복이 있나니
>
> 슬퍼하는 자는 복이 있나니
>
> 슬퍼하는 자는 복이 있나니
>
> 슬퍼하는 자는 복이 있나니
>
> 슬퍼하는 자는 복이 있나니
>
> 슬퍼하는 자는 복이 있나니
>
> 슬퍼하는 자는 복이 있나니
>
> 슬퍼하는 자는 복이 있나니

> 저희가 영원히 슬플 것이요.

설마 이것을 하나님에 대한 부정이나 산상수훈에 대한 풍자 혹은 조롱으로 읽는 사람이 아무도 없기를 바랄 뿐이다. 시인 윤동주는 하나님을 부정한 것이 아니라 너무나 긍정하기에 강물처럼 용솟음치는 자신의 슬픔을 하나님 면전에서 고통스럽게 게워 놓은 것이다. 산상수훈을 조롱한 것이 아니라 그것을 너무나 사모하기에 그 진리와 동떨어져 보이는 자신과 민족의 현실에 피눈물을 흘리며 울부짖는 것이다.

모든 그리스도인은 언제나 믿음과 믿음 사이에 있다. '연약한 믿음'과 '좀 더 견고한 믿음' 사이에 있다. 우리는 평생을 통해서 연약한 믿음에서 견고한 믿음으로 성장해간다. 또, 성장해 가야만 한다. 이 성장을 위해서 늘 우리 자신에게 정직해야 한다. 그리고 하나님께 정직해야 한다. 속으론 부글부글 끓는데 억지로 하나님 앞에서 쿨한 척할 필요가 없다. 우리 마음에서 들리는 소리들을 억누르지 말고, 말 그대로 전부 다 예수님께 아뢰야 한다. 귀신들린 아이의 아버지처럼 예수님께 간청하면 된다.

"주여, 저의 믿음 없는 것을 도와 주소서!"막9:24

예수님께서는 결코 책망하지 않으시고, 상황에 맞게 우리를 도와주신다. 우리는 마침내 믿음의 조상 아브라함처럼 믿음이 견고해져서 하나님께 영광을 올려드리게 된다(롬4:20). 그리고 바랄 수 없는 상황에서도 바라고 믿음으로써 하나님을 진정 기쁘시게 해드리는 보석 같은 믿음을 갖게 될 것이다.

하나님 아버지, 우리에게 믿음을 주시니 감사합니다. 하나님 아버지를 믿게 해주시고, 예수 그리스도를 믿게 해주시니 감사합니다. 또 우리 안에 계신 성령 하나님께서 날마다 우리를 위해 기도해 주시고, 우리의 믿음을 도와주시니 감사합니다.

우리의 믿음이 평생을 통해 더욱 자라가게 해주옵소서. 어린아이와 같은 믿음에서 시작했지만 자라서 청년의 믿음이 되게 하시고, 마침내 산을 옮길 만한 믿음으로 원숙해지게 하소서. 세상이 감당 못할 믿음으로 단련되게 하소서.

단순히 머리로만 믿는 믿음이 아니라 마음으로 믿게 하시고, 삶을 온전히 맡겨드리는 믿음 되게 하소서. 주님이 가자 하시면 어디든 즐거운 마음으로 따르는 믿음 되게 하소서. 따르다가 혹시 의심이 들 때면 오늘 왕의 신하처럼 정직하게 질문하게 하소서. 질문을 통해 하나님께 매달리게 하시고, 질문을 통해 믿음이 더욱 견고해지게 하소서.

무엇보다도 예수님을 인격적으로 만남으로써, 성령의 일하심과 운행하심을 체험함으로써 우리의 믿음이 반석 위에 서게 하시고 그 믿음으로 하나님을 기쁘시게 하는 인생이 되게 하소서.

38년 된 병자(1)

알
지

못
하
고

만
나
다

요5:1-15

예수님은 갈릴리 가나에서 두 번의 표적을 행하셨다. 첫 번째 표적은 혼인잔치에서 물로 포도주를 만든 것이었고, 두 번째 표적은 왕의 신하의 아들을 고쳐주신 것이었다. 그리고 예수님은 이제 명절에 예루살렘에 올라가셔서 세 번째 표적을 행하신다. 바로, 38년 된 병자를 고쳐주신 것이다. 앞의 두 표적과 이 세 번째 표적 사이에는 중요한 차이점이 하나 있다. 앞의 두 표적은 누군가가 요청을 해와서 예수님이 들어주신 것이다.

하지만 이 세 번째 표적의 경우에는 누구의 요청도 없이, 38년 된 병자 자신의 요청도 없이 그저 예수님이 주권적으로 고쳐주셨다. 예수님이 먼저 이 병자를 보시고, 그리고 물으셨다.

"네가 낫고자 하느냐?" 요5:6

그런데 이 병자는 예수님이 이렇게 물어보셨을 때도 "네, 제가 낫고 싶습니다. 저를 좀 낫게 해주십시오"라고 요청하지 않았다. 그냥 자기 처지가 지금 얼마나 절망스러운지 예수님께 신세 한탄을 했을 뿐이었다. "주여, 물이 움직일 때에 나를 못에 넣어주는 사람이 없어 내가 가는 동안에 다른 사람이 먼저 내려갑니다!" 요5:7 이건 신세 한탄이면서 동시에 자신의 경쟁자들에 대한 원망이었다. 세상에 대한 저주인 것이다. 성경에는 기록돼 있지 않지만 사실 그는 한 마디쯤 덧붙였을지도 모른다.

이야기 일곱

"이런 염병할 세상!"

그럼에도 불구하고 예수님은 이 병자를 고쳐주셨다.

"일어나 네 자리를 들고 걸어가라!"요5:8

이 사람은 예수님이 누군지도 몰랐고 예수님께 요청도 하지 않았고, 예수님의 말씀에 대해서 왕의 신하처럼 (작으나마) 믿음을 가질 필요도 없었다. 동정심을 자극할 만한 눈빛이나 태도도 갖고 있지 않았다. 그에겐 좀 미안한 이야기이지만, 특별히 사랑스러울 것이 그닥 없어 보이는 사람이다. 하지만 예수님의 사랑은 사람의 사랑스러움에 영향을 받지도 좌우되지도 않는다. 본성 자체가 사랑이신 예수님은 사랑스럽지 않은 사람을 사랑하려고 애쓰거나 몸부림치실 필요가 없다. 자신의 성향을 따라 자연스럽게 사랑을 쏟아내실 뿐이다.

지금 예수님 앞의 이 남자는 그냥 자신으로서 존재하고 있었다. 단지 자기의 운명과 세상을 증오하고 있었을 뿐이다. 예수님이 자기 코앞에 와 있으신대도 말이다. 그저 예수님이 어느 날 갑자기 찾아오셨고 말을 걸어주셨고 일어나라고 말씀하셨고, 그리고 이 투덜이는 실제로 일어날 수 있었다.

때때로 우리와 예수님의 만남은 이렇게 이루어진다. 예수님의 존재 자체를 몰라서 세상의 미신 같은 것들에게 일말의 희망을 품고 있는 38년 된 병자 같은 사람들에게, 예수님은 불현듯 찾아

오신다.[1] 예수님은 진지하게 진리를 찾고 있는 사람들에게도 기꺼이 발견돼 주시지만, 진리에 대한 욕구가 전혀 없는 영혼들도 느닷없이 방문하시곤 한다. 하늘은 스스로 돕는 자를 돕는다지만 예수님은 그런 세상 이치에 구애받지 않으신다. 예수님을 만날 능력이 없는 자도, 심지어 예수님을 만날 의욕이 없는 자도 예수님은 만나주신다.

그들에겐 아무런 사전 준비가 필요 없다. 요청도 필요 없고 믿음도 필요 없다. 사랑스러운 태도도 요구하지 않으신다. 심지어 꽤나 속악하거나 괴랄한 사람일지라도 상관없다. 그저 주님이 보시고 불쌍히 여기시고 찾아와 주신다. 고쳐주시고 일으켜 세워주신다. 38년이나 주저앉아 있었던 다리에 힘을 불어넣어 주신다. 38년 동안이나 좌절해 있는 마음에 새 살이 돋게 하신다. 네가 낫고자 하느냐고 물으신다. 우리 안에 깊이 숨어 있었던 회복과 치유에 대한 소망을 두드려 일깨우신다. 거듭된 실패로 완전히 말라있던 영혼에 성령의 물기를 적셔주신다. 상처받은 몸과 마음을 함께 고쳐 주신다. 이 얼마나 은혜이며 소망스러운 일인가!

---

1   요한이 전하는 베데스다 연못에 대한 소문(3절 괄호 안의 내용, 문헌학적으로 볼 때 후대에 첨가된 부분이다.)을 액면 그대로 사실로 보기는 어렵다. 물론 많은 간헐천들이 그렇듯이 이 연못도 최소한의 치유 능력은 갖고 있었을 것이다. 하지만 '어떤 병에 걸렸든지 낫게 된다'는 이야기는 과장이라고 보는 것이 자연스럽다. 물론 고고학적 발견에 의하면 이 장소를 헬라의 치유신인 아스클레피오스의 치유 신당과 연결 지을 수도 있다. 그렇다면 여기에 언급된 천사는 '타락한 천사'를 가리키는 것일 수 있고, 이 연못가의 영험함에 대한 소문은 어느 정도 신빙성이 있는 셈이다. 사탄에게도 그 정도 능력은 있기 때문이다.

그런데 예수님은 표적을 베푸신 후에 이 사람을 다시 만나셔서 이렇게 말씀하셨다. "보라 네가 나았으니 더 심한 것이 생기지 않게 다시는 죄를 범하지 말라."요5:14 물론 불치병의 모든 경우가 죄의 결과인 것은 아니다. 다만 이 사람의 경우에는 그의 병과 그의 죄 사이에 모종의 연관성이 있다고 오늘 예수님이 말씀하시는 것이다. 아마도 이 사람은 예수님의 말뜻을 알아들었을 것이다. 그리고 실제로 남은 인생 동안 '그 죄'를 짓지 않아서 다시 병이 생기지 않도록 주의하면서 살았을지 모른다. 그건 좋은 일이다.

하지만 이 사람은 그렇게 남은 인생동안 자기 육체는 지키면서 살았는지는 모르겠지만, 정작 육체보다 더 소중한 자기 영혼은 지키지 못했을 것 같다. 괜한 억측이 아니다. 보라. 우선 이 사람은 자기를 고쳐주신 예수님에 대해서 아무런 관심이 없다. 이 사람의 내면과 정서가 뭔가 정상적이지 않다는 확실한 증거 아닌가?

영적인 것에 대해서 관심이 전혀 없을 뿐만 아니라, 심지어 최소한의 인간적인 신의도 없다. 예수님이 38년이나 비참하게 누워 있던 자신에게 새 인생을 선사해 주셨는데, 그런 예수님을, 그런 은인을 망설임 없이 유대인들에게 고발하고 있질 않은가! 자신의 은인에 대한 관심이나 감사의 표현은 종교와 문화를 떠나 인간의 가장 기본적인 예의와 미덕인데도 말이다. 혹시, 더 심한 것이 생기지 않게 다시는 죄를 범하지 말라는 예수님의 말에 기분이 상했는지도 모른다. 만약 그렇다면 이 사람은 더욱 구제불능이다.

아마 조만간 다시 그 죄에 빠져들었을 것이고 다시 주저앉게 되었을 것이다. 예수님의 경고처럼 더 심한 상태가 되어 고통받다가 아마 비참하게 생을 마감했을 것이다.

병이 낫고 평안하고 풍족해도 그것 때문에 예수님을 잊으면, 예수님을 배반하면 그것은 복이 아니라 저주이다. 하나님의 은혜에 취해서 정작 우리 영혼의 주인이신 예수 그리스도께 무관심하게 된다면, 그런 은혜는 차라리 받지 않는 것이 은혜다. 예수님을 만나면 아니 예수님이 애써 만나주시면 무엇 하는가? 만나도 그분께 관심이 없고 만나도 여전히 그를 모른다면.

우리는 예수님을 만나야만 안식의 참맛을 알 수 있다. 물론 온전한 안식을 누리는 것은 부활의 몸을 입고 새 하늘과 새 땅에서 예수님과 함께 살 때 가능하다. 성경에서 '안식'이라고 번역되는 단어는 그 뿌리가 히브리어 '샤바트'(שבת)에 있는데, 이 단어는 물론 '휴식하다'라는 뜻도 있지만 '경축하다', '향유하다'란 의미도 가지고 있다. 그러니까 우리는 부활체를 입고 새 하늘과 새 땅이라는 전적으로 새로운 환경에서 오직 하나님과 그리고 동료 신자들과 함께 살아갈 때에만 우리의 육체를, 우리의 인간됨을 진정으로 향유할 수 있다. 그것이 온전한 안식이다. 이 땅에서 사는 동안에는 그 온전한 안식의 맛보기만을 경험하는 것이다.

그런데 맛보기이긴 하지만 참맛은 참맛이다. 모든 맛을 다 보는 것은 아니지만 진짜 맛은 진짜 맛이다. 예수님을 인격적으로 제대로 만난 사람은 비록 맛보기이긴 하지만 안식의 참맛을 안다. 이 무자비하고 피곤한 세상에서 살아갈 힘을 얻게 되고, 그리고 무엇보다도 계속해서 이 맛을 원한다. 그래서 계속해서 예수님과의 만남과 사귐을 추구하게 돼있다. 세상에 좋은 것이 많이 있지만 예수 안에서 누리는 안식만큼 좋은 것이 없기 때문이다.

영혼이 정말로 지치고 피곤할 때 어디에서 안식을 찾는가? 무얼 해야, 누구와 어디에 있어야 영혼이 진정한 쉼을 얻고 회복되는가? 재미있는 영화 한 편을 보는가? 날 잡아서 '인생 드라마'를 정주행 하는가? 좋아하는 음악들에 파묻히는가? 게임이나 스포츠에 몰두하는가? 오픈런의 깃발 아래 공격적으로 쇼핑을 다니는가? 그것도 아니면 친한 친구들과 밤새 수다를 떠는가? 그런 것들은 모두 다 우리의 마음이 쉼을 얻는 데 어느 정도 도움이 된다.

하지만 그 무엇보다도 말씀과 기도 안에서 예수님을 만남으로 영혼의 안식을 누리게 되기를 축복한다. 이 땅에서 그 안식의 맛을 경험해 보아야 마침내 새 하늘과 새 땅에서 누리게 될 온전한 안식을 진심으로 사모하게 되고, 이 온전한 안식에 소망을 두어야만 우리는 베데스다 연못가 같은 세상에서의 삶을 넉넉하게 살아낼 수 있기 때문이다.

하나님 아버지, 우리 안에 38년 된 병자 같은 무기력증이 있습니다. 너무나 오래돼서 고질병이 돼버린 좌절이 있습니다. 일어나야 하는데, 그 문제에서만큼은 도무지 일어날 수가 없는 뿌리 깊은 좌절입니다. 주님, 찾아오셔서 우리를 일으켜 세워주시옵소서. "일어나 네 자리를 들고 걸어가라!", 주님의 이 음성을 듣게 하시고 실제로 일어나게 하옵소서. 자비의 주님, 능력의 주님, 창조의 하나님을 만나게 하옵소서.

하지만 주님, 하나님의 역사를 경험한 후에 우리가 더욱 주의하고 겸손해지기를 원합니다. 우리의 실패와 좌절이 우리의 죄 때문이었다면, 다시는 같은 죄를 짓지 말게 하옵소서. 더 심한 것이 생기지 않도록 늘 깨어 스스로를 돌아보게 하옵소서.

무엇보다도, 하나님의 은혜에 취해 하나님을 멀리하는 미련함이 없게 하소서. 은혜 때문에 하나님을 더 사랑하고 가까이하며, 은혜 때문에 우리 영혼의 주인이신 예수님을 더욱 즐거워하게 하소서.

38년 된 병자(2)

안
식
일
에

만
나
다

요5:8-18

예수님이 38년 된 병자를 고치신 날은 하필 안식일이었다. 사실은 예수님이 일부러 그날 고치신 것이지만 말이다. 아무튼, 그래서 안식일만 아니었다면 아무 문제없었을 예수님의 치료 행위가 아니 모든 사람들에게 환영받았을 예수님의 기적이 일부 유대인들을 화나게 만들었다. 이 '일부 유대인들'은 바리새인들을 중심으로 한, 하나님의 율법에 빠삭한 그런 사람들이었다(막3:6). 율법에 정통했을 뿐만 아니라 본래는 율법을 너무나 잘 지키고 싶었던, 나아가 그것만이 지금 조국 이스라엘의 비참한 상태를 끝장내고 다시 영광스러운 다윗 왕조와도 같은 나라로 회복될 수 있는 유일한 해결책이라고 믿었던 사람들이다.

또 비교적 단순했던 농경 문화를 내다보며 주어졌던 구약 율법을 현재 이스라엘이 살고 있는 도시 문화의 복잡한 디테일에 착실하게 적용하고자 했던 세련된 말씀 부흥 운동가들이었다. 간단히 말해, 바리새인들은 하나님의 말씀에 대한 사랑과 열심과 재능이 특출난 사람들이었다. 말씀을 너무나 잘 지키고 싶었기 때문에 '어떻게 하면 일상생활 속에서 철저하게 준수할 수 있는지' 그걸 정말로 치밀하게 연구한 사람들이었다.

가령 안식일에 관한 말씀은 다음과 같다. "안식일을 기억하여 거룩하게 지키라... '일곱째 날'은 네 하나님 여호와의 안식일인즉 너나 네 아들이나 네 딸이나 네 남종이나 네 여종이나 네 가축이나 네 문 안에 머무는 객이라도 '아무 일도 하지 말라'."출20:8,10 이 말씀대로 아무 일도 하지 않으려면 그 '하지 말아야 할 아무 일'이 어떤 일들인지 명확하게 최대한 세세하게 규정해 놓지 않을 수 없다. 하나님께서 안식일을 범하는 자는 죽이라고 명령하셨을 만큼(출31:14) 이 법이 그렇게 엄중한 법이었기 때문에 더더욱 시행 세칙을 잘 마련해둬야 했던 것이다. 그래서 바리새인들은 그 시행 세칙을 총 39조로 나누어 정리해 놓았다. 요한복음 5장에 나타난 대로 '침상을 운반하는 일'은 하면 안 되는 일에 속한다. 무엇과 비교해서 안 되는가 하면, '환자가 누워있는 침상을 운반하는 일'과 비교해서 그렇다[1](이 일은 환자를 치료해야 되기 때문에 허용된다).

그러면 예수님이 38년 된 병자를 치료하신 일에 대해서는 왜 걸고넘어지는 것일까? 물론 일차적으로 '공적인 공간에서 자리를 들고 걸어가는' 위법 행위를 남에게 사주했기 때문이기도 하다. 하지만 더불어 이 환자가, 바리새인들이 보기에, 목숨이 위중한 환자는 아니었기 때문이다. 목숨이 위태로운 환자는 안식일에 치료해도 된다. 왜 아니겠는가? 다만 그 정도로 심각하지 않은 환자는 다른 날 치료하라는 것이다.

이처럼, 안식일 법에 관한 유대인들의 시행 세칙에는 나름 일

---

1   물론 사적인 공간에서 공적인 공간으로 이동해서도 안 된다. 즉 자기 집안에서는 어디에서 어디로 이동하든지 상관이 없다. 하지만 그걸 집 밖으로 가지고 나가서는 안 되는 것이다.

리가 있다. 전혀 막무가내인 것이 아니다. 진짜 문제는 하나님께서 그 율법을 애초에 사람들에게 주셨을 때의 의도와 취지를 잊어버렸다는 것이다. 생각해 보자. 하나님은 인간에게 왜 율법을 주셨는가? 예수님의 해석에 의하면, 사람의 전신human wholeness을 건강하게 하고 인간 공동체가 번영하도록 하기 위한 것이다(요7:23). 하나님의 모든 율법에는 인간과 피조 세계를 향한 그분의 의도와 목표(혹은 기대)가 담겨 있어서, 율법을 묵상하고 그것을 지키려고 노력하면서 궁극적으로 하나님을 지향해야 마땅하다. 성경이나 율법이나 근본적으로 하나님과의 '관계'를 말하기 위해 주어진 것이므로 그 법을 적용하려고 할 때 법의 주인이신 하나님을 바라보는 것이 순리인 것이다.

그런데 바리새인들은 모든 율법의 최상의 가치인 '인간의 번영'human flourishing보다 세세한 의식법상의 금지 조항에 집착하게 되었고, 더욱 안타깝게는 율법을 지키려고 무던히 애를 쓰다가 자기도 모르게 율법을 주신 하나님으로부터 마음과 시선이 이탈해버렸다. 구원은 오직 하나님만을 의지하고 하나님과 화목한 관계성을 누림으로부터 오는 선물인데, 어느새 율법을 철두철미하게 지키는 자기 자신의 공적을 통해 스스로 생명을 보장받고자(적절한 값을 치르고 생명을 사고자) 했던 셈이다.

설상가상으로, 그들은 점차 자신이 선으로 규정한 것들에 온전히 헌신하지도 못하는 지경으로까지 흑화되어 갔다(마23:3). (디트리히 본회퍼Dietrich Bonhoeffer의 표현대로) 자신의 삶을 선악을 판단하는 지식을 추구하는 데 몽땅 바치면서도 정작 그 선을 실천하는 일에는 한없이 무기력해졌다. 자신을 성찰하지는 못하고 오직 남을 판단하기를 즐기는 엄격한 심판자들이 되고 말았다. 결국, 본래 인간을 살리고 번영하게 할 수 있었던 율법이 인간을 억압하게 되었고, 생명이신 하나님께로 가는 좋은 길이었던 율법이 이 선무당들로 인해 오히려 하나님으로부터 멀어지게 만드는 죽음의 중개자로서의 악역을 맡게 된 것이다.

하나님이 이스라엘 백성들에게 안식일 법을 주신 의도와 취지 즉 안식일 법의 배후에 있는 하나님의 마음은 무엇이었을까? 일단, 안식일 법은 출애굽기 20장과 신명기 5장에 기록돼 있는데, 출애굽기의 안식일 법은 '창조'의 맥락에서 주어진 것이고, 신명기의 안식일 법은 '구원'의 맥락에서 주어졌다는 사실을 기억할 필요가 있다. 쉽게 말하면, 출애굽기는 "하나님께서 온 우주의 창조주이시니 너희는 안식일을 지키라"고 말씀하는 것이고, 신명기는 "하나님께서 너희의 구원자가 되시니 너희는 안식일을 지키라"고 말씀하는 것이다.

그러니까 안식일 법 이면의 요점은 우선, 창조주는 하나님 한 분 뿐이시니 **인간들은 창조주 흉내를 내지 말라**는 것이다. 타락한 세상에서 인간들이 주로 뭘 가지고 창조주 흉내를 내어 왔던가? 일을 가지고 한다. 일을 하되, 마치 자신이 정말 창조주라도 되는 것처럼 그 일로 자신의 미래를 책임지고 그 일로 자신의 운명을 보장하고, 나아가 세상을 통제하려고 하는 것이다. 창조주라도 되는 양 일을 하는 사람은 낮에도 일하고 밤에도 매우 늦게까지 일한다. 심지어 잠자리에 들어서까지 마음과 생각으로 일한다. 주중에 6일 동안도 일하고 주일에도 일을 멈출 수가 없다. 자기가 창조주이고 자기가 스스로 운명을 책임지고 있으니 하루라도 일을 멈추면 세상이 함께 멈추기 때문이다.

하나님께서 안식일에 일을 하지 말라고 하신 것은, 바로 이와 같은 일을 하지 말라는 것이다. 사실 어떤 종류의 일인지가 중요한 것이 아니다. 무슨 일을 해도 상관은 없는데, 그런 정신으로는 일 하지 말라는 것이다. 그리고 인간은 내버려 두면 자꾸만 그런 정신에 사로잡히는 경향이 있기 때문에, 일주일에 하루만이라도 의식적으로 일과 노동을 멈추고 너 자신이 피조물인 것을 기억하라는 것이다. 그런 의미에서 안식일은 나 자신과 공동체를 보호해 주는 울타리와도 같다. 피조물이 가진 정신적·육체적 한계를 지켜주는 튼튼한 담장 말이다. 이 담장을 수시로 넘나든다면? 결국엔 나를 학대하고 남을 착취하기 쉬워진다.[2] 코헬렛의 경고처럼 "담을 허는 자는 뱀에게 물리기 마련이다"(전10:8).

---

2   안식일 법은 (특히나) 사회·경제적 약자들(심지어 동물들까지도) 보호하기 위한 법이다. 만약 고용주가 자기는 안식일에 안식하면서 피고용인들에게는 여전히 노동의 짐을 지우고 있다면, 그는 안식일 법의 취지를 몹시 사악하게 왜곡하는 것이다. 신명기의 디테일한 안식일 규정을 보라. "일곱째 날은 네 하나님 여호와의 안식일인즉 너나 네 아들이나 네 딸이나 **네 남종이나 네 여종이나** 네 소나 네 나귀나 네 모든 가축이나 네 문 안에 유하는 객이라도 아무 일도 하지 못하게 하고 네 남종이나 네 여종에게 '**너 같이**' 안식하게 할지니라."신5:14

두 번째 요점은 **구원자가 되시는 하나님의 열심**과 연결돼 있다. 안식일 법은 독생자 예수 그리스도를 십자가에 내어주심으로 인간들을 구원하시려는 하나님의 비전, 바로 이 맥락 속에서만 온전하게 이해할 수 있는 것이다.

태초에 하나님이 세상을 창조하시고 제 7일째에 안식하셨을 때, 세상과 인간은 참으로 아름다운 상태에 있었다. 미적으로도 윤리적으로도. 그 누구도, 심지어 하나님 자신도 이 피조 세계에 더할 것이 없었고 뺄 것도 없었고 수정할 것도 없었다(물론 탐험과 발굴과 개발로 인한 '창조적 변형'에 대한 기대와 여지는 있었다). 정말로 모든 것이 너무나 아름답고 너무나 조화로워서 그 높으신 하나님의 눈에 보기에도 더할 나위 없이 좋았다. 특별히 인간의 입장에서는 더더욱 그랬다. 하나님 스스로도 그러셨던 것처럼 인간은 안식일에 그저 하나님의 작품을 보고 듣고 맛보고 만지고 누리고, 그리고 흥미진진한 모험을 즐기면서 (할 수 있는 대로) 창조성을 발휘해 뭔가 선한 것을 더해가면 그뿐이었다.

그런데 이 아름다운 안식이 아담과 하와의 범죄함으로 인해 깨어지고 말았던 것이다. 그리고 그 이후로부터 바로 오늘 이 시간에 이르기까지 인간의 세계에 더 이상의 진정한 안식은 없다. 인간은 끊임없이 하나님 대신 자기가 왕 노릇 하려 하고, 그 대가로 죽음의 굴레를 짊어지게 되었다. 38년 된 병자가 누워있던 베데스다 연못가는 바로 이와 같은 인간의 운명과 형편을 적나라하게 보여주는 전시장이다. 여기에 하나님을 아는 사람이 없다. 육체의 고통과 마음의 고통이 늘 인간을 따라다닌다. 내 스스로 내 자신을 구원할 수 없고, 스스로 안식에 이를 수 없다. 남의 안식에 관심을 가질 여유는 더더욱 없다.

특별히 오늘이 안식일인데, 안식의 흔적조차도 찾아볼 수 없는 곳이다. 이름의 뜻은 '자비의 집'이지만 무자비한 퇴원 경쟁으로 살벌한 기운과 긴장이 감도는 곳이다. 그래서 이제 예수님이 하나님의 자비가 무엇인지 몸소 보여주신다. 자비란 타인의 카오스에 기꺼이 뛰어들어 그 혼란스러움과 괴로움을 함께 나누는 것이다. 죄의 권세가 다스리는 세상의 혼란스러움, 그리고 그 죄의 권력에 굴복해서 사는 인생의 괴로움, 하나님은 그 절망적인 카오스를 외면하지 않으시고 거기에 몸소 뛰어드셨다. 구원의 일을 시작하셨다. 인간을 사랑하시고 불쌍히 여기시는 하나님이, 아담과 하와가 범죄한 그날 이후부터 오늘 이 베데스다 연못가에 이르기까지 쉬지 않고 일해오셨던 것이다.

늙은 아브라함을 불러내시고, 이스라엘을 애굽에서 탈출 시키시고, 처녀 마리아에게서 아들 예수가 나게 하시고... 그래서 오늘 예수님이 이곳 베데스다에까지 이르도록 하시고, 하나님 아버지께서 자기 아들을 통해 이루실 그 큰 구원이 무엇인지 드라마틱하게 보여주시는 것이다. "인간은 안식을 잃었고, 인간은 스스로 구원에 이를 수 없고, 오직 예수 그리스도의 은혜로만 구원받을 수 있고, 오직 예수 그리스도만이 인간에게 치유와 회복과 생명과 참된 안식을 가져다주실 수 있다", 바로 그 진리를 보여주시는 것이다.

그래서 예수님이 일부러 이 사역을 안식일에 하시는 것이다. 우연히 그렇게 된 것도 아니고, 성격이 괴팍해서도 아니다. 하나님께서 우리에게 안식일을 주시는 의도를 극적으로 보여주시려는 것이다. 가장 안식이 없는 한 사람, 그래서 누구보다도 가장 절실히 안식을 필요로 하는 대표자 한 사람을 선택해서 말이다.

"인간의 육체와 영혼의 참된 안식은 오직 예수 그리스도를 만나야만 얻을 수 있구나!" "안식일은 우리에게 참된 안식을 주실 수 있는 유일한 분 예수 그리스도를 바라보고 그분 안에 머무르고, 종말에 다시 오셔서 우리의 안식을 완성해주실 예수 그리스도를 사모하는 기념일이구나!"

오늘날 그리스도인들은 안식일을 지키는 대신 주일을 지킨다. 이 주일은 안식 후 첫날인데, 바로 이날에 예수 그리스도께서 부활하셨기 때문이다. 그러니까 그리스도인들은 부활하신 그리스도를 기억하고 다시 오실 그리스도를 사모하기 위해서 주일을 지키는 것이다. 나머지 월·화·수·목·금·토요일 중 어느 날에 예배를 드려도 본질적으로는 상관이 없지만, 우리는 바로 그 중요한 이유 때문에 주일을 지키고 주일에 예배드린다. 그런 의미에서, 그리스도인들의 주일성수는 하나님께서 안식일 법을 주신 아주 중요한 의도 하나를 잘 성취할 수 있는 배경이 되어준다.

'배경'이 되어준다. 주일성수 자체가 곧 온전한 안식일 준수는 아니란 의미이다. 주일성수가 그리스도인들에게 있어서 경건과 영적 성장의 기초가 되는 이유가 바로 그것이다. 주일성수를 제대로 할 때 유일한 구원자가 되시는 예수 그리스도께 집중하고 예수 그리스도 안에 거하고, 마침내 예수 그리스도께서 가져다주실 새 하늘과 새 땅의 소망 속에서 힘 있게 살아갈 수 있다.

반대로, 만약 주일성수를 형식적으로 해버리면 우리에게 별다른 유익이 없다. 최대한 집중해서 말씀을 상고하고 정성껏 마음을 드려 찬송하고 성령 안에서 기도함으로 그리스도와의 연합을 향유하지 못하면, 새벽부터 저녁 늦게까지 교회 안에 있어도 별반 보람이 없는 것이다. 그것은 죽은 경건이고 바리새인들의 경건이다. 종교적 형식주의이고 값비싼 시간낭비일 뿐이다. 영적으로 충전되는 시간이 아니라 방전되는 시간인 것이다.

그리스도인들에게 있어서 주일은, 무엇보다도, 우리를 구원하시기 위해 십자가에서 돌아가신 유일한 구원자 예수 그리스도를 기억하는 날이다. 그리고 예수 그리스도께서 다시 오실 날을 사모하면서 버티고 힘내는 날이다. 그런데 이것이 말이 쉽지, 사실 고도의 영적인 집중력이 필요한 일이다. 바로 이 영적인 집중을 하기 위해서 그리스도인들은 주일에 일과 노동을 좀 내려놓을 필요가 있다. 물론 주일에 일하지 않는 것은 그 자체로도 큰 의미가 있다. 앞서 말한 대로 내가 내 일과 노동을 통해 내 운명의 주인이기를 포기하는 것이기 때문이다. 내가 연약하고 한계가 있는 피조물인 것을 기억하고 나와 세상을 창조하신 창조주 하나님을 의지하는 믿음의 행위이기 때문인 것이다.

재미있는 것은, 주일에 일과 노동을 내려놓는 것을 통해 두 마리 토끼를 다 잡을 수 있다는 것이다. 창조주 하나님도 기억하고 구원자 예수 그리스도께도 더욱 집중할 수 있다. 이것이 중요하다. 우리의 주일은 창조주 하나님 앞에 피조물로서 겸손히 서는 날이고, 또한 구원자 되신 예수 그리스도께 최선을 다해 시선과 마음을 모으는 날이다. 하나님이 우리를 창조하셨다는 사실, 하나님이 자기 아들을 죽음에 내어주실 만큼 우리를 사랑하셔서 우리를 구원하셨다는 사실, 이 두 가지를 한껏 환기하는 날이다.

그러므로 이것에 방해가 된다면, 그 어떤 것이나 일이나 활동이나 장소나 사람이라도 피하고 자제하고 절제하는 결단이 필요하다. 그렇다고 구체적으로 리스트를 작성할 필요도 없고, 또 작성할 수도 없다. 동일한 것이 어떤 사람에게는 방해거리이지만 다른 사람에게는 그렇지 않을 수도 있기 때문이다. 반대로, 이것에 방해가 되지 않는다면 그 어떤 일이라도 금할 이유가 없다. 금하면 그것이 바로 바리새주의이다. 안식일은 하나님께서 인간의 회복과 즐거움을 위해서 제공해주신 선물이지, 우리의 머리 위에 올라앉아 짓누르는 짐이 아니다.

나아가, 그리스도인들은 이 목적을 증진할 수 있는 일을 적극적으로 찾아서 해야 한다. 왜 주일에 예배를 드리는가? 일반적으로 예배가 이 목적에 가장 정확히 부합하는 일이기 때문이다.

그러므로 예배 외에 그 어떤 것을 해도 무방할 뿐만 아니라, 오히려 더욱 열심히 해야 한다. 특별히, 오늘 예수님처럼 생명을 살리고 생명을 진작시키는 일이라면 피하고 금할 것이 아니라 더욱 주일에 해야 한다. 안식일은 본질적으로 생명을 회복시키기 위해서 하나님이 고안하신 하나의 리듬이기 때문이다. 다시 말해 선한 일, 사랑하는 일, (교회에서뿐만 아니라 세상에 대해서) 봉사하는 일이라면 주일이라고 해서 무조건 마다해서는 안 되는 것이다.

참으로 성부 하나님께서 이제까지 일하시니 성자 하나님께서도 쉬지 않고 일하셨던 것처럼, 그리스도를 따르는 그리스도인들도 주일에, 아니 주중에도 이 생명의 일을 쉬지 않고 감당하기를. 하나님의 쉼은 정지해 있는 것이 아니라 움직이며 자비를 베푸는 것임을 기억하기를.

하나님 아버지, 우리의 주일이 온전한 안식일이 되기를 소원합니다. 창조주 하나님을 기억하는 하루가 되게 해주옵소서. 더불어 우리가 피조물인 것을 기억함으로 겸손히 수고로운 노동을 내려놓고 아버지의 품 안에서 안식하게 하옵소서. 하나님을 믿으며 쉬고 회복되어 다시 힘차게 우리 삶의 자리로 돌아가게 하옵소서.

또한 우리의 유일한 구원자이신 예수 그리스도를 기억하는 복된 날 되게 하소서. 그리스도의 십자가 은혜에 감사하고, 그리스도와의 깊은 인격적 사귐을 갖고, 그리스도께서 다시 오실 것을 소망하는 하루가 되게 하옵소서. 예수님께서 이 땅에서 친히 그러셨던 것처럼, 우리도 주일에 생명을 돕고 생명을 살리는 하나님의 일에 헌신하게 하소서. 우리의 예배 가운데 성령의 기름부음을 허락해 주시고, 성도간에 즐겁고 아름다운 교제가 있게 하소서.

무엇보다도, 우리의 주일이 장차 새 하늘과 새 땅에서 누리게 될 온전한 안식의 맛보기가 되게 하시고, 이 온전한 안식에 대한 소망을 살찌우는 거룩한 기념일 되게 하소서.

이야기 **아홉**

향유를 부은 여인

옥합을 들고 만나다

눅7:36-50

시골 나사렛에서 올라온 괴짜 랍비, 기적을 행해서 백성들에게 인기는 있지만 특별히 정치적으로 위험하거나 종교적으로 거슬릴 것은 없는 존재, 이것이 안식일 규정을 어기기 전까지의 예수에 대한 당국자들의 정보 혹은 이미지였다. 하지만 예수님은 연거푸 그것도 공개적으로 안식일을 범함으로써 율법의 수호자임을 자처하던 바리새인들의 표적이 되기 시작했다.

그의 식탁도 문제였다. 예수님은 자칭 거룩한 바리새인이라면 결코 함께 밥을 먹지 않을 불결한 세리, 죄인들과 식사 교제를 나눔으로써(심지어 손도 씻지 않고) 유대인의 정결법을 자주 어겼다. 마치 보란 듯이 말이다.[1] 바리새인들은 점점 신경이 곤두서갔고, 어느새 "노기가 가득해서 예수를 어떻게 할까 하고 서로 의논했다."눅6:11[2] 아마도 이런 의논의 결과로 시몬이라는 이름의 바리새인이 총대를 메지 않았을까? 그는 예수라는 이 불편한 인물을 탐색도 해보고 여차하면 중대한 고발의 구실도 만들어 볼 심산으로 예수를 자신의 저녁식사에 초대했다.

---

1   바리새인들은 궁극적으로 성전의 특별한 거룩함을 가정과 일상에까지 가져와 확대하는 것을 추구하는 당파였다. 그런 맥락에서 '엄격한 십일조'와 더불어 '정결법의 준수'야말로 바리새인들의 핵심적인 기획이라고 말할 수 있다.

2   마태복음 기준으로만 총 다섯 번, 유대 지도자들이 예수를 죽이거나 곤경에 빠뜨리고자 회합을 갖는 모습이 기록되어 있다(12:14 ; 22:15 ; 26:3-4 ; 27:1 ; 28:12).

이 저녁식사 자리가 단순히 사적인 교제의 자리가 아니라는 점을 이해하는 것이 중요하다. 이런 연회는 대개 저명한 랍비나 유명인사를 초청해 간단한 강연을 듣고 종교적인 대화를 나누는 마을의 공식행사였다. 당연히, 행사장으로 쓰이는 집의 대문과 각 방문들은 모두 활짝 열려 있어서 그날만큼은 누구라도 자유롭게 드나들 수 있었다. 이번 연회의 주빈은 예수였고, 이 소식은 금방 마을 전체에 헤드라인 뉴스로 전파됐을 것이다. 마을 사람들은 하나둘 이 흥미로운 종교적 포럼이자 공동체의 잔치인 연회에 참석하고자 시몬의 집으로 모여들었다. 그리고 이중에는 바로 그 문제의 여인도 있었다.

누가는 (사려 깊게도) 여인의 이름을 밝히지 않고 다만 '죄를 지은 한 여자³'라고 기록한다(눅7:37). 무슨 죄를 지은 것일까? 너무나 쉽게 그녀를 창녀라고 넘겨짚곤 하지만, 그것은 별다른 근거가 없는 해석이자 편견이며 심지어 성차별적인 일이다. 우리는 그녀가 어떤 죄인지 구체적으로 알 수 없다. 그녀의 죄가 오늘날 죄로 여겨지는 테두리 안에 들어오는지조차 확신할 수 없다. 왜냐하면 당시 이스라엘에서 죄인을 규정하는 것은 율법을 기초로 해서 죄와 죄가 아닌 것, 정결한 것과 부정한 것의 기준을 자의적으로 광범위하게 확대해 놓은 바리새인들의 전문 영역이었기 때문이다.

---

3   '하마르톨로스 귀네'(ἁμαρτωλός γυνή), 문자적으로 '죄가 있는 여자'라는 뜻이다.

쉽게 말해, 율법에 정통한 바리새인들이 판단하기에 죄인이면 그(녀)는 죄인이었다. 이스라엘 사회는 대체적으로 영적·도덕적 헤게모니를 쥔 그들의 기준을 받아들일 수밖에 없었던 것이다. 아무튼 바리새인 시몬을 비롯한 마을 사람들 누구라도 그녀가 어떤 이유에서 죄인인지를 알고 있을 만큼 그녀는 유명한 죄인이었다. 선명한 주홍글씨를 가슴에 새기고 있었던 것이다. 그래서 아마도 그녀는 이런 마을 연회에 모습을 드러내는 것이 결코 쉽지 않았을 것이다. 큰 용기가 필요했을 것이고, 다른 마을 사람들처럼 예수님을 비롯한 내빈들의 등 뒤에 서서 조용히 자리를 지키고 있었다.

그런데 그런 그녀의 눈에 순간(!) 예수님의 더러운 발이 보였다. 믿을 수 없는 광경이었다. 여인의 호흡이 가빠지고 심장이 방망이질 치기 시작했다. 그녀는 충격을 받을 수밖에 없었다. 연회에 초대받은 주빈에게 발 씻을 물을 주지 않았다니! 그것은 중동의 사교 문화에서 있을 수 없는 일이었고, 분명히 의도적인 모욕이자 망신주기였다.[4] 여인은 분노와 슬픔에 휩싸여 어쩔 줄 몰랐다.

예수님이 누구신가? 자기와 같은 죄인들에게 하나님의 용서와 은혜의 복음을 전해준 고귀한 선지자가 아니던가? 그 가르침과 은혜에 감사해서 용기를 냈고 먼발치에서나마 뵙고자 이곳에 왔

---

4 그동안 예수가 유대교의 식탁 예절을 무시해 왔으니 일부러 식탁에서 그를 조롱거리 삼으려는 시몬의 의도가 있었을 것이다.

는데, 그런 주님이 사람들 앞에서 공개적으로 조롱을 받고 계셨다.

여인의 온 몸이 부들부들 떨리기 시작했다. 그녀는 자기도 모르게 군중들 사이에서 나와 예수께로 향했다. 차마 예수님의 면전을 향할 수는 없었고, 그저 주님의 등 뒤로 다가가 털썩 그 발 끝에 주저앉았다. 주님의 더러운 발을 가까이서 보니 주체할 수 없을 만큼 눈물이 터져 나왔다. 슬프고 화가 나고 죄송하고, 그리고 감사해서 흐르는 눈물이었다. 어느덧 여인의 눈물이 예수님의 발을 흥건히 적셨다. 여인은 자신의 눈물과 흙먼지로 뒤범벅이 된(바리새인의 기준으로는 부정하게 된) 예수님의 발을 그대로 놔둘 수가 없었다. 서둘러 머리를 풀어헤쳐 닦았다. "당신들이 주님을 조롱했으니 내가 대신 경의를 표할 것이다!" 여인은 마음속으로 부르짖었다. 그리고 닦은 예수님의 발에 입을 맞추기 시작했다. 수없이 많은 입맞춤, 그리고 부끄러움이 없는 입맞춤이었다. 사랑과 감사의 입맞춤이었다. 마지막으로, 여인은 옥합을 열어 그 발 위에 향유를 붓고 그대로 예수님 앞에 엎드러졌다.

이렇게 여인은 시몬이 하지 않은 것을 예수님께 모두 해드렸다. 허드렛물이 아니라 자기 눈물로 예수님의 발을 닦아 드렸고, 차마 뺨에 입을 맞출 수는 없으니 발에 입을 맞추어 드렸고, 그 발에 자기가 가지고 온 향유를 (한 방울이 아니라) 통째로 다 부어 드렸다. 시몬이 예수님께 준 모욕을 자기의 사랑과 헌신으로 깨끗하게 씻어버린 것이다. 그야말로 완전히, 덮어버린 것이었다.

모든 일이 순식간에 일어났다. 그렇지 않았다면 시몬의 하인들이 그녀를 제지하거나 곧바로 밖으로 끌어냈을 것이다. 아무튼 일은 벌어졌고, 시몬을 비롯한 모든 사람들이 그 놀랍고 보기 드문 광경을 목격했다. 시몬의 머리가 재빨리 돌아갔다. 일단 이 사건을 예수에 대한 스캔들로 (자신의 생각을) 정리할 필요가 있었다. "우선, 예수는 사람을 파악하는 선지자의 영험한 능력이 없는 인물일 게다. 그런 능력이 있다면 저 여자가 어떤 여자인지 알아챘을 것이고, 그리고 저런 낯 뜨거운 짓을 못하게 했겠지.[5] 그리고..."

시몬의 머리가 더 회전하기도 전에 예수님은 그의 생각을 읽으시고 말씀하셨다. **"시몬아, 내가 너한테 할 말이 있다."** 모욕을 받으면서도 잠잠히 앉아만 계시던 예수님의 반격이 시작됐다. **"빚 주는 사람에게 빚진 자가 둘이 있다고 치자. 하나는 오백 데나리온을 빚졌고, 다른 하나는 오십 데나리온을 졌다.[6] 그런데 둘**

---

5   정숙한 여인이라면 오직 자기 남편 앞에서만 머리를 풀어헤치는 법이었다. 따라서 시몬은 물론이고 둘러선 모든 사람들이 여인의 이런 행동을 민망하게 여겼을 것이다. 하지만 여인은 개의치 않았다. 예수님이 받고 계신 수치와 멸시를 씻어드려야 한다는 일념에 사로잡혀 있었기 때문이다.

6   데나리온(Denarius)은 콘스탄티누스 황제가 화폐 개혁을 단행해서 솔리두스(Solidus)라는 금화를 새로 만들 때까지 로마 공화정과 로마 제국에서 400여 년 동안 널리 통용되던 기축 통화다. 예수님 당시 이 화폐의 가치를 정확히 알 수는 없지만, 예수님의 포도원 품꾼 비유에서는 노동자들에게 일당으로 주어질 만한 가치를 가진 것으로 묘사된다(마20:2). 아마도 이 비유가 현실과 크게 동떨어지지는 않았을 것이므로, 통상 오십 데나리온은 오십 일의 일당, 오백 데나리온은 오백 일의 일당에 해당되는 것으로 간주된다.

다 갚을 능력이 없어서 채권자가 둘 다 탕감해 주었다면, 둘 중에 누가 더 그를 사랑할 것 같으냐?"

시몬은 뭔가 찜찜했지만, 그렇다고 정답을 말하지 않을 수도 없었다. "그야, 당연히 오백 탕감 받은 자이겠지요."

"네가 정답을 말했다!" 예수님은 그제서야 여자를 돌아보시며 여자와 시몬을 하나하나 비교해 나가신다. "너는 나에게 발 씻을 물도 주지 않았지만, 이 여자는 자기 눈물로 내 발을 씻기고 자기의 귀한 머리털로 내 발을 닦았다. 여자는 너보다 더 많은 죄를 탕감 받았기에 너보다 더 나를 사랑하는 것뿐이다."

"너는 내 뺨에 손님을 환영하는 의례적인 입맞춤조차도 하지 않았지만, 이 여자는 심지어 내 발에 진심어린 입맞춤을 함으로 나를 환영했다. 여자가 너보다 더 죄사함 받은 것이 많아서 나를 더 사랑한 것이다."

"너는 내 머리에 값싼 감람유 한 방울 떨어뜨리지 않았지만, 이 여자는 자기의 값비싼 향유를 내 발에 아낌없이 부었다. 많은 죄를 용서받았기에 나를 많이 사랑하는 것이다. 이제 이해하겠느냐? 많이 용서받으면 많이 사랑하고, 적게 용서받으면 적게 사랑하는 것이다."

시몬은 잠시 어안이 벙벙해졌지만, 이내 분노로 마음이 들끓었다. "이 자가 지금 뭐라고 지껄이는 거야? 나도 저 여자처럼 죄인이라는 거잖아!" 하지만 시몬이 제대로 그의 분노를 표출하기도 전에 더욱 엄청나고 충격적인 말이 예수의 입에서 발설됐다.

그야말로 놀라서 말문이 막히게 만드는 핵폭탄급 선언이었다,

"여자야, 네가 이미 죄사함을 받았느니라."

"죄, 죄사함을 받았다니!" 시몬은 그야말로 경악을 금치 못했다. "이 자가 지금 자기 자신을 하나님의 자리에 놓고 있질 않은가!" 이미 연회는 파장이 났다. 그리고 예수님은 마지막으로 여인에게 따뜻하게 말씀하신다. "여자야, 네 믿음이 너를 구원하였다. 그러니 평안히 돌아가라."

여인과 예수님의 만남은 이렇게 마무리되었다. 그런데 오늘 예수님이 여인에게 하신 말씀[7]의 뉘앙스를 보면 아마도 여인은 이전에 어디에선가 예수님의 말씀을 (직접 혹은 간접적으로라도) 들었던 것 같다. 죄인들도 사랑하시고 그들의 죄를 용서해주시고 그들을 품으러 오신 예수님의 은혜의 말씀을 만났던 것이다. 그렇다. 그녀는 이미 예수님의 말씀을 통해 사랑의 하나님이 자신의 삶과 마음에 임하신 것을 감지했다. 예수님의 복음이 믿어졌고, 그토록 은혜로우신 하나님을 믿기로 결심했다. 아직 죄인의

---

7 "아페온타이 수 하이 하마르티아이"(ἀφέωνταί σου αἱ ἁμαρτίαι). 직역하면, "네 죄들이 (이미) 사하여졌느니라"이다. 즉 여인은 이미 어디에선가 예수님의 복음을 듣고 그 말씀을 마음에 수용하였던 것으로 짐작해 볼 수 있다. 어떤 말씀을 들었던 것일까? (특정할 수는 없지만) 유대인 성서학자 알프레드 에더스하임 Alfred Edersheim의 낭만적인 추측처럼 "수고하고 무거운 짐 진 자들아 다 내게로 오라 내가 너희를 쉬게 하리라 나는 마음이 온유하고 겸손하니 나의 멍에를 메고 내게 배우라 그리하면 너희 마음이 쉼을 얻으리라"(마11:28-29)였는지도 모르겠다.

삶을 완벽히 청산하지는 못했다고 하더라도 말이다. 그래서 여인은 오늘 주님을 보기만 해도 감사해서 눈물을 주체할 수 없었고, 멸시당하는 주님을 보고만 있을 수 없었고, 그를 많이 사랑했기에 귀한 향유를 모두 부어버릴 수 있었다.

(아우구스티누스St. Augustinus의 표현을 빌리자면) 여인은 자신이 죄인인 것을 아는 죄인이었고, 반면 시몬은 자신이 죄인인 것을 모르는 죄인이었다. 인간의 저울추로는 당연히 여인의 죄가 더 무겁고 시몬의 죄는 상대적으로 가벼울 수 있다. 하지만 하나님의 저울에 올려놓을 때 두 사람의 죄는 모두 동일하게 '결코 영원히 갚을 수 없는 무게의 죄'이다. 인간의 눈으로 볼 때 내가 여인과 같지 않다고 해서 여인보다 덜 감사하고 하나님을 덜 사랑해도 되는 것이 아니다. 거꾸로 말하면, 하나님을 많이 사랑하기 위해서 굳이 여인과 같을 필요가 없다. 우리는 누구나 충분히 무거운 죄인들이며, 충분히 많이 죄사함 받았으며, 그러므로 충분히 많이 감사하고 충분히 많이 하나님을 사랑해야 하는 인생들이기 때문이다.

예수님을 만날 때, 누구나 그리고 언제나 자신만의 향유 옥합을 들고 와서 만나야 한다. 주님을 뵈면 누구나 그리고 언제나 그 발 앞에 엎드러져야 한다. 울어야 한다. 많이 울어야 한다. 감사해서 울어야 하고 죄송해서 울어야 한다. 나아가, 옥합을 열고 향유를 쏟아부어야 한다. 아낌이 있다면, 아직 눈이 안 열린 것이다. 다른 사람들은 모두 오백 데나리온이지만 나만은 오십 데나리온이라고 착각함이다. 아직도 자기 죄의 무게를 온전히 못 느끼고 있기 때문이리라. "나는 저런 여자와는 다르다..." 바리새인 시몬의 마음인 것이다.

진실한 성도가 간직해야 할 유일한 고민거리는 이것이다. "내가 주님께 아낌없이 부어드려야 할 '나의 향유 옥합'이 무엇일까?" 여인이 만약 성매매 종사자였다면, 이 향유 옥합은 그녀의 직업상 가장 필수적이고도 요긴한 물품이었을 것이다. 어쩌면 여자로서의 자존심을 지킬 수 있는 마지막 보루였을지도 모른다. 여염집의 처녀였다면 자신의 결혼을 위해 준비한 상당한 금액의 지참금이었을 테고, 이미 결혼한 여인이었다면 자신 혹은 가족의 장례를 대비해 오랫동안 적립해 온 소중한 미래 자산이었을 거다.

그렇다면 오늘 나의 향유 옥합은 무엇일까? 그것은 '현재 나에게 가장 의미 있는 것'이면서 동시에 '미래의 나를 위해서 결코 헐어버릴 수 없는 삶의 자원'이다. 나아가, 이 이상은 절대로 주님께 내어드릴 수 없다고 금줄로 울타리를 쳐놓은 영역이 한 조각도 남아 있지 않은 순전한 나 자신이다.

사실 우리의 생명과 삶 자체가 하나님의 선물인 것을 생각해 보면 특별한 고민거리일 수도 없는 고민이다. 우리가 하나님께 무엇을 드리든(생명일지라도) 그것은 본래 하나님의 것이 아니었던

이야기 아홉

가? 우리가 하나님께 무엇으로 헌신하든 그것이 하나님을 더 부요하게 하거나 더 넉넉하게 하지 못하는 것 아니었던가? 우리가 하나님께 드리는 것 중에 진정으로 우리의 것이라고 말할 수 있는 것은 기꺼이 드리려는 사랑의 마음과 의지, 오직 그것뿐 아니었던가? 오늘 이 여인이 예수님께 드렸던 그 뜨거운 사랑의 마음, 오직 그것 하나 아니겠는가?

여인의 이야기가 우리에게 묻는다. "나는 예수님께 많이 용서받았는가, 아니면 적게 용서받았는가?"

그리고 큰 소리로 대답하고 있다.

"우리는 너 나 할 것 없이 다 예수님께 많이 용서받은 사람들이다. 우리는 누구나 하나님 앞에서 충분히 무거운 죄인들이고 충분히 많이 죄사함 받았다. 하나님을 향한 우리의 사랑은 아무리 지나쳐도 지나치다 할 수 없다. 예수님이 우리를 위해 죽음으로써 완수하신 헌신에 비하면, 예수님이 우리를 위해 아낌없이 흘려주신 보혈의 강물에 비하면 우리의 그 어떤 사랑과 헌신도 감히 생색낼 만한 것이 아니다.

하나님을 뜨겁게 사랑하지 않는 자, 모두 유죄다!"

　사랑하는 하나님 아버지, 우리 죄를 용서해 주셔서 감사합니다. 도저히 갚을 수 없는 무게의 죄를 하나님께 지었는데, 그 무겁고 진홍빛 같은 죄의 빚을 탕감해 주시니 감사합니다. 우리가 하나님께 얼마나 많이 탕감받았는지 잊지 말게 하시고, 많이 탕감받은 자처럼 아니 많이 탕감받은 자답게 하나님을 많이 사랑하게 하옵소서.

　늘 주님 앞에 엎드려 울게 하시고, 감사해서 그 발 위에 입 맞추게 하소서. 주님을 만날 때 우리 삶의 귀한 향유 옥합을 들고 와 만나게 하소서. 그 향유를 아낌없이 쏟아붓게 하소서. 주님이 우리를 위해 아낌없이 쏟아주신 당신의 물과 피를 기억하게 하소서. 예수님이 우리를 위해 보여주신 헌신과 사랑에 비하면 우리의 그 어떤 수고와 헌신도 자랑할 것이 없음을 알게 하옵소서.

이야기 아홉

거라사의 귀신들린 자

무 덤
사 이 에 서
만 나 다

막5:1-10

복음서에는 예수님의 축귀 사역이 상당히 많이 기록돼 있다. 그 이유는 우선 이 '귀신 쫓는 사역'이 예수님이 이 땅에 오신 이유를 가장 적나라하고 드라마틱하게 보여주기 때문이다. 사도 요한의 해석에 의하면, 예수님이 이 땅에 나타나신 것은 '마귀의 일을 멸하기 위함'이었다(요일3:8). (요한일서의 맥락에서 '마귀의 일'이란 인간으로 하여금 죄를 짓게 만드는 바로 그 일을 가리키는 것이다.) 그러므로 예수께서 마귀의 졸개들인 귀신을 사람에게서 내쫓아 주시는 일은 사탄의 왕국이 무너지고 마귀의 일이 멸하여지는 것을 시각적으로 강렬하게 보여주는 예라고 말할 수 있다.

두 번째 이유는, 당시 예수님 시대에 실제로 귀신들린 사람이 제법 많았기 때문이다. 좀 과장하자면 아마도 동네마다 한두 명씩은 있었던 것 같다. 그래서 예수님이 동네 동네 다니시면서 귀신들린 사람을 볼 때마다 불쌍히 여겨 쫓아내 주시곤 했던 것이리라. 이런저런 불쌍한 사람이 많이 있지만 사실 귀신들린 사람만큼 불쌍한 사람이 또 어디 있을까?

오늘 거라사의 귀신들린 사람만 봐도 그렇다. 죽은 사람이 누워있는 음습한 무덤 사이에서 산 사람이 살고 있다. 살았지만, 사실상 죽은 것과 방불한 생활이다. 고랑과 쇠사슬에 묶여있고, 늘 소리 지르면서 돌로 자기 몸을 망가뜨리고 있었다. 겉모습은 인간이지만, 사실상 짐승처럼 아니 짐승보다도 못한 삶을 살고 있었던 것이다. 사람은 고귀한 하나님의 형상으로 창조되었는데, 그 하나님의 형상이 가장 비참한 지경으로 파괴되어 있는 형국이다.

거라사는 갈릴리 건너편(그러니까 갈릴리 호수의 남동쪽이다)에 위치한 이방 도시이다. 이 도시는 본래 알렉산더 대왕이 세운 열 개의 자유도시(Decapolis ; 데가볼리) 중의 하나인데, 예수님 당시에는 좁게는 갈릴리의 통치자 헤롯 안디바의 지배하에 있었고 넓게는 로마제국의 영향력 아래 있었다. 언제나 정치적 자유와 독립을 열망했으며, 유대인과 로마인 모두를 싫어했다. 제우스 신이 그들의 진정한 신이었고(나중에는 로마황제를 숭배하는 신전을 봉헌하기도 했지만), 자신들의 헬라 문화를 무척 자랑스러워했다.

예수님은 그날도 갈릴리 바닷가에서 하루종일 비유로 하나님나라의 비밀을 가르치시다가 날이 저물자 다음날의 사역 계획을 말씀하셨다. **"호수를 건너 내일은 거라사 지방으로 가봐야겠다."** 제자들은 적잖이 놀랐을 것이다. 예수님이 처음으로 유대 땅 바깥에서(비록 아주 먼 거리는 아니지만) 사역을 하겠다고 말씀하신 셈이기 때문이다. 그렇게 해서 예수님과 제자들은 그날 밤 갈릴리 바다를 건너게 되었다. 그런데 난데없는 큰 광풍이 일어나 당장이라도 배를 뒤집어버릴 기세였다(막4:37). 이것은 날씨가 흐려지면서 비구름을 통해 야기되는 '비바람'이 아니라 갈릴리 동편의 골란 고원으로부터 갑자기 불어 내려오는 '마른 돌풍'이었기 때문에 경험 많은 어부들에게도 언제나 두려움의 대상일 수밖에 없었다. 제자들 대부분도 갈릴리에서 잔뼈가 굵은 어부 출신들이었지만 이런 (말 그대로) 미친 바람에는 그저 속수무책이었다.

그들은 두려워 떨며 배 뒤켠에서 주무시고 계셨던 예수님을 황급히 흔들어 깨웠다. 예수님은 잠에서 깨어 잠깐 상황을 보시더니, 갑자기 바람을 꾸짖으셨다. 제자들은 귀를 의심하지 않을 수 없었다. "선생님이 지금 누구를 혼내고 계시는 건가?"

예수님은 다음으로 바다를 향해 입을 여셨다. **"바다야, 이제 그만 잠잠하라. 고요히 있으라!"** 예수님의 말씀이 끝나기가 무섭게 바람이 그쳤다. 그리고 바람이 그치니 자연히 바다도 평온을 되찾았다. 제자들은 놀라 입이 벌어졌다. 그리고 왠지 자기들 앞에 서 계신 예수님이 낯설고 무섭게 느껴졌다. "아니 예수님이 누구시길래 바람과 바다도 그의 말을 듣는가!" 아마도 제자들은 잠시 전 파도 때문에 두려웠던 것보다 더 두려웠을지 모른다.

그런데 그 순간 예수님의 말을 들었던 것은 '바람과 바다'가 아니라 사실은 '바람' 하나였다. 그리고 더 정확히 말하면, 바람을 일으켜 예수님을 거라사에 오지 못하게 막아보려던 거라사의 귀신들이었다. 그래서 예수님은 바람만을 꾸짖으셨던 것인데, 이건 엄밀히 말하면 바람을 부린 귀신들을 꾸짖은 것이다. 생각해 보라. 예수님은 이날 외에 그 어떤 상황에서도 자연을 인격체처럼 대하며 말씀하신 적이 없다. 이 꾸짖음은 귀신들을 향한 것이었고, 그들은 말하자면 애초에 전혀 승산도 없는 도발을 마치 발악하듯 해보았던 것이다.

갈릴리 바다에서 가볍게 기선을 제압하신 예수님은 (아마도 다음날 아침) 배에서 내리시자마자 귀신들에게 치명적 일격을 가하신다. "더러운 귀신아, 그 사람에게서 나와라!"막5:8 그러자 귀신은 괴로워하며 득달같이 자신의 인간 숙주를 몰아 예수님 앞에 고꾸라진다. "지극히 높으신 하나님의 아들 예수여, 대체 저한테 왜 이러시는 겁니까? 제가 먼저 당신을 건드리지도 않았는데 어째서 이곳까지 찾아와서 저를 못살게 구십니까? 이 사람한테서는 나가겠지만, 제발 이 지방에서는 내쫓지 말아주소서!"

예수님이 한번 말씀하신 이상, 귀신이 그 사람에게서 나가야 되는 것은 기정사실이었다. 저항할 능력도 의지도 귀신에게는 없었다. 다만 이 영악한 영적 존재는 예수님께 한 가지만을 요청했는데, 그건 바로 이 거라사 지방에 계속 머물게 해달라는 것이었다. 아마도 거라사의 사회적 상황과 영적인 분위기가 자신의 입맛에 맞았던 것이리라. 또 무엇보다도 이번만 견디고 나면 예수님이 유대 지역으로 돌아가실 것이기에 당분간은 자유로울 수 있다는 판단도 했을 것이다. 아무튼 빌면서 보니, 마침 수많은 돼지 떼가 산기슭에서 먹고 있었다. 귀신은 기회를 놓치고 않고 간청했다. "저 돼지 떼에게라도 들어가게 해주소서!"

예수님은 허락하셨다. 아니, 막지 않으셨다.[1] 귀신들을 이 지역에서 쫓아내봤자 어차피 다른 지역으로 가서 또 다른 사람(들)을

---

1   '허락하신대(막5:13)'로 번역된 헬라어 '에페트렙펜'(ἐπέτρεψεν)은 적극적으로 '허락하셨다'와 소극적으로 '용인하셨다'의 의미를 모두 가질 수 있다.

괴롭힐 것이므로 차라리 돼지들이 고통당하는 편이 나았던 것이다.

돼지 떼에게 들어간 귀신들은 자칭 '군대'라고 부를 만큼 많은 수 혹은 강력한 세력이었다(막5:9)[2]. 그래서인지 거의 이천 마리나 되는 돼지 무리를 한꺼번에 비탈 아래로 몰아 바다에 빠뜨려 죽게 만들었다. 사람에게서 쫓겨나온 것이 분해서였을까? 귀신의 파괴적 본성과 영향력이 유감없이 발산된 소름 돋는 장면이었다. 이것이 이른바 '귀신의 존재론적 모순'이다. 귀신은 생명체(특히 인간) 안에 거주하면서 그 숙주를 조종하고 괴롭히는 것으로 낙을 삼지만, 일단 침입하면 그 생명체의 생명을 시시각각 파괴하기 시작한다. (돼지 떼들의 경우처럼) 자칫 조절을 잘 못하면 아예 자기 집을 순식간에 파괴해 버릴 수도 있다. 그래서 노련한 귀신일수록 숙주를 오랫동안 서서히 말려 죽이는 법이다.

아무튼, 문제는 이 돼지 떼가 인근 주민들에게는 상당한 경제적 자산이었다는 것이다. 사실 예수님이 돼지 떼의 몰사를 (적극적으로) 의도하신 것은 아니지만, 어쨌거나 주민들의 눈엔 예수님이 갑작스러운 막대한 경제적 손실의 원인 제공자였을 것이다. 그래서 그들은 예수께 속히 그 지방에서 떠나줄 것을 요구했다. 예수

---

2 '군대'로 번역된 단어는 '레기온'(λεγιών)으로서 문자적으로는 로마 군대의 '군단'을 가리킨다. 하지만 여기서 귀신들이 이 단어를 사용한 것은 그들이 로마 군대의 레기온처럼 정확히 5000명(?) 이상이거나 군대 조직과 방불한 체계를 갖추어서가 아니다. 그들 스스로 설명을 붙였듯이, 그들은 (레기온처럼) '다수였고(ὅτι ἐσμεν πολλοί), 그래서 강력했기 때문'이다.

님께서 이렇게 놀라운 일을 행하셨는데, 그런 예수님에 대한 반응이 고작 '떠나라'는 것이다. 예수님이 누구신지 궁금해하지 않았다. 귀신들렸던 그 이웃이 왜 그랬었는지, 이 지역에 무슨 영적 위험 요소가 있는지, 이제 자기들은 어떻게 살아야 하는지 전혀 알고 싶어 하지 않았다. 오직 그들이 알고 있는 건 자기들이 지금 큰 금전적 손해를 입었다는 것과 예수님이 궁극적으로 빌미를 제공했다는 것, 그래서 앞으로도 이런 손실을 겪지 않으려면 이 위험한 인물을 멀리해야 한다는 것이었다.

기가 막히지만, 많은 경우 오늘날에도 어떤 사람들은 예수님을 만난 후에 이런 반응을 보인다. 예수님을 가까이 하는 것이 자신에게 해가 된다고 느끼고 오히려 거리를 둔다. 예수님 때문에 경제적으로 손해를 볼 것 같고 예수님 때문에 자신이 그동안 즐겼던 자유와 향락을 포기해야 할 것 같다고 직감한다. 물질의 영과 쾌락의 영에 사로잡혀 있는 내면이 신경질적으로 반발하는 것이다. 이 돼지 떼의 주인들 역시 물질이라는 악한 '영'에 사로잡혀 있었다. 과장이 아니라 진실로 그들 또한 (좀 전까지 귀신들렸던 그 이웃과 마찬가지로) 절반쯤은 귀신들려 있었던 것이다.

그래서 만약 그들이 자신의 영적인 상태를 계속 그렇게 방치해 둔다면, 머지않아 그들 중에서도 귀신에게 사로잡힌 사람이 나올 공산이 크다. 이번에 큰 경제적 손실을 입은 사람 중의 누군가에게 근 시일 내에 또 다른 금전적 손해가 닥친다면 어떻게 될 것인가? 한 번 더 가정해서, 설상가상으로 그런 그에게 죽도록 미운 사람이 생기기라도 한다면? 분을 주체하기가 어려울 것이다. 그러면 이제 그의 마음은 지극히 위험해져서 귀신에게 활짝 열린 문과도 같다. 마귀가 들어와 주인 행세를 할 수 있는 '틈'이 커다랗게 벌어진 것이다(엡4:27).

신약성경을 읽으면서 한 번쯤 궁금해해 본 적이 있지 않은가? 예수님 당시에는 저 많던 귀신들이 오늘날 다 어디로 갔을까? 물론 현대 시대에도 여전히 귀신은 존재하고 1세기와 같은 양상의 귀신들린 사람도 분명히 있다. 그러나 누구나 인지할 수 있듯이 그런 노골적인 귀신들림은 눈에 띄게 줄어든 것이 사실이다.

왜일까? 사탄이 게을러진 것일까? 그럴 리가 없다. 사탄은 오늘도 쉬지 않고 삼킬 자를 찾아다니되, 부지런히 찾아다닌다(벧전 5:8). 자신의 종말이나 세상의 종말이 다가올수록 더 열심을 낼 수밖에 없다.

그러면 사탄의 열심이 다 어디로 간 것일까? 사탄은 이제 전략을 바꾸어 각각의 영혼들을 개별적으로 공략하기보다 문화와 미디어 및 제도를 통해 포괄적으로 영적인 영향력을 끼친다. 그렇다. 사탄의 전략과 열심은 하나씩 잡는 낚시질에서 한꺼번에 잡는 그물질로 바뀐 것이다. 그래서 오늘날 우리 주변에 제대로 귀신들린 사람을 찾아보기는 쉽지 않다. 반면에 반쯤 귀신들린 사람이 너무나 많아졌다는 게 문제다. 끝을 모르고 치닫는 자본주의적 문명의 촘촘한 그물 아래서 물질의 영에 반쯤 귀신들린 사람이 얼마나 많은가? 선정적인 미디어의 그물 아래서 섹스의 영에 반쯤 귀신들린 사람은 또 얼마나 흔해 빠졌는가? 폭력적인 문화의 교묘한 그물 속에서 폭력의 영에 반쯤 사로잡혀 사는 사람은 얼마나 부지기수인가 말이다. 진실로 온전한 정신을 가지고 하루하루 살아가는 사람이 많지 않은 시대다. 예수님의 말씀처럼, 사람의 마음은 집과 같아서 하나님을 주인으로 모시고 살거나 아니면 뭔가 '더러운 영'[3]을 주인으로 모시고 살거나 둘 중의 하나다(마12:43-45).

우리의 마음을 영적인 무주공산으로 내버려둬서는 안 된다. 그랬다간 언제 어떻게 더 강하고 더 더러운 영이 내 마음의 집에 들어올지 모른다. 얼른 예수님을 삶의 주인으로 받아들이고 삶의 전체적인 모양을 예수님의 사람답게 빚어가야 한다. 한 번 귀신이 나가는 게 중요한 것이 아니라 그 빈 마음에 예수님을 모셔들이고 그분을 적극적으로 좇는 삶, 그야말로 전면적인 방향 조정이 중요한 것이다. 그리고 그것이야말로 진정한 의미에서 제정신인 삶을 사는 것이다.

거라사의 귀신들렸던 자 역시 예수님을 만나고서야 정신이 온

---

3   개역개정성경에서 '귀신'으로 번역되는 단어는 주로 복수형 명사 '다이모니아'(δαιμόνια)이다. 그리고 '더러운 귀신'으로 번역되는 헬라어 표현은 '아카다르토스 프뉴마'(ἀκάθαρτος πνεῦμα)인데, 이는 문자적으로 '더러운 영'이다. 그런 관점에서, 세상에 영이 참 많은데 성결한 영이신 성령을 제외한 모든 더러운 영들은 다 귀신이거나 혹은 귀신의 영향력이라고 볼 수 있을 것이다.

전해졌다(이제 시작이긴 하지만 말이다). 무덤 사이에서 나와 사람들의 거처로 돌아오게 되었다. 이제는 말 그대로 사람답게 살 수 있게 되었다. 그런데 정신을 차리고 보니, 역시 거라사라는 도시 자체도 문제인 것이다. 여기에서 계속 살고 싶은 마음이 들지 않았다. 이 도시를 떠나 예수님을 따르고 싶어졌다. 하지만 예수님은 허락하지 않으셨다(막5:19). 그리고 말씀하신다.

"집으로 돌아가라. 이 도시에서 사는 것이 쉽지는 않겠지만, 너에게는 이제 사명이 있다. 하나님이 너를 얼마나 불쌍히 여기셨는지, 하나님이 얼마나 큰 일을 행하셨는지 사람들에게 증언해라. 무엇보다도 네 가족들에게 먼저 전해라."

그는 처음엔 섭섭하기도 했지만, 이내 마음을 고쳐먹었다. 새 인생을 선물로 주신 예수님의 말씀에 순종하지 않을 수 없었다. 그는 지체하지 않고 발걸음을 돌려 먼저 가족들에게 가서 이 모든 사실을 알렸다. 그리고 나아가, 데가볼리의 모든 도시들에 두루 다니며 복음을 전했다(막5:20). 무덤 사이에서 나온 자가 아직도 무덤 사이에서 살고 있는 인생들에게 외치는 것이다.

"속히 사람들의 거처로 나오십시오! 예수 그리스도의 이름으로 귀신을 내어쫓고 정신을 차리십시오! 예수님을 만나십시오! 저를 보세요. 제가 증인입니다! 하나님이 여러분을 불쌍히 여기시고 살 길을 열어주셨습니다!"

만남을 위한 **기도**

하나님 아버지, 우리를 사로잡고 있는 악한 영들을 내쫓
아 주옵소서. 무엇보다도 물질의 영을 내쫓아 주시기를 간
구합니다. 돈 때문에 미워하고 돈 때문에 싸우고 돈 때문에
하나님에 대하여 무관심한 이 세대를 불쌍히 여겨 주시고,
우리의 정신이 온전해지게 하옵소서.

예수 그리스도의 이름으로 폭력과 분노의 영을 내어쫓아
주옵소서. 음란의 영을 내쫓아 주시옵소서. 교만과 미혹의
영을 내쫓아 주옵소서.

우리의 영과 우리의 문화를 사로잡고 있는 마귀의 모든
악한 궤계가 밝히 드러나고 무너지게 해주옵소서. 특별히,
사람들의 아픔과 상처를 이용해 그 영을 짓누르고 지배하는
마귀의 악한 술책이 폭로되게 하시고, 교회가 그들을 치유
하며 그들의 영을 지켜 보호하게 하옵소서.

참으로 지금도 무덤 사이에서, 악한 영들 사이에서 그들
과 동거하며 살고 있는 영혼들에게 어서 거기에서 나오라고
외치며 복음을 전하는 우리 모두가 되게 하시옵소서.

이야기 **열하나**

수로보니게 여인

상
아
래
서

만
나
다

마15:21-28

예수님과 이스라엘 종교 지도자들의 관계는 점차 악화되었다. 아마 바리새인 시몬의 집에서 있었던 일도 한몫했을 것이다. 시몬이 그날 이후로 비밀리에 바리새인들의 연석회의를 제안했을지도 모른다. "이것 봐, 그 예수란 자 알고 보니 만만한 인물이 아니더라구. 아주 위험할 수도 있겠어!" 그래서 바리새인과 서기관들은 이참에 선제적으로 예수의 기를 꺾어놓기로 모의하고, 직접 갈릴리에까지 내려와 시비를 걸었다. "당신도 명색이 랍비인데, 왜 당신의 제자들은 손도 씻지 않고 떡을 먹는 것입니까? 그게 장로들의 전통을 범하는 것이라는 사실을 모른단 말입니까?"마15:12

하지만 예수님은 전혀 밀리지 않으셨다. 오히려 **"그러는 너희는 왜 너희의 전통으로 하나님의 계명을 범하느냐!"**(마15:3)고 쏘아붙이셨다. 바리새인과 서기관들이 왜 예수님의 제자들이 자기들이 정립해 놓은 '구전율법'을 어기느냐고 공격하자, 예수님은 그러면 너희는 왜 그 구전율법으로 '기록된 율법' 곧 모세오경을 어기느냐고 응수하신 것이다.

그러면서 고르반의 예를 드신다. 하나님은 분명히 십계명 중 제 5계명에 "네 부모를 공경하라"고 명하셨는데, 그들의 구전율법인 고르반은 제 5계명을 합법적으로 어길 수 있는 근거로 악용되고 있었기 때문이다. 마땅히 부모를 섬기는데 사용해야 될 물질을 "이건 하나님께 드릴 재산입니다"라고 서약하기만 하면 쓰지 않아도 되었던 것이다. 그래 놓고선 나중에 자기 개인 용도로 사용할 수 있는 예외 규정들을 다수 만들어 놓았으니, 이건 말하자면 일종의 종교적 꼼수 혹은 사기였던 셈이다.

회심의 선제공격을 감행했지만 보기 좋게 카운터 펀치를 얻어 맞은 도전자들이었다. 그런데 예수님은 여기서 그치지 않고 한마디 더 하신다. "이 위선자들아. 이사야 선지자가 너희들에 관해서 예언했던 것이 생각나는구나. 너희들이 바로 입으로는 하나님을 공경한다고 하지만 마음은 다른 데 가있는 자들이다!"마15:7

예수님이 선을 넘었다고 느꼈던 것일까? 나중에 제자들이 예수님께 말한다. "선생님, 바리새인들이 엄청 화났을 것 같은데... 알고 계십니까?"마15:12 제자들의 염려스러운 질문에도 예수님은 여전히 굽히지 않으셨다. "내버려 둬라. 그들은 스스로 맹인이면서 다른 맹인을 인도하겠다고 나서는 자들이다."마15:14

그랬던 예수님이지만, 이런 갈등이 너무 일찍 자꾸 반복되는 것이 좋을 건 없었다. 어쨌건 예수님은 자신의 사역기간을 3년으로 계획해 놓으셨고, 십자가를 지기 전까지 아직 해야 할 일들이 많이 남아 있었기 때문이다. 그래서 예수님은 적대자들이 찾아오기 힘든 곳으로 잠시 나가 있기로 하셨다. 갈릴리에서 서북쪽으로 50-60km 정도 떨어진 수리아의 두로와 시돈 지방이었다.[1] 일종의 잠행인 셈이다(예수님은 이후에도 갈릴리를 떠나 이방 땅 가이사랴

---

1   정황상("가나안 여자 하나가 그 지경에서 나와서..."란 표현을 볼 때) 두로 및 시돈과 인접한 이스라엘의 국경 마을이었던 것 같다.

빌립보에 가신 적이 있는데, 이때에는 제자들과 좀 더 긴밀한 시간을 가짐으로써 자신의 메시아 됨에 대한 그들의 이해를 높여주려는 목적이었다).

그런데 예수님 일행이 채 짐을 풀기도 전에 한 가나안 여자가 찾아와 소리 지르며 간구했다. "주 다윗의 자손이여, 저를 불쌍히 여겨 주소서! 제 딸이 아주 흉악하게 귀신 들렸으니 이 아이를 좀 도와주소서!" 난감한 상황이었다. 예수님은 바리새인들과의 갈등이 고조되는 것을 피하려고 이곳에 온 것이지, 사역을 하러 온 것이 아니었기 때문이다. 그래서였을 것이다. 예수님은 여자의 절절한 외침에 침묵으로 반응하셨다. 흔히 볼 수 있는 모습은 아니었다. 하지만 이 정도에서 물러날 여자가 아니었다. 그녀는 일행의 뒤를 따르며 더욱 소리를 높여 애타게 간청했다. 보다 못한 제자들이 예수님께 한 말씀 드렸다. "선생님, 저 여자가 저렇게 소리소리 지르며 애원하는데, 얼른 들어주고 보내버리시지요?"

그도 그럴 것이 여자가 길거리에서 계속 목청을 높여 소리 지르니 사람들이 하나둘 모이기 시작하고, 이러다가는 조용히 머무르다 가기 힘들겠다고 판단했기 때문이었다. 하지만 예수님은 제자들의 요청에도 불구하고 단호히 말씀하신다. "나는 이스라엘 집의 잃어버린 양들 외에는 다른 데로 보내심을 받지 않았다."

제자들은 의아했을 것이고, 여자는 당황했을 것이다. 예수님이 얼마 전에 이방 땅 거라사에서 귀신들린 자를 고쳐주시지 않았던가? 그때는 예수님이 먼저 거라사로 가자고 하셔서 사역하시더니, 어째서 오늘은 (비록 잠행중이긴 해도) 찾아온 사람의 간청도 물리치시는가? 여자는 가슴이 철렁 내려앉았지만 여기에서 포기할 수는 없었다. 집에 두고 온 딸의 고통스러운 모습이 눈에 아른거렸기 때문이다. 여자는 얼른 앞으로 나아가 예수님 앞에 엎드려 절하며 말했다. "주여, 제발 저를 좀 도와 주소서! 저를 좀 도와 주소서!" 이쯤 했으면 못 이기는 척 하고 그만 들어주실만도 한데, 예수님은 오히려 더 강하게 거부하셨다.

"생각해 봐라. 자기 자녀가 먹는 떡을 뺏어서 강아지들²에게 던져 준다는 게 말이 되느냐?" 마치 예수님도 작심을 하신 듯했다. 하늘이 두 쪽 나도 네 소원은 들어줄 수 없다는 선언처럼 들렸다. 그러니 이제 그만 포기하고 돌아가라고 압박하신 모양새다. 주위에서 듣고 있던 사람들이 다 민망할 지경이었다. 여자는 말 그대로 하늘이 무너지는 듯한 기분이었다.

하지만 그 무너지는 하늘 사이로 한 줄기 빛이 비치었다. 여자는 재빨리 예수님의 말끝을 붙들어 마지막 호소를 했다. "주여, 주님의 말씀이 물론 옳습니다. 하지만 저는 자녀의 떡을 뺏어서 저에게 달라는 것이 아닙니다. 그저 당신의 자녀들이 먹다가 흘

---

2   개역개정성경에는 '개'로 번역되었는데, 여기 사용된 헬라어는 '퀴나리온'(κυνάριον)으로서 거리나 들에서 스스로 살아가는 개 곧 '퀴온'(κύων)과는 구별된다. 즉 이 퀴나리온은 집 안에서 사람들이 주는 먹이 혹은 음식물 찌꺼기를 먹고 살았던 개들이다. 하지만 그렇다고 해서 오늘날의 애견인들이 애지중지 가족처럼 여기며 키우는 반려견이라고 볼 수는 없다. 1세기의 근동 지역에서 그런 일은 상상할 수도 없는 일이기 때문이다. 정리하자면, 이 '퀴나리온'은 '퀴온'만큼 불결하고 끔찍한 존재(빌3:2)는 아니라 할지라도 여전히 사람과 한 상에서 함께 먹을 수는 없는 존재다.

리는 부스러기만이라도 상 밑에서 주워 먹게 해 달라는 것입니다!"

잠시 침묵이 흘렀다. 여자는 여전히 곱게 단장한 머리를 땅에 대고 있었고, 예수님의 얼굴에는 슬며시 미소가 번졌다. "여자야, 네 믿음이 정말 크구나. 네 소원대로 될 것이다."

예수님은 이번에도 한 여인의 간절한 필요에 부응하느라 자신의 사역 방침을 잠시 내려놓으셨다. 가나에서 어머니와 사람들의 필요를 채워주기 위해서 정해진 일정표보다 앞서 표적을 행하셨던 것처럼 말이다. 아마도 이번엔 좀 더 고민하셨을 것이다. 이런 식으로 자꾸 경계선을 넘어버리면, 자칫 공생애 전체 스케줄이 흔들릴 수도 있었기 때문이다. 무엇보다도 이 스케줄은 단지 자신만의 계획이 아니라 사랑하는 성부 하나님의 경륜이자 명령이기도 했다. 아버지 하나님의 뜻과 여인의 간청 사이에서 고민하셨을 인간 예수의 마음이 느껴지는 듯하다. 물론 예수님의 이런 행동을 하늘 아버지께서 싫어하셨을 리도 없지만 말이다.

마가복음은 여인을 헬라인이자 수로보니게 족속이라고 기록하고 있다(막7:26). '수로보니게 족속'이란 수리아에 사는 보니게 즉 페니키아 족속이란 뜻이다. 페니키아 족속은 한 때 지중해 연안에서 가장 강력한 세력이었으며, 거의 400년 이상 전성기를 구가하며 오늘날 영어 알파벳의 모태가 되는 페니키아 알파벳을 사

이야기 열하나

용할 정도로 문화적 수준이 높았다. 물론 경제적 수준도 높아서 갈릴리 지방의 농산물 및 수산물의 상당한 양을 소비하는 거점이기도 했다. 당연히 자신들의 혈통 및 국가에 대한 자부심이 하늘을 찔렀는데, 이사야 선지자는 그들을 '세상에 존귀한 자들'이라고 표현할 정도였다(사23:8). 에스겔 선지자는 그들이 '마음이 교만하여 스스로를 신이라고 말하는' 자들이라고 평가했으니(겔28:2), 더 말할 나위가 없을 정도였다.

그런데 이런 배경을 가진 이 여인이 오늘 예수님께 보이는 태도를 보라. 그녀는 스스로를 인간들의 상 아래에서 음식 부스러기나 주워 먹는 개들로 자처했다. 최소한의 자존심이나 자아를 모두 내려놓은 것이다. 아니 집어던진 것이다. 그만큼 자신의 처지가 절박했고, 딸에 대한 사랑이 강렬했다. 내게 지식과 교양이 있고 재물이 산더미처럼 있다 한들 무슨 소용이겠는가? 지금 이 문제 앞에서 나는 전적으로 무능력하며 철저하게 무력하니 말이다. 유일한 소망이 내 앞에 계신 예수님뿐이니 말이다. 그래서 여인은 소리지르고 애원하고 간청하고, 부르짖고 또 부르짖어 간구할 수 있었다. 예수님이 보여준 뜻밖의 침묵과 매몰찬 거부도 문제가 되지 않았다. 어떻든 답은 예수님께만 있다는 사실을 믿어 의심치 않았기 때문이다. 예수님께서 야이로라는 사람의 딸에게 은혜를 베푸셨다면, 내 딸에게는 왜 베풀지 않으시겠는가? 예수님이 거라사의 광인에게서 귀신을 내쫓아 주셨다면, 왜 내 딸을 괴롭히는 귀신은 모른 척하시겠는가?

이것이 수로보니게 여인의 '큰 믿음'이었다(마15:28). 막무가내로 떼쓰는 것도 아니고, 단지 강청하는 기도라고 표현하기에도 부족한, 참으로 낮은 마음의 기도였다. 딸을 사랑하는 마음에서 넘치듯 흘러나오는 기도였고, 어쨌든 예수님 외에는 자기에게 아무 소망이 없다는 것을 온 몸으로 시인한 겸손의 기도였고, 나아가 어떻게든 예수님께서 궁극적으로 해결해 주실 것을 믿은 (말 그대로) 믿음의 기도였다.

이처럼, 우리는 때때로 '상 아래서' 예수님을 만나게 된다. 상 위에 있을 때는 결코 경험할 수 없었던 하나님의 역사를 여기에서야 맞닥뜨리게 된다. 마지막까지 붙잡고 있던 내 자아의 끈을 다 놓아버리는 곳이다. 내가 판단하고 내가 헤쳐나가겠다는 자아의 의지를 한 톨도 남김없이 다 포기하는 곳이다. 개 취급을 받아도 좋고 버러지라 불려도 좋고(사41:14) 구더기가 되어도 좋은(욥25:6) 곳이다. 아니 그런 것 따위는 더 이상 상관없는 곳이다. 마지막 남은 자존심 같은 것도 없는 곳이다. 그래서 주님이 뭐라고 해도 좋고 주님이 어떤 처분을 내리셔도 받아들일 수 있는 곳이다. 세상과 나는 간 곳 없고 항상 주님만이 옳은 곳, 상 아래인 것이다.

상 위에 있기를 고집할 때는 절대로 볼 수 없었던 예수님의 미소를 그곳에서야 보게 된다. 내 마음의 높이가 한 뼘이라도 남아 있을 땐 볼 수 없었던 얼굴이다. (토마스 아 켐피스Thomas A Kempis의 말처럼) 내 존재의 밑바닥까지 내려가 나 자신을 천하게 볼수록

이야기 열하나

주님께 더 가까이, 하나님께 더 높이 올라간다. 상 위에서 주님을 만나겠다고 버틸 땐 상 아래로 굴러떨어지고, 반대로 상 아래에서라도 만나기를 간구할 때 상 위로 올려진다. 영적인 역설이다.

내 마음이 은밀히 의지했던 것들이 모두 떠나고 내 마음의 숨은 교만이 산산히 다 부서졌을 때, 밀랍처럼 녹은 마음이 되었을 때(시22:14), 그제서야 맛볼 수 있는 달콤한 은혜가 여기에 있다. 오직 기도의 자리에서만 느낄 수 있는 향기로운 주님의 숨결인 것이다.

　하나님 아버지, 우리에게 수로보니게 여인과도 같은 큰 믿음을 허락해 주옵소서. 내가 가진 권세와 물질과 지식과 건강이 아무 쓸데없음을 깨닫게 하시고, 오직 예수 그리스도 한 분께만 소망이 있는 것을 알게 하소서. 그 유일하신 소망께 인생을 모두 던져 기도하게 하옵소서.

　온전히 낮은 마음으로 상 아래서 기도하게 하옵소서. 주님이 침묵하셔도, 주님이 거절하셔도 오직 주님께만 소망이 있으니 결단코 주님 앞에서 물러가지 말게 하소서. 주님 앞에서 내 마음의 모든 교만이 녹아 없어지게 하시고, 내 인생의 모든 의지할 바가 무너지게 하시고, 상 위에 남아있고 싶은 마지막 고집까지 꺾이게 하소서. 참으로, 상 아래서 은혜의 부스러기라도 먹을 수 있는 우리 모두가 되게 해주소서.

물
위에서
만나다

거라사로 건너가던 갈릴리 바다 위에서 예수님과 제자들은 풍
랑을 만났다. 예수님은 그때 바람을 꾸짖으셨는데, 사실은 바람
을 부렸던 거라사의 귀신들을 꾸짖은 것이었다. 아무튼 이때 제
자들은 예수님 덕에 손쉽게 위기를 탈출할 수 있었다. 그런데 그
후 게네사렛으로 가던 길에 만난 또 다른 풍랑 때는 예수님이 배
에 함께 계시지 않아서 제자들은 그야말로 죽을 고생을 할 수밖
에 없었다. 배에 오른 것이 당일 저녁 무렵이었고 예수님이 오셔
서 해결해 주신 것이 다음 날 새벽 4경 즉 3-6시 사이였으니까, 거
의 10시간 가까이 풍랑과 사투를 벌인 셈이었다. 아마도 그날 먹
은 떡과 물고기를 모두 토해냈을 것이다.

그러면 그때 예수님은 어디서 뭘 하고 계셨던 것일까? 예수님
은 호수 근처에 있는 산에서 혼자 기도하고 계셨다(마14:23). 그날
은 오병이어의 기적이 있었던 날인데, 예수님은 왠지 서둘러 군
중을 흩어 돌려보내시고 제자들 역시 재촉해서 먼저 배에 태워
보내시더니 자신은 기도하러 홀로 산에 올라가셨던 것이다. 사도
요한의 통찰에 의하면, 기적을 보고 흥분해서 자기를 억지로 왕
으로 추대하려는 군중을 피하신 것이다(요6:15). 단순히 몸을 피했
다기보다는 영적으로 피하신 것이라고 봐야 할 것 같다. 필경 예
수님도 유혹을 느꼈을 것이기 때문이다. 수만 명의 사람들이 자
기 이름을 연호하고 칭송하고 왕으로 추대하려고 한다면, 어떤

　　　　　　　　　　　　　　　이야기 열둘

인간인들(그가 살과 피를 가진 진짜 인간이라면) 마음이 흔들리지 않을
수 있겠는가? 분명히 예수님도 유혹을 느끼시고 그 유혹을 이겨
내기 위해서 기도하실 수밖에 없었던 것이다. 유혹이 얼마나 강
렬했던지, 예수님은 정말로 밤을 꼬박 새면서(제자들이 파도와 싸우
던 그 시간만큼) 씨름하면서 기도하셨던 것이다.

마침내 마음을 정돈하신 예수님은 고난당하고 있는 제자들
을 구원하기 위해 서둘러 산에서 내려오셨다. 그런데 내려와 보
니 타고 갈 배가 없었다. 예수님은 어쩔 수 없이 바닷물 위에 발
을 내딛으셨다. 본래 이렇게 행동하시는 예수님이 아니었다. 예
수님은 물론 참 하나님이시지만 동시에 진짜 인간으로서 사명을
감당하고 있는 중이기 때문에 특별한 이유가 없다면 철저히 인간
으로서 하나님이 부여한 창조의 질서에 순응하고 있었던 것이다.
배가 고프다고 해서 길가의 돌덩이로 스테이크를 만들어 먹지 않
으셨고, 햇볕이 뜨겁다고 해서 자기 머리 위에 구름 한 조각 달고
다니지 않으셨다.

영화 <브루스 올마이티>Bruce Almighty를 보면, 하나님으로
부터 잠시 하나님의 능력을 부여받은 주인공 브루스가 얼마나 마
음껏 그 능력을 남용하는지 코믹하게 묘사된다. 자기를 괴롭혔던
동네 불량배들을 혼내주기 위해 입에서 거대한 메뚜기 떼를 내
보내기도 하고(출애굽의 하나님을 흉내내는 것이다), 지나가던 여성의
치마를 재미로 들출 뿐만 아니라(물론 손을 쓰지 않고 눈빛만으로) 잠
자리에서 자기 아내를 만족시키기 위해 신적 능력을 사용하기도

한다.

그뿐 아니다. 케이블 방송사의 리포터였던 브루스는 자기보다 빨리 승진한 직장 동료의 혀를 생방송 중에 배배 꼬이게 만들어 그를 앵커 자리에서 밀어내기까지 한다. 그야말로 하나님의 능력을 허랑방탕하게 사용해버리는 것이다. 그러나 영화를 보는 관객들은 그런 장면들을 보면서 결코 브루스를 미워할 수가 없다. 평범한 인간이라면 누구라도 그 상황에서 그렇게 행동할 수밖에 없음을 알기 때문이다.

그동안 예수님이 극도의 절제력으로 얼마나 인간답게(인간인 척하는 것이 아니라) 사셨는지 알 수 있는 대목이다. (토마스 토렌스 Thomas F. Torrance의 말처럼) 예수님은 '완전한 인간성으로 사셨던 세상에 하나뿐인 인간'이셨다. 그는 물론 많은 기적을 일으키셨지만 그건 순전히 불쌍한 사람들의 필요를 채워주기 위해서이거나 믿음이 연약한 사람들의 믿음을 돕기 위해서였을 뿐이었다(요14:11).

그랬던 예수님이지만 지금은 말 그대로 특별한 상황이었다. 사랑하는 제자들을 구원해야 하는 비상사태!

예수님은 갈릴리 바다 위를 성큼성큼 걸어서 어느덧 제자들을 태운 배 근처에 이르렀다. 제자들은 예수님을 보고 소리 질렀다. 반가워서가 아니라 놀라서였다. 이렇게 깊은 밤에 이토록 무섭게 일렁대는 파도 위에 갑자기 누가 나타났으니, 이건 필시 유령이 아니고 무엇이겠는가? 제자들은 놀라고 무서워 소리지르며 어쩔 줄 몰라 했다. 예수님은 즉시 제자들을 진정시키셨다. "모두 안심해라! 나다! 무서워하지 말아라!"

그때였다. 갑자기 베드로가 나섰다. "주님? 주님이십니까? 정말로 주님이시면 저더러 물 위를 걸어서 당신께 오라고 말씀해주소서!"마14:28 예수님은, 자신이 정말로 제자들의 주님이셨기 때문에 베드로의 청을 거절할 이유가 없었다. "오라!"

하지만 주님이 오란다고 해서 정말 물 위로 발을 내딛는다는 것은 결코 말처럼 쉬운 일이 아니었다. 다른 제자들은 모두 이 기상천외한 구경거리를 숨죽여 바라볼 수밖에 없었을 것이다. 그런데 베드로는 그 쉽지 않은 일을 실제로 감행하는 것이 아닌가! 인간인 베드로가, 그것도 육중한 체구의 사내가 파도가 일렁거리는 갈릴리 바다 위를 거짓말처럼 걷기 시작한 것이다. 정말 눈으로 보면서도 믿기 힘든 광경이었다.

이것은 정말 놀라운 기적이다. 그런데 오해해서는 안 되는 것이 하나 있다. 물 위를 걷는 기적 자체에 무슨 의미가 있거나 그것이 중요한 이슈가 아니라는 것이다. 중요한 것은 베드로가 물 위를 걸어서 '예수님께로' 갔다는 사실이다. 베드로는 궁극적으로 예수님께 가고 싶어서 물 위를 걷게 해달라고 요청한 것이지, "어? 예수님이 물 위를 걸으시네? 나도 이참에 신기한 경험 한 번 해볼까?", 그런 의미가 아니었던 것이다.

베드로와 예수님 사이에 물이 놓여 있으니까 물 위를 걸어서

가야 한다. 예수님이 내게 오시기를 기다리기보다는 내가 먼저 적극적으로 예수님께 가기를 원한다면 말이다. 돌풍으로 소용돌이치는 바다를 제 아무리 어부출신인들 헤엄쳐 갈 수는 없는 노릇 아니겠는가? 기적은 그것을 경험하고 싶을 때 경험할 수 있는 것이 아니라, 예수님을 사모하는 열정이 넘쳐서 예수님께로 더 가까이 가려던 중에 나도 모르게 경험할 '수도' 있는 것이다. 의미 있는 것은 예수님과의 관계이지 기적 그 자체가 아니다. 심지어 예수님과의 관계를 열렬히 추구한다고 해서 당연히 기적을 기대할 수 있는 것도 아니다. 누군가는 그래서 기적을 경험하기도 하지만 또 누군가는 아무리 예수님과 친밀해도 평생 기적의 그림자도 보지 못할 수 있다. 기적은 철저하게 하나님의 주권과 신비의 영역 속에 있는 것이다.

아무튼 그렇게 대담하게 예수님을 추구하고 그래서 예수님께만 시선을 고정하고 뚜벅뚜벅 걸어가는 사람은, 두려움이 없다. 갈릴리 바다 위에서 베드로가 그랬듯이 이 험한 인생의 바다에서 두려워하지 않을 수 있다. 아니 두려움을 이겨낼 수 있다. 두려움은 예수님께로 가지 않고 배에 남아있던 나머지 제자들의 몫이었다.

오늘 베드로를 보라. 그의 시선이 예수님께 집중돼 있을 때는 두려움 없이 물 위를 걸을 수 있었다. 예수님이 베드로의 몸 자체를 깃털처럼 가볍게 만들어 주신 것이 아니다. 그저 베드로가 예수님께로 가고 싶어서 적극적으로 그분을 보면서 나아갔기 때문에 물에 빠지지 않은 것이다. 그랬는데, 그런 베드로가 순간 예수님으로부터 눈을 돌려 휘몰아치는 바람을 보았을 때, 그 역시 무서운 마음이 들었던 것이다.

그러면 잘 해내고 있던 베드로가 왜 갑자기 바람을 본 것일까? 예수님의 해석에 의하면, 의심을 했기 때문이다(마14:31). 문득 의심이 들었는데, 그의 시각이 그 의심에 굴복하고 만 것이다. "내가 지금 물 위를 걷고 있긴 한데, 끝까지 물 위를 걸어서 주님께 도착할 수 있을까? 아까 보니까 바람이 여전히 엄청 세게 불던데 내가 끝까지 해낼 수 있을까?"

의심이 밀려오자 아까 그 바람이 시선을 사로잡았다. 그리고 의심했기 때문에, 믿음이 약해졌기 때문에 베드로는 물속에 빠져 들어가기 시작했다. 그는 물에 빠진 사람이 으레 그렇듯이 다급히 소리 질렀다. "주님, 저 좀 구해 주세요!" 예수님은 조금도 지체하지 않고 즉시 손을 내밀어 베드로를 도와 주셨다(마14:31). 물론 끌어 올리면서 한 마디 하시긴 했다. "믿음이 작은 자여, 왜 의심했느냐…"

베드로를 가볍게 책망하시긴 했지만, 어쨌든 예수님이 즉시로 손을 내밀어서 도와주셨다는 사실이 퍽 은혜가 된다. 예수님은 정말 좋은 분이셨다. 예수님은 베드로에게 믿음의 중요성을 가르쳐 주기 위해서 일부러 그가 좀 물에 빠져 허우적대도록 내버려두지 않으셨다. 분명히 믿음의 중요성을 말씀하셨지만, 그러나 그건 그거고 예수님은 일단 베드로를 도와 주셨다. (역시, 교리보단 사람이 먼저 아니던가?) 베드로가 빠져들어가기 시작하자마자 예수님은 재빨리 손을 내밀어 베드로의 손을 잡아 주셨다.

날렵하게 손을 뻗으시는 예수님의 모습이 왠지 웃음을 자아내면서도 정겹게 느껴진다. 그 예수님의 손이 얼마나 힘차고 따뜻했을까? 아마도 베드로는 남은 평생토록 그 손의 기억, 남겨진 온기를 잊지 못했을 것이다. 그 은혜로운 손맛, 두고두고 기억했을 것이다.

우리도 살다 보면 '물 위에서' 예수님을 만날 때가 있다. 예수님이 가라고 해서 떠난 길인데 도중에 풍랑을 만난다. 설상가상으로 예수님은 속히 도우러 오지도 않으신다. 얼마나 오랫동안 주님이 안 계신 것 같은 시간을 견뎌야 하는지 모른다. 막막하고 괴로운 시간이다. 삶의 기반이 뿌리째 흔들리는 것 같은, 칠흑같이 어둡고 두려운 바다 위다.

진이 빠질 대로 다 빠졌을 때, 주님은 드디어 밤 4경에 우리를 찾아오신다. 타고 있던 배에서 내려 주님께로 가야 하는 타이밍이다. 익숙한 배에 남아 있지 말고 미지의 바다 위로 발을 내딛어야 할 시간이다. 주님께만 시선을 붙들어 매고 믿음으로 물 위를 걸어가야 하는 시간이다. 물론 예수님 바라보면서 앞으로 전진하고 있을 때에도 현실의 바람은 여전히 세차게 불어닥친다. 예수님께로 나아온다고 해서 갑자기 힘든 현실이 판타지로 바뀌는 것이 아니다. 바람은 여전히 세차게 불고 있고 파도는 여전히 아찔하리만치 높다. 그럼에도 불구하고, 우리가 예수님께 집중하면서 앞으로 계속 전진하면 물속으로 빠져 들어가지 않는다는 사실이 은혜다. 집중력이 흐트러지고 의심하는 순간, 현실은 가차 없이 우리를 지배한다. 다시 물속에 빠져서 정신 못 차리고 허우적대게 돼있다.

물 위에서 예수님을 만날 때, 우리에게는 상당히 많은 양의 영적인 에너지가 필요하다. 최대한 예수님께 집중할 수 있는 마음의 힘 말이다. 이 마음의 힘이 약해지지 않으면 우리는 끝까지 전진할 수 있다. 주님을 향한 사랑과 열정이 의심과 두려움을 내쫓는다. 그러다가 혹시 다시 바람을 보느라 물에 빠져들어가게 된다면, 오늘 베드로처럼 주저하지 말고 소리 지르면 된다. "주여, 나를 구원하소서! 주여, 내가 빠져 들어가기 시작하나이다!"

다 빠져버리기 전에, 빠져들어가는 느낌이 감지되는 순간 즉시로 소리질러야 한다. 그렇게 소리지르고, 즉시로 우리의 손을 잡아 도와 주시는 예수님의 힘차고도 따뜻한 손을 경험하면 된다. 그리스도인이란 결국 주님의 은혜로운 구원의 손맛을 평생에 걸쳐 느끼며 사는 사람들이다.

하나님 아버지, 우리 인생의 바다에 풍랑이 몰아칠 때, 바람에 주목하지 말게 하옵소서. 바람이 아니라, 우리의 현실이 아니라 예수님께만 시선을 집중하고 예수님을 향해 뚜벅뚜벅 걸어가게 하옵소서. 마땅히 두려워할 만한 이 세파 속에서도 두려워하지 않게 해주소서. 배에 남아있지 말고 물 위로 발을 내딛게 하시되, 예수님 바라보면서 끝까지 신실하게 앞으로 전진하게 하옵소서.

그러다가 혹시 다시 바람을 보느라 물에 빠져들어가는 일이 생긴다면, 오늘 베드로처럼 주저하지 말고 소리지르게 하옵소서. "주여, 나를 구원하소서! 주여, 내가 빠져들어가기 시작하나이다!"

그렇게 소리지르고, 즉시 우리의 손을 잡아 도와주시는 우리 주님의 힘차고도 따뜻한 손을 만나게 하소서. 좋으신 예수님의 은혜로운 구원의 손을 경험하게 하소서. 한평생 그 손맛을 누리며 주님과 동행하게 하소서.

음행하다 잡힌 여인

막다른 골목에서 만나다

요8:1-11

우리는 누구나 예수님 만나기를 원한다. 그러면서 "나는 과연 어떤 상황에서 예수님을 만나게 될까?", 상상해 보기도 한다. 가능하면 좋은 타이밍에 만나고 싶다. 영적인 상태가 좀 괜찮을 때 말이다. 말씀을 묵상하고 있을 때라든지, 기도하고 있을 때라든지, 혹은 예배드리고 있을 때나 전도하고 있을 때 예수님을 만나면 정말 굿 타이밍이 아닐까? 금상첨화가 아닐까? 그 정도는 아니더라도 최소한 분위기 좋은 카페에서 커피 한 잔 마시며 여유를 즐기고 있을 때 예수님이 찾아오시면 그런대로 선방한 것이리라.

반대로, 가령 한참 부부 싸움하느라 핏대를 올리고 있던 중에 느닷없이 예수님의 방문을 받으면 어떨까? 회사에서 은밀히 상사나 동료에 대해 뒷담화하던 중에 갑자기 예수님의 재림을 맞으면 얼마나 민망할까? 또 만일 어떤 목사님이(목사님들께 용서를 구한다) 주중에 텅 빈 교회 사무실에서 몰래 포르노를 보고 있다가 갑자기 예수님의 음성을 듣게 된다면 어쩔 것인가? 그야말로 재앙 아닌가? 시쳇말로 '멘탈이 탈탈 털리는' 폭망의 순간일 것이다.

그런 것처럼 이 '음행 중에 잡힌 여인' 역시 정말 최악의 타이밍에 예수님을 만났다. 그녀의 음행이 습관적이었는지 아니면 오늘 처음이었는데 재수 없게 딱 걸렸는지 알 수 없지만, 어쨌든 음행이라는 죄를 짓다가 현장에서 붙잡혀서 예수님 앞에 서게 됐

이야기 열셋

다. 다시 말해, 현행범으로서 예수님을 만나게 된 것이다.

사실 이런 종류의 죄를 짓다가 현장에서 잡혀오는 게 확률적으로 쉬운 일은 아니다. 이런 행각을 동네방네 소문내면서 벌이는 남녀가 있을 수 없기 때문이다. 누가 보더라도 여기엔 모종의 음모가 있다. 예수님을 딜레마에 빠뜨리기 위해 서기관들과 바리새인들이 인위적으로 만들어 놓은 함정 상황인 것이다(요8:6). 여자를 돌로 치라 하면 유대인에게서 사형을 집행할 권한을 빼앗은 로마법을 어기는 것이다. 실정법 위반! 반면에 여자를 놓아주라 하면 간음한 자를 돌로 치라고 명했던 모세의 법을 거스르는 것이다. 하나님의 율법 위반!

음모를 꾸민 자들이 보기에 예수가 취할 수 있는 선택지는 이 둘 중의 하나일 수밖에 없었다. 그러므로 이 게임은 처음부터 예수에게 전혀 승산이 없는 것이었다. 하지만 예수님은 이번에도 죄인들의 상상력을 훌쩍 뛰어넘는 제3의 선택을 하신다. 여자를 돌로 치라고 함으로써 율법을 존중하는 모습을 보이셨고, 너희 중에 죄 없는 자가 먼저 돌로 치라고 함으로써 군중 개인의 양심을 찔러 실제로 사형 집행이 이루어질 수 없도록 하셨다.

그나저나, 좀 전까지 한 침상에서 여자와 더불어 즐겼던 남자는 어디로 갔는가? 아마도 그는 이 음모 기획자들의 하수인이어서 그들의 묵인 아래 조용히 자취를 감추었을 것이다. 정보를 제

공하는 대가로 돈도 받고 신변의 안전도 약속받았을 것이다.[1]

그러니 여자의 입장에서는 믿었던(?) 남자에게 배신당해서 옴짝달싹 못할 고약한 덫에 걸린 것에 다름 아니다. 이 얼마나 이중으로 빌어먹을 일인가? 함정에 빠진 것 자체도 억울한데 심지어 만인에게 존경받는 거룩한 랍비 앞에 현행범으로서 서게 됐다. 절대로 이런 상황에서만큼은 예수님을 안 만나고 싶은, 그런 상황에서 예수님을 만나게 된 것이다.

게다가 이 죄는 음행이라는 죄다. 모든 죄가 다 부끄럽지만 음행이라는 죄는 내 온 몸으로 짓는 죄라서 발각되면 한층 더 부끄럽다. 수치스럽다. 서기관과 바리새인들은 아마도 이 여인의 수치를 더 부각시키기 위해서 그녀를 사람들 한 '가운데 세웠다'(요 8:3). 한창 음행하던 중에 붙잡혔기 때문에 거의 벌거벗은 상태였을 텐데 그런 여인을 세워놓은 것이다. 웅크리거나 쭈그리고 앉게만 해줬어도 어떻게든 자신의 부끄러운 몸을 요령껏 가려볼 여지가 있었을 텐데, 그럴 수 없게 만든 것이다. 정말 몸서리쳐질 만큼 끔찍한 세팅이다. 여인에게 이 경험은 (물론 자신의 죄가 원인 제공을 하기는 했지만) 평생의 트라우마로 남을 만하다. 오랫동안 악몽을 꿀 만한 심각한 심리적 외상이 그녀에게 가해졌다.

이것은 완전한 노출이며 완전한 수치이다. 내 몸과 마음의 부

---

1   어떤 성경 해석자들은 이 여인을 창녀로 보기도 한다. 만약 그렇다면 서기관들과 바리새인들은 기존에 알고 있었던 특정 매춘의 장소를 급습해서 여인을 잡아왔을 것이다. 평소엔 알면서도 도시의 필요악으로서 그 존재를 인정해주다가(도시의 수많은 남자들이 공범이니까) 말이다.

끄러운 것이 그야말로 한 조각만큼도 가려지지 않고 100% 노출된 것이다. 빼지도 박지도 못하는 상황이다. 어떠한 변명이나 어떠한 핑계나 어떠한 합리화도 불가능한 막다른 골목이다. 인생 최악의 순간에 하필 거룩하신 예수님을 만나게 된 것이다.

그런데 인간적으로 보면 이렇게 최악의 순간에 예수님을 만난 것이 이 여인에게는 결과적으로 최고의 축복이 되었다. 사실 영적으로 보면, 자기 죄를 100% 정확하게 인식하고 적나라하게 직면하는 것이 축복의 시작이다. 자기 죄를 숨김없이 정직하게 직면할 때 그 죄로부터 나를 해방시켜 주기 위해서 이 땅에 오신 예수님의 은혜를 온전히 깨닫고 온전히 누릴 수 있기 때문이다.

만약 이 여인이 이런 지랄맞은 타이밍에 예수님을 만나지 않았으면 겪게 될 운명이 무엇인가? 죄가 드러나지 않았을 때 예수님을 만나 남 몰래 회개했을 수도 있겠지만, 어쨌거나 그건 가정일 뿐이다. (이 역시 추측일 뿐이지만) 아마 그런 상태에서 만났다면 여인은 끝내 음행하기를 포기하지 못하고 죄와 뒤엉켜 살다가 마지막 심판의 날 때 두려운 심판자로서의 예수님을 만나지 않았을까? 여하튼 음행하다 잡혀온 것은 이미 벌어진 일이고, 만약 그 상황에서 예수님을 만나지 못했다면? 더러운 년이라고 정죄당하고 그 죄에 대한 대가로 돌에 맞아 고통스럽게 죽어가는 것뿐이다.

그 운명이 예수님을 만나서 바뀌었다. 우선 여인은 자기 스스로 죄가 주는 고통과 부끄러움을 온 몸과 영혼으로 오롯이 직면

했기 때문에 예수님의 따뜻한 말 한마디가 한량없는 위로가 되었을 것이다. "나도 너를 정죄하지 않는다..." 당연히 정죄 받아야 하는데, 어떤 변명도 할 수 없는 상황인데, 그런데 정죄하지 않으신다는 것이다. 사실 여기 모인 모든 사람들 중에 유일하게 여인을 정죄할 수 있는 자격을 가지신 분인데, 최종 권한을 가지신 분인데 그런 예수님이 정죄하지 않으신다 한다.

그뿐 아니다. 여인은 이제 적어도 음행이라는 죄만큼은 다시 짓지 않을 수 있는 무한한 격려와 힘을 예수님에게서 얻게 된다. "나도 너를 정죄하지 않는다. 그러니 가서 다시는 죄를 범하지 말아라."

엄청난 응원이지 않은가? 살면서 음행이라는 죄의 유혹에 빠질 때마다 여인은 예수님의 이 한 마디를 기억했을 것이다. 그리고 피 흘리는 심정으로 그 죄와 싸웠을 것이다. 물론 외롭게 혼자 싸우는 것이 아니다. 예수님은 나중에 성령 안에서 그녀와 연합하시고, 함께 싸워 주신다. 죄의 권세와도 싸워 주시고 그녀의 깊은 상처 곧 트라우마와도 싸워 주신다. 그녀가 다시 한 남자를 만나 그를 신뢰하고 진실로 사랑하며 두려움 없이 성적으로도 결합할 수 있도록, 그 모든 치유와 회복의 과정에 함께해 주신다. 그리하여 궁극적으로 승리하게 하실 것이다. 이 '연합'의 능력과 견고함을 그 어떤 권세와 상처가 당해낼 수 있겠는가 말이다.

예수님이 십자가에 달려 돌아가실 때 수많은 여인들이 그 자리를 지켰는데, 아마도 이 여인 역시 그 언덕 위에서 남몰래 눈물을 흘리고 있지 않았을까? 그녀는 그때 주님을 보면서 그 누구보다도 십자가의 의미를 더 절절히 깨닫지 않았을까? 음행하다 잡힌 자기가 벌거벗긴 채로 세워져 수치를 당했던 것처럼, 주님도 인간들의 죄 때문에 벌거벗긴 채로 세워져 능욕을 당하고 계셨다. 정작 죽었어야 할 자기는 살려주시고 죄 없으신 주님이 대신 나무 위에 달려 죽어가고 계셨다. 하나님 아버지의 입장에서 표현해 보자면, 정작 죽었어야 할 음녀는 살려주시고 순결한 자기 외아들을 대신 죽음에 내어 주셨다. 예수님의 입장에서 말해 보자면, 그는 참으로 우리를 위해, 우리를 대신해서, 우리가 있어야 할 자리에 계셨다. (칼 바르트Karl Barth의 표현처럼) 하나님은 예수 그리스도 안에서 하나님 자신과 우리를 교환하신 것이다.

아마도 그녀는 그제서야 **"나도 너를 정죄하지 않는다"**는 말의 의미를 어렴풋이나마 깨달았을 것이다. 예수님이 지금 십자가 위에서 저 모진 고난을 당하시는 이유가 달리 무엇이겠는가? 여인이 받아야 할 정죄를 대신 짊어지고 수난을 당하고 계시는 것이었다. 여인이 이해하기로는 이것이 저 십자가의 의미이고, 그리고 이것이야말로 감당할 수 없는 은혜의 복음이었다.

차라리 죄를 짓는 순간에 그 현장에서 예수님을 만나는 것이 복이다. 현장을 빠져나간 남자가 복이 있었던 것이 아니라 현장에서 붙잡힌 여자가 복이 있다. 손에 돌을 들고 둘러서있던 군중들이 다행인 것이 아니라 가운데 세워져 돌을 맞을 위기에 처했던 여자가 오히려 다행이었다. 내 죄와 허물에 대해서 뭔가 변명거리가 생각나는 것이 행운이 아니라 더 이상 변명할 수 없는 자기 의의 막다른 골목에서 예수님을 맞닥뜨리는 것이 행운이다. 죄책감에 머리를 담벼락에 짓찧어 대고 수치심에 혀를 깨물 때, 바로 그 잔인한 골목에서 예수님은 오히려 넓은 품으로 피투성이인 우리를 감싸 안으신다. 이 절망의 골목에 빨리 내몰리는 자야말로 운이 좋은 것이다.

여기서 죄가 주는 수치스러움에 고통스러워하다가 벼락처럼 갑자기 주님의 음성을 듣는다면? 바로 그때가 복음을 들을 최고의 타이밍이다.

일찍이 다윗은 추악한 범죄를 저지른 후에 나단 선지자의 후벼파는 일갈[2]을 듣는 순간 이 막다른 골목에 몰아붙여졌다. 다윗은 그때 왕의 권력으로 나단을 죽이고 죄를 자기 손으로 덮어버릴 수도 있었다. 하지만 다윗은 그렇게 하지 않았다. 자기 죄를 인정하고 그것을 만 천하에 드러내었으며 결과적으로 하나님의 손에 의해 죄가 가리어지는 행복을 맛보았다(시32:1-2). 내가 가리려 하면 하나님은 가려주시지 않는다. 다윗이 경험했듯이, 종일 신음하고 뼈가 썩어갈 뿐이다.

반대로, 내가 드러내면 하나님이 덮어주신다. 드러내는 순간

---

2   "당신이 그 사람이라!"삼하12:7

엔 너무나 부끄럽고 절망스럽지만, 예수님을 거부하지만 않는다면, 놀랍게도 수치는 곧바로 우리에게서 떠나가고 말할 수 없이 따뜻한 주님의 음성을 듣게 된다. "나는 너를 정죄하지 않는다..."

이 말을 오해해서는 안 된다. 주님은 우리에게 죄가 없다고 말씀하시는 것이 아니다. 죄는 여전히 있다. 우리의 죄는 누가 뭐래도 죄이고, 그 삯 역시 누가 뭐래도 죽음이다. 주님은 우리의 죄는 여전히 죄이지만, 그럼에도 불구하고 우리가 그 죄의 대가로 영원한 형벌을 받지 않아도 된다고 말씀하시는 것이다.

어떻게 이것이 가능한가? 죄 없으신 예수님이 우리 죄의 삯을 치르기 위해 우리 대신 십자가에서 죽어주시기 때문에 가능하다. 우리 대신 예수님이 벌거벗겨지시고 우리 대신 예수님이 채찍질 당하시고 우리 대신 예수님이 피 흘려 죽어주시기 때문에 가능하다. 우리를 정죄하지 않으시고 대신 자기 자신을 정죄하셨기 때문이다. 그래서 정죄당하지 않은 우리는 이제 죄를 이겨낼 힘을 얻게 된다. 예수님을 사랑하게 된 우리는 사랑하는 그분이 몹시 싫어하시는 죄를 멀리하고 싶은 새 마음, 나아가 실제로 멀리할 수 있는 능력을 덧입게 된다.

참으로 안도의 한숨을 내쉬게 만드는 은혜다. 그리고 복음인 것이다.

하나님 아버지, 우리의 마음이 거룩할 때 우리를 만나 주소서. 말씀을 묵상하고 찬송하고 기도할 때 우리를 만나 주소서. 예배드리고 전도하고 봉사하고 선한 일 할 때 만나 주소서.

하지만 주님, 필요하시다면 우리가 죄 지을 때에도 우리를 만나 주소서. 죄 짓는 순간에, 바로 그 현장에 찾아와 주소서. 더 이상 변명이나 자기 합리화가 안 통하는 그 순간에 찾아 오소서. 더 이상 우리에게 자기 의가 남아있지 않은 그 막다른 골목에서 만나 주소서.

벌거벗겨지고 모든 것이 노출된 인생 최악의 타이밍에 주님의 음성을 듣게 하소서. 용서받은 은혜에 감격해서 눈물을 쏟게 하시고, 그 은혜의 힘으로 이제부터 죄를 이기며 살아가게 하소서.

나의 이 부끄러운 죄 때문에 죄 없으신 예수님이 모진 십자가 고난 받으신 것을 잊지 말게 하옵소서.

날 때부터 맹인 된 사람

창조주의 능력을 만나다

요9:1-41

음행하다 잡힌 여인은 인생의 막다른 골목에서 예수님을 만났다. 하지만 그녀가 막다른 골목에 이른 것은 그 누구의 탓도 아니었다. 자신이 손을 뻗어 움켜쥔 결과요, 오랜 시간에 걸쳐 삶이 누적된 결과였다. 그녀는 언제고 마음만 먹으면 자신이 걸어들어왔던 길을 되돌아나가 인생을 돌이킬 수도 있었다. 반면, 오늘 예수님이 길을 가시다가 만난 '날 때부터 맹인 된 사람'은 형편이 다르다. 그는 자신의 의지로 무언가 선택하고 행동을 하기 이전에 이미 맹인의 운명을 안고 태어났다. 처음부터 막다른 골목, 아니 사면이 다 막혀 되돌아나갈 길도 없는 어둠의 방 안에 내던져졌던 것이다.

가혹한 운명이다. 태어나면서부터 맹인이어서 평생토록 아무것도 보지 못하고 사는 삶이란 도대체 어떤 것일까? 그 깊이를 가늠하기조차 어려운 먹먹한 인생이다.

이런 인생을 앞에 두고 제자들은 태연히 예수님께 묻는다. "랍비여, 이 사람이 맹인으로 태어난 것이 누구 죄 때문입니까? 자기 죄 때문입니까 아니면 부모 죄 때문입니까?"요9:2 제자들은 믿어 의심치 않았다. 이 불행은 분명 누군가의 죄 때문이다. 다만 궁금한 것은 누구의 죄가 더 연관이 깊은가 하는 것이다.

당사자 면전에서 이 따위 질문이라니 정말 민망하고 잔인한 짓이다. 사회적 약자의 감정에 대한 감수성이 거의 제로에 가까운 제자들의 수준이 아닐 수 없다. 그런데 이것은 어쩌면 이 맹인 스스로가 평생을 통해 묻고 곱씹어온 질문인지도 모르겠다. 왜냐하면 죄와 불행 사이의 연관성 혹은 함수관계를 따지는 것은 당시 유대사회에서 너무나 보편화된 상식이었기 때문이다. 제자들보다도 맹인이 더욱 이 질문에 대한 답을 듣기 원했을지도 모른다. "그래 말해 보시라. 어차피 비참한 인생인 거, 그 원인이나 알고 비참하도록!"

예수님의 대답은 뜻밖이었다. 이 사람의 죄나 그 부모의 죄가 불행의 직접적인 원인이 아니라는 것이다. 그 말을 듣는 순간, 맹인은 아마도 놀라고 기뻤겠지만 또 다른 질문이 곧바로 머릿속에서 피어오르는 걸 어찌하지 못했을 것이다.

"그렇다면 이 불행의 원인이 대체 뭐란 말인가?" 예수님은 이 질문에 대한 답을 줄 생각이 없으셨다. 그는 다만 "이 맹인을 통해 하나님의 일이 밝히 드러나도록 하기 위해 이제 뭔가 낮 동안에 (나를 보내신 이의) 일을 해야겠다"(요9:3b-4)고 말씀하실 뿐이다.[1]

예수님은 바로 작업을 시작하셨다. 땅에 침을 뱉어 진흙을 이겨 만드시고 그걸 맹인의 감은 눈두덩 위에 바르셨다(태초에 창조주 하나님이 땅의 흙으로 사람을 빚으시던 바로 그 행동을 닮았다). 그러더

---

1 개역개정성경에서 "그에게서 ~ 나타내고자 하심이라"로 번역되어 있는 헬라어 구문 '알 히나 파네로떼~'(ἀλλ᾽ ἵνα φανερωθῇ)는 우리성경처럼 3절에 연결될 수도 있지만, 필자가 번역한 것처럼 문법적으로 4절에 연결될 수도 있다. 그리고 '나타내고자'로 번역된 '파네로떼'는 수동태 부정과거이므로 '나타내고자'보다는 '드러나도록'으로 번역하는 것이 더 원문의 뜻에 가깝다.

니 말씀하신다. "실로암 못에 가서 씻어라." 맹인은 이 명령의 타당성을 따져볼 겨를도 없이 즉시 일어나 실로암 못을 향했다.

실로암 못은 도시의 가장 낮은 저지대에 위치해 있었다. 예루살렘 성이 30층 정도 높이의 빌딩이라면 실로암 못은 지하 2층쯤에 있는 물 저장소다. 맹인으로서는 이 내리막길이 결코 편할 리 없다(게다가 구불구불 거의 1km에 이른다). 급한 마음에 서두르다가 몇 번쯤 나뒹굴었는지도 모른다. 하지만 맹인은 분명히 예수님의 말과 행동에서 남다름을 느꼈고 소망을 보았으며, 기대에 부풀어 실로암 못으로 갔다. 믿음의 시작이다. 가는 동안 그의 잠잠했던 심장이 격렬히 요동치지 않았을까? 마침내 눈두덩에서 진흙을 씻어내고 눈을 떠보았을 때 그가 본 것은 무엇이었을까?

그는 태어나서 처음으로 창조주의 손이 빚으신 세상을 보았고, 그리고 무엇보다도 창조주 하나님의 능력을 보았다. "하나님이 아니고서야 이런 기적은 불가능하다! 이 예수란 사람은 하나님께로부터 온 사람이 분명하다!(요9:33). 이런 확실한 이치를 깨닫지 못한다면 그 사람이야말로 눈 뜬 맹인이 아니겠는가?"

맹인은 육체의 눈을 뜸과 동시에 영의 눈도 뜨기 시작했다. 육체적 시력에다 영적 시력까지 묶음으로 선물을 받았다. 맹인에게 있어서 예수님은 처음엔 그저 '예수라 하는 그 사람'(요9:11)이었다가, '선지자'로 사람이 달리 보였다가(요9:17), 어느새 '하나님께로부터 온 사람'(요9:33)임에 분명하더니 종국에는 '믿고 경배해야 하는 분'(요9:38)으로 인식되었다. 아마도 이런 식으로 그의 영적인 시력은 그 후에도 더욱 향상되어갔을 것이다.

사실 하나님과 하나님의 역사를 식별하는 영적 시력은 우리의 평생을 통해 발전될 수 있고, 또 발전되어가야만 하는 것이다. 언제까지? 하나님을 직접 대면하여 보는 그 순간까지이다. 인간은 모두 날 때부터 영적인 맹인이었다가, 인생의 어느 순간 예수 그리스도를 만나 첫 개안의 황홀함을 맛보고 이후 계속해서 영적인 시력을 개발해나가는 여정 속에 있다. 내버려둬도 자연히 그렇게 된다는 말이 아니다. 내버려두면 우리의 영안은 점점 흐릿해지기 마련이다. 심지어 열렸던 영안이 다시 닫히기도 한다. 어제까지 분명 하나님의 역사를 보았던 눈이 오늘은 초점을 잃고 보지 못할 수 있다.

예수님의 제자들에게 실제로 그런 일이 있었다. 예수님이 수로보니게 여인의 딸에게서 귀신을 쫓아내주신 후 다시 갈릴리 지역으로 돌아왔을 때였다(막7:31). 예수님이 사역을 재개하셨다는 소식을 듣고 다시금 큰 무리가 몰려들었다. 예수님은 이전처럼 사람들의 병을 고쳐주시고 열심히 하나님 나라의 비밀을 가르치셨다. 사람들은 먹을 것이 떨어져가는 것도 아랑곳하지 않고 3일 밤낮을 예수님과 함께 했다. 어느덧 육체가 견딜 수 있는 한계를 넘어서고 있었다. 예수님은 굶주리며 말씀을 듣느라 기진맥진한 군중을 그냥 집으로 돌려보낼 수 없었다. 그랬다간 노약자들과 집이 먼 사람들이 길 위에서 탈진해 쓰러질 것이 뻔했다.

그래서 예수님은 무리를 불쌍히 여기시고 지난번 오병이어의 기적에 이어 이번엔 칠병이어로 사천 명을 배불리 먹이셨다. 그러자 이 소식이 또다시 바리새인들을 자극했다. 그들은 예수님을 찾아와 힐난하며 한 번 더 자기들 눈앞에서 표적을 보여보라고 압박했다(막8:11). 예수님은 깊이 탄식하며 그들을 피해 자리를 옮기셨다. 이후 오직 제자들과 함께한 자리에서 예수님은 이렇게 말씀하셨다. "삼가 바리새인들의 누룩과 헤롯의 누룩을 주의해라."막8:15

그랬을 때 제자들이 보인 반응은 참으로 믿기 힘든 것이었다. "이는 우리에게 떡이 없음이로다."막8:16 예수님의 입에서 누룩이라는 단어가 나오자 먹는 떡 이야기로 알아들은 것이다.

제자들은 왜 그랬을까? 예수님의 말씀을 듣기 전에 이미 그들의 마음속에 떡 생각이 가득했기 때문이다. 아마도 바리새인들을 피해 급히 옮겨오느라 일행의 점심식사인 떡을 챙길 겨를이 없었던 것이리라. 도시락이 배에 하나밖에 남아있지 않았다(막8:14). 제자들은 오는 내내 그것을 걱정하며 그날 점심을 어떻게 해결할지 골몰해 있었다. 그러던 차에 예수님이 누룩 이야기를 하시자 식사를 제대로 챙기지 못한 자신들을 책망한다 여겼던 것이다.

쓴웃음을 짓게 만들거나 혹은 실소를 터뜨리게 만드는 에피소드가 아닐 수 없다. 방금 전에 칠병이어의 표적을 보았던 그들이 아닌가? 예수님의 능력을 보고 영안이 열려 떡을 초월하는 하나님 나라의 실상을 목격했던 그들이 아니었는가? 심지어 손수 그

떡들을 군중에게 분배해 주었던 그들이 아닌가?

그랬던 그들이 얼마 지나지도 않아, 두 눈으로 확인했던 표적을 깡그리 잊었다. 예수님이 도시락 한 개로도 자신들은 물론 수천 명의 무리들까지 넉넉하게 먹일 수 있는 분이라는 사실을 속히도 잊었다. 떡 한 개라는 현실이 언제 그랬냐는 듯 다시 제자들의 눈을 가리웠다. 현실에 눈을 뜬 것이 아니라 현실 때문에 눈이 가리워졌다. 영안이 닫힌 것이다. 마음이 둔해져서 눈이 있어도 보지 못하는 맹인 신세가 된 셈이다(막8:18).

오늘 맹인의 이야기는 우리에게 묻는다. 내가 처음으로 하나님과 하나님의 세계에 눈 뜬 순간은 언제였던가? 그 후로 나의 영적 시력은 더욱 향상되어가고 있는가 아니면 퇴보 중인가?

퇴보 중이라면, 무엇이 나의 영안을 침침하게 만들었는가? 떡에 대한 걱정인가? 먹고 사는 문제에 대한 염려인가? 세상 쾌락에 대한 탐닉인가? 그것도 아니면 잘못된 영적 가르침인가? 빛으로 돌아오는 첫걸음은 내가 어둠 속에 있다는 자각, 그리고 고백이다. '나는 충분히 알고 있다'는 자만은 위험하다. 교만이야말로 우리의 영안을 어둡게 하는 최대의 적이자 최악의 걸림돌이기 때문이다.

바리새인들을 보라. 그들은 당시 유대사회에서 하나님의 말씀을 그 누구보다도 잘 알고 있었던, 아니 잘 알고 있다고 자만하고 있었던 율법 기술자들이다. 하지만 그들은 정작 메시아가 눈앞에 있어도 알아보지 못했고, 영안이 열린 맹인으로부터 배우려고도 하지 않았다. "네가 죄 가운데 태어나서 맹인이 되었던 주제에 우리를 가르치려고 하느냐!"요9:34

"나는 누구를 가르쳤으면 가르쳤지 누구한테 배울 사람이 아니다", 이것은 위험한 생각이고 무서운 생각이다. 하나님은 그런 이들은 영원히 맹인 되게 하시고, 반대로 스스로 맹인이라 시인하는 이들은 눈 뜨게 하실 것이다(요9:39).

이 이야기가 우리에게 알려주는 또 다른 측면이 있다. 예수님을 만나기 전의 불행한 인생은 그 불행의 원인을 찾는 데 관심이 있다는 것이다. 이 관심이 근본적으로 잘못된 것은 아니다. 애초에 아담과 하와의 타락 곧 죄 때문에 인간을 비롯한 모든 피조 세계가 불행과 곤경이란 걸 알게 됐으니 말이다. 그렇다. 인간의 죄 때문에 노화 시계는 힘차게 돌아가기 시작했고, 몸은 약해져 바이러스와 세균이 침투할 수 있게 되었고, 늙고 병들어 결국 죽는 운명을 갖게 되었다. 인간들끼리는 서로 싸우고 미워하게 되었고, 땅은 울며 겨자 먹기로 자기가 심지 않은 가시덤불과 엉겅퀴를 떠안게 되었다. 모두 다 인간의 죄 때문이다.

그런 측면에서 보면 그 옛날 욥의 세 친구들이나 오늘 예수님의 제자들이나 그렇게 크게 눈총 받을 짓을 한 것도 아니다. 사실 오늘날 우리 자신도 그렇지 않은가? 뭔가 내게 안 좋은 일이 생기면, 뭔가 내게 거듭 불행한 일이 반복되면 자기도 모르게 겸허히 옷깃을 여미고 지나온 발자취를 돌아보게 된다. 그리스도인들이라면 더 말할 것도 없고, 믿지 않는 사람들일지라도 어느 정도 본성적으로 그런 성향을 보인다(물론 끝까지 악만 쓰다가 죽는 사람들도 많다). 본능적으로 죄와 불행의 연관성, 죄와 불행 나아가 형벌의 함수관계를 따져보는 것이다.

플래너리 오코너Flannery O'Connor의 전설적인 소설 『현명한 피』Wise Blood에 나오는 주인공 헤이즐 모츠는 위선적인 그리스도인들에게 신물이 난 나머지 '그리스도 없는 교회'를 개척하려고 나선다. 애초에 타락할 것이 없었기 때문에 인간의 타락은 없었고, 타락이 없었기 때문에 구원도 필요 없으며, 타락과 구원이 없었으니 심판도 없었다고 믿는다. 하지만 마을 사람들 아무도 그의 설교에 진심으로 반응하거나 호응해 주지 않는다. 그와 그의 신흥종교를 신박한 비즈니스 모델로 여긴 종교 사업가 후버 쇼츠와 그가 고용한 선지자(실제로는 연기자) 솔러스 레이필드뿐이었다. 실망하고 분노한 모츠는 결국 선지자를 차로 치어 죽이고 은둔 생활을 시작한다.

그런데 그는 무슨 일인지(경찰의 포위망이 좁혀오는 것도 아닌데) 갑자기 자기 눈에 석회를 집어넣어 스스로 맹인이 되고 만다. 그것뿐이 아니다. 신발 안에는 작은 돌멩이들, 깨진 유리 조각, 모래 같은 것들을 깔아놓고 걸어 발을 망가뜨린다. 집주인 여자가 놀라서 이유를 묻자 그는 담담하게 대답한다. "대가를 치르기 위해서요."

신실한 그리스도인이든 (모츠 같은) 지독한 냉소주의자이든 인간은 누구나 (마음속으로는) 죄를 지으면 대가를 치러야 한다고 생각한다. 모츠처럼 자신이 적극적으로 값을 치르지 않더라도 언젠간 뭔가 안 좋은 일이라도 겪기 마련이라고 느낀다. 실제로 안 좋은 일 나아가 심각하게 불행한 일이라도 생기면 자동적으로 자신의 과거에 새겨진 죄의 목록을 기억 속에서 검색하게 돼있다. "그때 그 일 때문인 것은 아닐까?" 그리고 종종 이런 성찰이 우리의 삶에 얼마간 유익하기도 하다. 그런데 거기까지다. 인간이 할 수 있는 생각과 인간이 이 같은 불행에 대해 할 수 있는 일의 한계가 딱 거기까지다. 우리는 한 발자국도 앞으로 더 나아갈 수 없다. 예수님을 만나기 전까지는 말이다.

예수님을 만나면 우리의 관점이 바뀐다. 예수님의 시선으로 우리 자신과 이웃들의 불행을 볼 수 있게 된다. 원인을 찾는 것이 더 이상 중요하지 않다. 중요하다손 치더라도 그것에 너무 많은 에너지와 불건전한 관심을 쏟지 않는다. 대신 "이런 말도 안 되는 불행에 과연 하나님이 무슨 일을 하실까?", 이 새로운 시각으로 보고 또 기도하게 된다.

창조주이신 예수님은 우리의 기가 막힌 불행 위에 진흙을 이겨 바르신다. 그리고 실로암 못까지 믿음으로 가게 하신다. 보지 못하고 가야 하니 불편하고 힘든 길이다. 가면서 몇 번이고 나뒹굴 수 있는 길이다. 하지만 믿음으로 완주하고 나면, 씻고 오면 마침내 새로운 세상을 보게 된다. 이전에 감히 상상도 할 수 없었던 인생이 새로 주어진다. 하나님은 창조주이시니 우리의 삶을 아침처럼 새롭게 빚어주시는 것이다.

혹시 지금 불행을 겪고 있는가? 거듭된 불행에 짓눌려 있는가? 아무리 생각해 봐도, 기도해 봐도 이 고난의 원인을 알 수가 없는가? 그렇다면 그냥 거기에서 멈추라. 이제 그만 원인을 찾으라. 대신, 좀 더 버티고 인내하면서 하나님이 이 고난을 통해 무슨 일을 하실지 거기에 마음을 두라. 하나님께서 이 고난을 어떻게 반전시키실지, 고난이라는 악을 재료삼아 어떻게 선을 창조하실지 거기에 주목하라. 그 광대한 품 안에서 우리의 불행을 행복으로 바꾸시고 심지어 인간의 사악함을 의와 만나게 하실 하나님을 갈망하라.

그렇게 하실 하나님을 믿으라. 선하시고 한결같으신 하나님의 성품이라는 주춧돌 위에 눈물로 믿음의 집을 지으라.

또, 하나님의 때에 그 믿음대로 이루어지기를 간절히 기도하라.

하나님 아버지, 날 때부터 영적인 맹인이었던 우리에게 믿음을 주시고 영안을 열어 주시니 감사합니다. 우리의 영적인 시력이 평생을 통해 더욱 발전하게 하옵소서. 하나님의 나라와 하나님의 역사를 보는 눈이 밝아지게 하시고, 예수 그리스도를 보는 눈이 깊어지게 하소서.

내 영안은 충분히 밝다는 교만을 버리게 하소서. 언제나 겸손하고 열린 마음을 주셔서 하나님의 세미한 음성을 알아듣게 하시고, 주님의 섬세한 일하심을 분별해내게 하옵소서.

우리의 영안을 어둡게 하는 것들을 깨닫게 하시고, 그것들을 멀리하고 절제하며 이겨내게 하소서. 먹고 사는 문제에 집착하지 말게 하시고, 염려와 근심에 사로잡히지 않게 하시고, 세상 쾌락과 탐심에 매이지 않게 하소서. 마침내 새 하늘과 새 땅에서 우리 주님을 대면하여 보는 날까지 이 영적인 씨름을 지혜롭고 넉넉하게 감당하게 하옵소서.

마리아와 마르다 그리고 나사로

죽음 앞에서 만나다

요11:1-44

어느덧 예수님의 공생애 기간이 막바지를 향해가고 있었다. 예수님은 수전절에도 유대인들과 충돌했고, 그들은 지난 초막절에 이어 이번에도 돌을 들어 예수를 죽이려고 했다(요10:31). 예수님은 다시 한번 신적 능력으로 위기를 넘기셨고, 예루살렘을 떠나 요한이 세례 베풀던 요단강 동편 광야지대로 거처를 옮기셨다. 이곳에서 겨울을 나고 다음해 봄 유월절에 십자가를 지는 것, 그것이 예수님께 남은 마지막 공생애의 여정이었다.

그러던 중에 베다니로부터 급한 전갈이 왔다. 평소 예수님과 무척 친밀한 관계였던 나사로가 병으로 위독하다는 소식이었다. 말을 전하는 심부름꾼이 "주님, 주님께서 사랑하시는 그분이 위중하십니다"라고 했을 정도로 예수님과 나사로 그리고 그의 누이들과의 관계는 특별한 것이었다. 당사자들은 물론이고 주변 사람들까지도 모두 알고 인정할 정도의 절친 관계였던 것이다.

하지만 예수님의 반응은 친한 친구의 것이라고 볼 수는 없었다. **"이 병은 죽을 병이 아니다. 이 일로 하나님의 아들이 영광을 받고 또 하나님 아버지께서 영광을 받으실 것이다."**요11:4 아니, 죽을 병이 아니라면 왜 베다니에서 급히 사람을 보내왔겠는가? 예수님의 대답은 도무지 이해불가한 것이었다. 그리고 그 후에 보여주신 행동은 더욱 납득하기 어려웠다. 예수님은 서둘러 채비를 하시기는커녕 오히려 그곳에서 이틀을 더 머무신 후에야 베다

이야기 열다섯

니로 출발하셨다. 과연 무엇을 위한 이틀이었을까?

물론 나사로가 죽기를 기다리신 것은 아니다. 주님께서 설마 그러실 리야 있겠는가. 사실 나사로는 심부름꾼이 길을 떠난 직후에 이미 죽은 것이 분명하다. 베다니에서 예수님의 거처까지는 약 40km 정도 되니까, 심부름꾼이 꼬박 하루쯤 걸려 예수님께 도착했을 때 이미 나사로는 사망한 지 하루가 지난 상태였다. 예수님은 그 사실을 아셨을 것이고, 일부러 계산해서 이틀을 더 기다리셨다. 그리고 다음날 하루쯤 걸어서 베다니에 도착했으니, 나사로는 죽은 지 이미 4일째가 되었던 것이다(요11:17).

말하자면 예수님은 '죽은 지 4일째의 상태'를 만들기 위해서 이틀을 참으셨다. 마음이야 얼마나 서둘러 달려가고 싶으셨을까! 하지만 어차피 나사로를 살리실 것이기에 예수님은 그의 죽음을 확실히 해둘 필요가 있었다. 유대인들은 사람이 죽은 후 3일 안에는 언제든 영혼이 다시 육체 안으로 돌아올 수도 있다고 믿었기 때문이다. 4일째가 되었는데도 별다른 변화가 없다면? 그 죽음은 이제 확고한 것이고 돌이킬 수 없는 것이다.[1]

바로 그 4일째에 예수님은 드디어 베다니에 도착하셨다. 하지만 상갓집 안으로 들어갈 수는 없었다. 나사로의 집 주변에 너무나 많은 조문객들이 몰려 있었기 때문이다. 베다니는 예루살렘에서 겨우 2-3km 정도밖에 떨어져 있지 않은 탓에 아마도 더욱 위

---

[1] 중동의 기후 상황에서 보통 4일째 정도 되면 시신이 본격적으로 허물어지기 시작하는데, 유대인들은 이것을 영혼이 결정적으로 떠난 증표로 보았다.

문하러 온 사람들이 많았던 것 같다. 여하튼 예수님이 오셨다는 말을 듣고 바지런한 마르다가 먼저 마을 어귀까지 맞으러 나왔다. 반가웠지만, 섭섭한 마음도 감출 수 없었다. "주님께서 여기 계셨더라면 나사로가 죽지 않았을 텐데요... 하지만 이제라도 오셨으니 무슨 일이라도 해주시겠지요?"

예수님은 대답하셨다. "네 오라비가 다시 살아날 것이다." 잠시 후에 일어날 엄청난 기적을 알 길 없는 마르다는 맥없는 목소리로 이렇게 대꾸한다. "네 그렇지요 주님, 세상 마지막 날 부활 때 다시 살아나겠지요. 저도 그렇게 알고 있습니다."

유대인들은 대부분 구약성경(단12:2)을 근거로 세상 마지막 날에 부활의 경사가 하나님의 백성들에게 있을 것이라고 믿고 있었고, 마르다는 바로 그 보편적 믿음을 표현한 것이었다. 그런데 부활에 대한 그 믿음이 마르다에겐 별 의미가 없었다. 지금 당장 오빠를 잃어 슬픈데 마지막 날 있을 부활이 무슨 소용이란 말인가? 그건 너무 먼 이야기이고 가슴에 와 닿지 않는 소망일 뿐이다. 예수님은 마르다의 마음을 아시고, 이제 그녀의 마음에 와서 부딪칠 소망을 말씀하신다. "나는 부활이요 생명이니 나를 믿는 자는 죽었다 하더라도 다시 살아날 것이고, 살아서 나를 믿는 자는 영원히 죽지 않을 것이다. 마르다야, 네가 이것을 믿느냐?"요11:25,26

마르다는 과연 이 말씀의 의미를 현장에서 온전히 깨달았을까? 아마도 아니었을 것이다. 이후에 보여주는 그녀의 행동이 입증하고 있질 않는가? 그녀는 이 말씀의 의미를 사실상 이해하지 못했다. 혹시 이해했다고 하더라도 진심으로 받아들인 것은 아니었다. 다만 마르다는 지금 예수님이 나사로의 죽음에 대해서 뭔가 해볼 수 있다고 말씀하신다는 인상을 받았다. 그것만으로도 소망이 있는 것 같았고, 위로가 되었다. 마르다는 대답했다. "네 주님, 제가 믿습니다. 주님은 그리스도이시고, 하나님께서 이 땅에 보내주신 하나님의 아들이십니다!"

이제 마르다는 상가로 돌아가고, 동생 마리아가 예수님을 뵈러 나왔다. 마리아는 예수님께 엎드려 절하며 언니가 했던 것과 똑같은 말을 했다. "주님이 함께 계셨더라면 오빠가 죽지 않았을 거예요." 그리고 언니와는 다르게 예수님 앞에서 흐느껴 울었다. 마리아를 따라 온 유대인들도 함께 울었다. 그 광경을 보고 예수님의 마음이 크게 요동쳤다. 그분 안에 계신 성령이 격하게 소용돌이쳤고,[2] 그래서 예수님은 분을 참을 수가 없었다.[3] 무엇에 대해서일까? 생명을 삼켜버린 죽음에 대해서다. 마리아와 조문객들을 무겁고 고통스럽게 짓누르는 죽음의 권세에 대한 분노인 것이다.

예수님은 더 지체할 수가 없었다. "나사로를 어디에 두었느냐?" 마리아가 안내하며 말했다. "주님, 이쪽입니다. 와서 보세요." 예수님은 마리아를 따르며, 이번엔 우셨다. 잠시 후에 다시

---

2 에타락센(ἐτάραξεν)_'뒤흔들어놓았다', (물 따위를) '요동치게 했다'의 의미인데, 개역개정성경은 '불쌍히 여기사'로 번역했다(33절).

3 에네브리메사토(ἐνεβριμήσατο)_ 개역개정성경은 '비통히 여기시고'로 번역했는데(33절), 이 단어의 동사 원형은 문자적으로 '~에 분개하다', '꾸짖다', '북받쳐 오르다' 등의 의미를 갖는다.

살리시겠지만 친구가 겪은 죽음의 고통과 황폐함이 슬프고 안타까워 눈물을 흘리셨다. 사랑하는 오빠의 죽음을 무력하게 지켜볼 수밖에 없었던 두 여동생의 상실의 슬픔이 마음에 흘러 들어와 꺼이꺼이 우셨다.

언뜻 생각하면 이해가 잘 되지 않는 모습이다. 아니, 조금 있으면 보란 듯이 나사로를 살리실 계획이 아니었던가? 겨우 몇 분 정도만 있으면 되는데 굳이 지금 그렇게까지 감정을 소모하실 필요가 있는가? 그것도 창조주 하나님이 한낱 한 인간의 죽음 앞에서?

그렇다. 우리는 이 장례식장에서 예수님의 두 얼굴을 본다. 죽음 따위는 아무런 문제도 되지 않는 생명의 원천이신 하나님의 얼굴, 그리고 죽음이 너무나 비극적인 문제인 연약한 인간의 얼굴. 이 두 얼굴의 대조가 이 장소에서처럼 선명했던 적이 없다.

어떤 의미에서는 가히 정신분열증적인 모습이기도 하다. 어느 순간엔 창조주의 위엄과 능력이 감출 수 없는 섬광처럼 새어 나오고 또 어느 순간엔 지극히 평범한 한 인간의 인간적인 면모가 진솔하게 묻어 나온다. 만약 그가 연기를 하고 있다면 이보다 더 훌륭한 연기자는 있을 수 없다! 그는 한편 하나님으로서 마르다를 진리로써 붙들어 주고, 또 다른 한편 그저 나사로의 벗으로서 마리아의 슬픔에 동화되어 굵고 진한 울음을 토해내셨다.

아무튼 그걸 보고 주변에 있던 몇몇 유대인들이 수군거렸다. "얼마 전에 맹인의 눈은 뜨게 만들었다던데 나사로는 왜 죽게 내버려둔 건가? 저렇게 사랑했던 친구를?" 예수님은 죽음 자체에 대한 분노뿐만 아니라 무지와 비아냥이 뒤섞인 그 말들을 듣고 다시 심령에 격분하셨다.

어느새 무덤 앞에 도착했고, 돌문을 옮겨놓으라고 말씀하셨다. 이번엔 마르다가 모르는 소리를 했다. "주님, 죽은 지 벌써 나흘째입니다. 뭘 하시려고요?" 예수님은 대답하셨다. **"내가 이미 말했지 않느냐? 네가 나를 믿으면 하나님의 영광을 보게 될 것이다."** 마르다는 순간 움찔했지만 더 이상 토를 달지 않고 서둘러 사람을 시켜 돌을 옮기게 했다. 비로소 예수님이 이 땅에서의 마지막 표적을 보일 시간이 되었다. 자신이 누구이신지, 자신이 왜 이 땅에 인간의 죽을 몸을 입고 오셔야 했는지 가장 선명하게 보여줄 시간이었다. 하나님의 시간이 인간의 시간과 겹쳐지는 순간이었고, 하나님의 생명이 썩어서 냄새나는 인간의 육체 속으로 침투하는 순간이었다.

예수님은 둘러선 모든 사람들이 듣도록 큰 소리로 외치셨다. **"나사로야, 나오라!"** 나사로가 무슨 병으로 죽었는지 알 수 없지만, 예수님의 음성은 즉각적으로 나사로의 무너지고 풀어지며 썩어가던 육체에 생명을 공급했다. 마치 태초에 하나님의 숨결이 단지 흙덩이에 불과했던 아담의 육체에 생명을 솔솔 불어 넣어주셨듯이.

나사로는 온 몸을 베로 친친 감은 채로 무덤 밖으로 걸어 나왔다. 산 자의 몸에 죽은 자의 옷을 입혀 놓았으니 어색하기 그지없었다. 예수님은 말씀하셨다. **"풀어 놓아 다니게 해라!"**

죽음은 인간에게 풀 수 없는 숙제이자 감당할 수 없는 골칫거리이다. 완벽한 절망이다. 한 인간의 자아와 그것의 통로인 육체가 함께 온전히 소멸되는 것처럼 보이는 시간이다. 하나님으로부터 완전하게 소외되는 끔찍한 어둠의 자리로 여겨진다. 최선의 전략은 닥치기 전까지는 최대한 모르는 척 살다가 마지막 순간에 짧게 괴로워하는 것이다. 남의 죽음에 대해서나 자기 자신의 죽음에 대해서나. 이것이 아직 예수님을 만나지 못한 인생이 취할 수 있는 죽음에 대한 태도다.

예수님을 모른다면 썩 나쁘다고 말할 수도 없는 태도다. 반면에 이미 예수님을 만났다면 가질 수도 없고 가져서도 안 되는 태도다. 예수님의 말씀처럼, 예수님을 진실로 믿은 사람은(살아서 믿은 사람은) 영원히 죽지 않기 때문이다. 물론 그리스도인이 물리적 죽음을 겪지 않는다는 말이 아니다. 물리적 죽음을 겪지만, 그 죽음을 영원한 생명으로 진입하기 위한 문으로서 경험한다는 뜻이다.

문 아래에서 머물거나 거기에 자리를 펴는 사람은 없다. 문은 그저 지나치는 대상이지 행인을 붙잡아 둘 수 없다. 죽음이라는 문은 더 이상 그리스도인이라는 행인에게 장악력을 행사할 수 없는 것이다. (아타나시우스Athanasius의 확신에 찬 표현처럼) 그리스도 안에 있는 모든 사람이 죽음이 죽었음을 선언하며 죽음을 밟고

이야기 열다섯

지나간다. 그리스도인에게는 예수님의 역동하는 생명이 심어져 있어서, 아니 예수님의 생명이 그의 전 존재를 휘감고 있어서 더 이상 죽음의 자력이 통하지 않는다.

이것은 비유가 아니라 실제다. 예수님의 영이신 성령과 함께 사는 그리스도인은 실제로 더 이상 죽음에 묶이지 않는다. (팀 켈러Timothy Keller의 표현대로) 예수님이 앞서 죽음에 치이셨으므로 우리는 단지 죽음의 그림자에 치인다. 불현듯 그림자가 우리를 덮을 때 우리는 놀라고 충격을 받지만, 그럼에도 불구하고 그것은 지나가는 것이다. 사망의 침은 여전히 꽤 아프지만, 이제 그 안에 치명적인 독이 없다(고전15:55). 죽음은 여전히 만만치 않은 대적이지만, 다룰 수 없는 대상도 아닌 것이다.

예수님의 부활과 함께 죽음의 신화 곧 그 권세의 절대성이 무너졌다. 죽음은 더 이상 궁극적인 존재가 아니다. 그러므로 우리 삶의 가치도 제자리를 찾는다. 우리의 인생은 발작하듯 집착할 필요도 짐짓 무심한 척 경멸할 이유도 없다. 모든 숭고함과 비천함을, 모든 즐거움과 고통을, 모든 크고 작은 일을 있는 그대로 받아들이면서 살면 된다(그것이 전도서의 메시지이기도 하다). 삶을 우상처럼 떠받들지도 말고, 반대로 먼지처럼 하찮게 여기지도 말아야 한다.

예수님은 나사로를 살리신 것처럼 자기 자신도 다시 살아나셨다. 무덤 문을 여시려고 무덤에 들어가셨고, 죽음을 이기시려고 죽음의 소굴에 들어가 직접 죽으셨다. 죽음을 이기신 생명의 첫 본보기가 되신 것이다. 예수님은 바로 이 생명 곧 '죽음을 이기신 생명'을 우리에게 주시려고 이 땅에 오셨다. 오직 예수 그리스도께서 먼저 죽음을 통과해야만 성령을 통해 믿는 자들에게 나누어 주실 수 있는 생명이다. 그저 연명하는 생명이 아니라 하나님의 생명, 아니 하나님의 완전하고 복된 삶 자체를 공유할 수 있도록 하셨다.

이토록 엄청난 선물이라니! 하나님께서 그토록 우리를 사랑하시므로 주시는 놀라운 사랑의 선물인 것이다.

하나님 아버지, 우리가 다 우리 죄의 삯으로 언젠가 죽게 될 운명인 것을 기억합니다. 하지만 우리가 살아서 예수님을 믿게 되었으니 영원히 죽지 않을 것을 믿습니다. 또 죽어도 다시 살 것을 믿습니다. 우리 안에 예수님의 생명이 살아 숨 쉬고 있는 것을 믿습니다. 그러므로 우리가 죽음을 두려워하지 않으며 사망 권세에 매여있지 않음을 고백합니다. 선포합니다!

나아가, 아직도 죄와 사망의 권세 아래서 신음하며 종노릇하고 있는 영혼들에게 부활이요 생명이신 예수 그리스도를 증언하는 삶을 살게 하소서. 우리의 입술로 증거하게 하시고, 또한 우리의 매일의 삶으로써 부활의 소망을 증언하게 하옵소서. 그래서 우리 이웃들이 부활이신 예수님께 마음이 이끌리고 생명이신 예수님을 만나는 복이 있게 하옵소서.

부자 청년

영생의 문턱에서 만나다

마19:16-22

나사로를 살리신 후 다시 갈릴리로 돌아가신 예수님은 거기서 겨울을 보내셨다. 그리고 이듬해 봄, 드디어 세상 죄를 지고 가는 어린 양의 소임을 완수하기 위해 유월절에 맞추어 예루살렘으로 마지막 여정을 떠나신다(마19:1). 이 여행길에서 예수님은 많은 사람들을 만나셨는데, 그중에 하나가 바로 부자 청년이다. 이 청년은 아직 청년인데, 벌써 큰 부자였다(눅18:23). 당시의 시대적 정황상 청년이 이렇게 큰 부를 이루려면 필시 집안 자체가 부자였을 거라고 추측할 수 있다. 벤처기업도 없고 주식 투자도 없던 시대이니, 젊은이가 스스로의 힘으로 그런 성공을 거둘 가능성이 거의 없다고 봐도 무방하다.

또 누가복음은 이 청년이 관리였다고 말하는데(눅18:18), 여기 '관리'로 번역된 헬라어 '아르콘'(ἄρχων)은 집권자, 심지어 왕을 가리킬 때도 사용될 수 있는 단어다(막3:22). 그러니까 상당한 고위 공직자였을 것이다.[1] 젊은 나이에 이 정도 고위 공직자라니? 이 역시 청년의 집안이 상당히 유력했다는 것을 뒷받침해 준다.

결론적으로, 만인이 부러워할 만한 청년이다. 남부러울 것이 없는 인생이다. 심지어 성품마저도 좋아 보인다. 이 정도 배경

---

1   물론 지역 회당의 관리 정도였다는 견해도 있지만, 산헤드린 공회의 멤버였을 가능성도 전적으로 배제할 수는 없다.

이야기 열여섯

에 이 정도 지위를 가진 사람이(비록 청년이긴 해도) 예수님께 '달려와서 꿇어앉아' 물었다. 정말 사랑하지 않을 수 없는 청년이다(막 10:21). 그는 체면을 따지지 않고, 사람들 시선 따위 아랑곳하지 않은 채 나아와 예수님께 물었다. 그만큼 진정성 있고 간절한 질문이었다. "선한 선생님이여, 제가 무슨 선한 일을 해야 영생을 얻을 수 있겠습니까?"

청년의 관심사는 바로 영생이었다. 이렇게 젊고 이렇게 탄탄대로의 인생을 살고 있는 청년이 벌써 죽음 이후의 삶에 관심을 보이고 있다. 젊고 건강하고 잘 나갈 때 여간해선 죽음이니 영생이니 영적인 것에 진지한 관심을 갖기가 어려운데 말이다.

그런데 이런 좋은 질문에 대한 예수님의 첫 대답이 좀 까칠하게 느껴진다. **"나더러 선한 선생님이라고? 그런 소리 하지 말아라. 하나님 한 분 말고는 선한 이가 없다. 그리고 영생을 얻고 싶다고? 율법의 계명들을 지키면 될 일이다."**

왜 이리 퉁명스러우신 걸까? 청년의 질문 자체가 크게 잘못됐기 때문이다. 청년의 질문 안에는 '영생은 내 선한 행위들을 통해 획득할 수 있는 것'이라는 전제 혹은 확신이 담겨 있었던 것이다. 그래서 청년은 예수님을 '선한 선생님'이라고 불렀다(막10:17). 그가 보기에 예수님이야말로 선한 분이어서 '영생을 얻을 만한 선한 행위'가 무엇인지 가르쳐줄 수 있는 적격자인 셈이었다. 하지만 예수님은 동의할 수 없었고, 이 마땅찮은 호칭에 태클을 거셨다. "영생을 얻을 만한 선한 행위도 없고, 그렇게 선한 인간도 없다!"

　그럼에도 불구하고 어쨌든 예수님은 청년의 눈높이에 맞춰 나름 답변을 해주신 것이다. "네가 선한 행위들을 통해 영생을 얻고 싶다면, 계명에 있는 선한 행위들을 해라. 이미 잘 알고 있질 않느냐?" 그러면서 십계명 중 제5계명부터 10계명까지를 상기시키셨다.[2] 즉 '다른 사람들과의 관계'에 관한 계명들이다.

　왜 예수님은 '하나님과의 관계'에 관한 계명 곧 제1계명부터 4계명까지는 생략하신 걸까? 그것들은 영생과 무관하기라도 하다는 것일까? 물론 아니다. 사실은 그것들이야말로 영생과 가장 직접적으로 결부되어 있는 것들이라 일부러 극적 효과를 위해 나중에 언급하실 요량이다. 아무튼 뜻밖에 너무 쉬운 문제가 출제되자 청년이 눈을 반짝이며 대답한다. "선생님, 그런 계명들 정도는 제가 어려서부터 지금까지 빈틈없이 지켜오고 있습니다. 그런 것 말고 아직 제가 하지 못한 선한 일이 무엇인지, 그걸 가르쳐 주십시오"

　대단한 자신감이다. 이 말이 과연 진실일까? 그 여부는 조금 있다가 밝혀질 것이다. 이제 드디어 예수님이 정곡을 찌르실 순간이다. "네가 아직 하지 못한 선한 일은 네 재물을 다 팔아서 가난한 사람들에게 나누어 주는 것이다. 할 수 있겠느냐? 한다면 하

2　마가복음에는 십계명에 속하지 않은 "속여 빼앗지 말라"가 포함돼 있다(막 10:19). 이것은 아마도 청년이 큰 부자이기 때문에 예수님이 의도적으로 첨가한 것일 수도 있는데, 어쨌거나 "네 이웃의 소유를 탐내지 말라"고 하는 제 10계명과 본질적으로 같은 맥락이다.

늘의 보화를 얻게 될 테니, 그러고 나서 나를 따라라."

예수님의 이 말씀은 문자적으로 '재물을 다 팔아 구제하는 것'
이 영생의 조건이라는 뜻이 물론 아니다(유대교의 가르침에서도 자
기 전 재산의 최대 1/5까지만 자선으로 내놓을 수 있었다). 예수님은 단지
이 청년이 자신의 재물을 얼마나 사랑하고 있는지 깨닫도록 하시
기 위함이었다. 이 말씀을 듣기 전까지진 사실은 청년 스스로도 그
걸 모르고 있었을 것이다. 자기가 자기의 재물을 얼마나 사랑하
고 얼마나 귀하게 여기는지 말이다.

얼마나 사랑하고 얼마나 귀하게 여기고 있었던 것일까? 청년
은 우문현답을 통해 알게 되었다. 그의 재물이 곧 그의 우상이었
다. 심지어 영생하고도 맞바꿀 수 없을 만큼 사랑하고 귀하게 여
기는 우상. 하나님은 제1계명을 통해 하나님 한 분 외에는 다른
신들을 섬기거나 사랑하지 말라고 하셨는데, 말하자면 이 청년은
가장 중요한 첫째 계명을 어기고 있었던 셈이다. "네가 꼭 선한
행위를 통해 영생을 얻고 싶다면, 그렇다면 '하나님 사랑'이라는
선한 행위를 해라. 네 하나님 사랑의 장애물이 네 재물인 것을 깨
달아라. 그 문제를 해결하고 와서 나를 따라라", 이것이 예수님의
가르침이었던 것이다.

앞서 청년은 자신이 그동안 제5계명부터 제10계명까지 철저
히 지켜왔노라고 장담했었다. 하지만 그것은 착각이었다. 왜냐하
면 이웃 사랑에 대한 계명들을 온전히 준수하는 것은 오직 하나
님 사랑에 대한 계명에 충실할 때 비로소 가능해지는 것이기 때

문이다. 다시 말해 십계명의 첫 번째 돌판과 두 번째 돌판은 비록 물리적으로는 나뉘어 있지만, 그 영적 의미에 있어서는 하나이다. 구별은 가능하지만 분리는 불가능하다. 하나님만을 순전히 사랑해야 이웃을 내 몸처럼 사랑할 수 있다. 첫 번째 계명을 어기면서 나머지 아홉 개의 계명을 지킬 수 있는 간편하고 신박한 방법 따위는 없다. 생각해 보라. 하나님보다 재물을 더 사랑하는 청년이 하물며 이웃을 재물보다(백 번 양보해서 재물만큼이라도) 사랑할 수 있었겠는가?

　(본회퍼의 말처럼) 여기 '완전한 만남'이 있었다. 답을 구하는 청년과 답이 되시는 예수님이 만났다. 이제 남은 것은 예수님의 말씀에 복종하고 그를 따르는 것뿐이다. 하지만 청년은 결국 예수님의 가르침을 받아들이지 못하고 근심하면서 돌아갔다. 얼마나 우울하고 낙심되었을까? 영생의 문턱까지는 왔으나 마지막 고비를 넘지 못하고 그냥 돌아서버린 것이다. 그만큼 재물을 사랑했기 때문이기도 하지만, 다른 한편 영생이 도대체 무엇인지 전혀 감을 잡지 못했기 때문이기도 하다. 청년에게 있어서 영생이란 '지금 이 땅의 모든 조건들이 그대로 유지된 채 그저 시간적으로 영원히 사는 삶' 그 이상도 그 이하도 아니었다. 영생이 고작 그런 것이니 재물을 다 버릴 이유가 없다. 오히려 재물을 많이 보유하고 있어야 영원한 시간을 잘 대비하는 것 아니겠는가? 예수님은 영생을 '하늘의 보화'라고 표현하셨는데, 청년이 보기엔 자기가 소유한 '땅의 보화'가 그것보다 더 가치 있었던 것이다.

어느 시대에나 영생의 문턱까지 왔다가 그냥 돌아가버리는 안타까운 사람들이 있다. 대부분 영생의 진정한 가치를 몰라서 그렇다. 영생이 무엇인가? 예수님은 이후 제자들과의 고별모임에서 기도하시면서 다음과 같이 정의하셨다. **"영생은 곧 유일하신 참 하나님과 그가 보내신 자 예수 그리스도를 아는 것이니이다."**요 17:3

영생은 하나님과 예수 그리스도를 아는 것이다. '하나님께로 갈 수 있는 유일한 길이신 예수 그리스도를 통해서 하나님을 아는 것'이라고 표현할 수도 있다. 그리고 여기서의 앎은 당연히 지적인 차원을 넘어선 경험적인 앎이다. 지적인 깨달음으로부터 시작해서 경험으로 완성되는 앎, 혹은 경험을 통해 알게 된 것이 지적인 차원을 더욱 고양시키는 앎이다. 하나님과 함께 살면서 지극히 친밀하게 하나님을 (말 그대로) 알아가는 것, 그것이 영생이다.

그래서 예수님을 믿고 그와 동행하기 시작한 사람은 이미 영생의 삶을 시작한 사람이다(요6:47 ; 6:54). 그리고 이 영생의 삶은 기존의 육신적 삶으로부터 질적으로 근본적으로 변화된 삶이다. 나 자신을 사랑하는 삶으로부터 하나님을 사랑하는 삶으로의 변화다. 이 놀라운 변화가 중단되지 않고 계속 발전해가도록, 무르익어가도록 끊임없이 우리의 심령 속에서 일하고 격려하고 돕는 분이 바로 성령 하나님이시다.

진정한 그리스도인이라면 누구나 이 질적으로 새로워진 삶 곧 영생의 희열을 이미 이 땅에서 얼마간 누리게 된다. 뿌리 깊고 집요한 자기중심성의 족쇄를 벗어난 삶, 그것이 영생의 본질적인 특징이자 가치이다. 그리고 이 삶이야말로 하나님의 삶의 특징이다. 삼위일체 하나님의 삶의 방식이자 존재의 방식이다. 성부와 성자와 성령 하나님이 각각 전적으로 자기 자신을 제외한 나머지 두 위격의 하나님을 삶의 중심에 놓는 것이다.

성부 하나님의 삶의 중심은 성자와 성령 하나님이시다. 성자 하나님의 삶의 중심은 성부와 성령 하나님이시다. 성령 하나님의 삶의 중심은? 물론 성부와 성자 하나님이시다.[3] 삼위일체 하나님의 세 위격 각각에게는 이기적인 자기애가 전혀 없다. 실로 자신의 모든 것을 나머지 두 위격에게 아낌없이 쏟아 내어준다.

세 위격이 온전히 서로를 섬기며 사랑하며 즐거워하는 것, 이것이 바로 하나님의 삶의 방식이고 예수 그리스도를 믿는 자들에게 나누어 주시는 하나님의 생명이다. 영생은 이 삶의 방식으로 사는 것이고, 이 생명의 특징을 누리며 발산하며 사는 것이다. 물론 시간적으로도 영원히.

한 가지 더 희소식이 있는데, 그것은 우리 몸도 엄청난 질적 변

---

3 정교회 신학자 존 지지울러스John D. Zizioulas가 하나님을 '친교로서의 존재'(Being as communion)라고 표현하는 것처럼, 서로 자유로이 사랑의 친교를 나누는 세 위격의 관계성 혹은 행위 자체가 하나님의 본질이다. 물론 그럼에도 불구하고 성부는 성자를 '낳고' 성령을 '내쉼으로써' 삼위일체 하나님이라는 존재를 구성하시는 원리(principle)이자 원인(cause)이시다. 즉 성부 하나님의 인격(the person of the Father)만이 하나님을 삼위일체 하나님 되게 만들고, 하나님의 고유한 실체가 존재하게 한다.

화를 겪게 된다는 것이다. 영화 <아바타>Avatar에서 하반신이 마비된 전직 해병 대원 제이크 설리가 처음 아바타에 접속했을 때 느꼈던 환희를 떠올려 보라. 그는 장애를 떨쳐 버렸고, 더 커졌고 더 강해졌고 더 빨라졌다(심미적인 부분이야 호불호가 좀 갈리겠지만 말이다).

이처럼 놀라운 변화가 우리를 기다리고 있다. 영화가 묘사하고 상상할 수 있는 것과 감히 비교할 수도 없는 '큰 변화'가 우리의 몸에 일어난다. 우리 몸은 이제 더 이상 약해지거나 병들거나 하지 않는다. 물론 아프거나 죽거나 썩을 일도 없다. 몸 때문에 겪는 이런 저런 민망함이나 좌절이나 부끄러움도 없다. 우리는 우리의 새 몸이 매 순간 무척 아름답고 영광스럽다고만 느끼며 뿌듯해하며 매우 만족하며 살게 될 것이다. 양손 엄지손가락을 치켜세우며, 영원토록!(고전15:42-44).

이것이 하늘의 보화 곧 영생이다. 놀랍도록 아름답고 탁월하게 변화된 새 몸을 입고 하나님과 동료 천국 시민들을 전심으로 즐거이 사랑하며 영원토록 사는 삶. 자기중심성이라는 마음의 감옥에서 해방되고 죄가 주는 영혼의 스트레스로부터 온전히 자유하게 되는 삶. 거기에 사자와 어린 양이 함께 뒹굴며 뛰놀고 가장 자연다운 자연, 전율할 만큼 압도적인 자연이 늘 함께 하는 삶, 바로 영생이다.

예수님을 만난다는 것은 이 엄청난 영생의 문턱에 서는 것이다. 예수님을 믿고 그분께 삶을 맡기면, 감사하게도 이 문턱을 넘게 된다. 반대로 예수님을 거부하면, 너무나 안타깝게도 영생의 문턱에서 돌아서게 된다. 예수님의 손을 잡고 그분의 제자가 되어 그가 이끄시는 대로 그저 발걸음을 옮기면 되는데 말이다.

예수님을 따라 길을 떠나지 못할 만큼 아끼고 사랑하는 것이 있는지 돌아볼 일이다. 영생의 가치를 제대로 보지 못하도록 내 눈을 어둡게 하는 그 무엇이 있는지 생각해 보아야 한다. 오늘 부자 청년처럼 재물인가? 아마도 많은 사람이 이에 해당될 것이다. 재물은 사실상 예수님이 인정하신 유일한 하나님의 경쟁신(rival god) 아니던가?(마6:24).

하지만 재물로부터는 자유하다고 해서 마음을 놓아서는 안 된다. 우리에게는 가히 우리 자신의 욕망과 취향과 두려움의 종류만큼이나 많은 전형적 혹은 비전형적 우상이 존재하기 때문이다. 본래는 하나님이 우리의 유익과 즐거움을 위해 주신 선물이었던 것들인데, 어느 순간 우리는 그 선물들을 하나님이 질투하시는 다른 하나님으로 섬긴다. 참으로, 그것이 무엇이든 하나님 한 분만을 진실하게 사랑하지 못하도록 막는 장애물이 있다면, 그것이 바로 우상이고 영생의 걸림돌이다.

그런 의미에서 이 이야기는 본질상 돈에 관한 이야기가 아니라고도 말할 수 있다. 오히려 우리의 마음이 온전해지는 것을 방해하는 모든 것에 관한 이야기다. 예수님은 청년에게 **"네가 온전하고자 할진대…"**라고 말씀하시면서 그가 궁극적으로 지향해야 할 삶의 방향성을 일러 주셨다(마19:21). 온전함, 이것은 도적적 완전함perfection을 가리키는 것이 아니라 마음의 하나됨 wholeness을 의미한다. 쉽게 말해, 하나님을 향한 '나뉘지 않은 마음'이다.

이 시간 생각해 보자. 지금 나의 마음은 여러 개로 나뉘어 있는가, 아니면 순수하게 하나로 통합되어 있는가? 하나님을 향한 사랑과 헌신, 쪼개져 있는가 아닌가? 쪼개져 있다면 과연 무엇이 내 마음을 그렇게 조각 조각 부셔 놓았는가?

하나님보다 은밀히 더 사랑하고 더 의지하는 것, 그것만은 하나님이 안 건드리셨으면 하는 것, 그것 때문에 내 인생이 안전하다고 믿는 것, 그것 없으면 내 삶은 무의미하고 낙이 없다고 느끼는 것, 그것 없으면 나는 망했다고 생각하는 것, 바로 그 우상의 얼굴을 깊고 어두운 마음의 우물 속에서 끌어내 보라.

하나님 아버지, 우리 중에 그 누구라도 오늘 부자 청년처럼 영생의 문턱까지 왔다가 그냥 돌아가버리는 사람이 없게 하소서. 그것이 재물이든 명예든 쾌락이든, 그 무엇이든 하나님보다 더 사랑하는 것이 없게 하소서.

우리의 눈을 열어 영생의 가치를 바로 보게 하소서. 하나님의 온전하고 복된 삶에 동참하고 하나님의 생명을 누리며 발산하며 하나님과 더불어 영원토록 즐거이 사는 삶, 이 영생의 가치에 눈 뜨게 하소서. 이 값을 매길 수 없는 귀한 선물에 우리의 마음을 두고 살게 하소서.

특별히 돈과 재물이 우리의 마음을 빼앗지 못하게 하소서. 돈과 함께 살되, 돈을 경계하면서 살게 하소서. 돈을 사랑하지 말고, 그저 필요에 따라 선용하면서 살게 하소서. 돈을 목적이 아닌 수단으로서 건강하게 활용하며 살게 해주소서.

나
무
위
에
서
만
나
다

녹19:1-10

부자 청년은 영생의 코앞까지 왔다가 마지막 문턱을 넘지 못하고 심히 근심하며 돌아갔다(눅18:23). 자기 손 안에 있는 재물이 막연해 보이는 영생보다 더 가치 있다고 느껴졌기 때문이다(얼마나 현실주의적인가!). 예수님은 멀어져 가는 청년의 뒷모습을 바라보면서 제자들에게 말씀하셨다. **"잘 봐 두어라. 부자가 하나님의 나라에 들어가기가 이렇게나 어렵다. 차라리 낙타가 바늘귀를 통과하는 것이 더 쉬울 것이다."**눅18:24-25

제자들은 당황스러웠다. 기존 유대인의 신학과 사회적인 통념에 의하면 부는 오히려 하나님이 주시는 복의 상징이었기 때문이다(신28:11-12). "아니 그렇다면(하나님께 복받은 증거를 통장에 확실하게 가지고 있는 사람도 구원을 받을 수 없다면) 누가 구원을 받을 수 있다는 말씀이십니까?" 제자들이 이렇게 묻는 것도 무리가 아니었다. 예수님은 놀란 제자들에게 다시 이렇게 말씀하셨다. **"물론 사람의 힘으로는 불가능하다. 하지만 하나님은 이것까지도 가능하시다."**눅18:27

예수님의 말씀처럼, 부자가 천국 가는 것은 몹시 어려운 일이다. 물론 불가능하지는 않다. 하지만 말 그대로 지극히 어려운 일이다. 대체 재물의 본질이 무엇이길래 그럴까? 재물 혹은 돈이야말로 우리가 하나님을 사랑하는 데 있어서 가장 보편적이고도 강력한 장애물이기 때문이다. 생각해 보라. 돈이 인간에게 갖는 실

　　　　　　　　　이야기 열일곱

제적인 의미가 무엇인가?

돈은 인간에게 있어서 '자아의 요구에 가장 충실히 부응하는 수단 혹은 매체'이다. 내 자아가 무엇을 욕망하든, 돈은 (충분히만 있다면) 바로 그것을(최소한 그와 유사한 것이라도) 소유하거나 경험하게 해 준다. 오늘날처럼 고도로 자본주의화되어 있는 사회에서는 더욱, 참으로 그렇다. 정말로 돈이면 안 되는 것이 드물다. 그래서 궁극적으로 돈과 인간의 자아는 사실상 하나인 것처럼 결합된다. 돈은 (철학적으로 그리고 실제적으로) 자아의 확장이다. 돈을 얻으면 자아는 부풀어 오르고, 돈을 잃으면 자아는 위축된다. 나아가, 돈을 많이 가진 사람은 자연스럽게 자기를 주장하기에 이른다. 부자가 천국 가기 어려운 것은 바로 그런 이유에서이다. 돈이 많으면 자기를 주장하는 습관, 그런 의식, 그런 영을 갖기가 쉽고 반면에 천국은 그런 영을 가진 사람들에게 문을 열어주지 않는다.

천국은 자기를 주장하지 않고 자기를 부인하는 사람들이 모여 사는 곳이다. 자기 안에는 천국에 올 만한 어떤 선함도 사실상 없음을 인정하는 사람들이 오는 곳이다. 자기 의와 자기중심성을 온전히 탈피해서 철저하게 하나님과 타자 중심으로 사는 곳이다. 이 도시의 한 가운데에서 사람들과 함께 거주하실 삼위일체 하나님의 삶의 방식이자 천국의 라이프 스타일이다.

설령 부자들이 남의 분양권을 거액에 매입하여 천국에 입주한다고 해도(물론 그럴 수 없지만), 그들이 그런 영을 버리지 않는 한 스스로 이 새로운 도시의 삶을 못 견뎌할 것이다. C. S. 루이스C. S. Lewis가 『천국과 지옥의 이혼』The Great Divorce에서 묘사하고 있는 버림받은 자들의 모습이 정확히 그와 같다. 그들에게는 천국을 향하여 길을 떠날 수 있는 마지막 기회가 주어지지만 그들 스스로 천국을 원하지 않는다. 이유도 제각각인데, 한 마디로 그 정신을 표현하자면 '천국에서 섬기느니 차라리 지옥에서 지배하는 편이 낫다'는 오기와 자기 집착이다. 내 뜻대로 되지 않는 천국이라면 천국이 아니니 차라리 지옥에 남겠다는 것이다.

부자와 천국은 그만큼이나 서로 어울리지 않는다. 하지만 역시 예수님의 말씀처럼, 부자가 천국에 들어가는 것이 아예 불가능한 것은 아니다. 예수님은 예루살렘 입성 직전 마지막 여정 중 여리고에서 삭개오를 만나셨는데, 이 만남은 하나님께서 어떻게 이 지극히 어려운 일을 가능하게 하시는지 보여주는 더할 나위 없이 좋은 예다.

삭개오는 상당한 부자였다. 또한 그의 부는 (부자 청년과는 다르게) 삭개오 스스로 일군 것이었다. 거의 틀림없이 그의 직업이 견인차 역할을 했을 것이다. 삭개오는 여리고의 세리장이었다. 그렇다고 해서 공무원이나 관리였던 것은 아니다. 그는 일종의 개인 사업자로서 로마제국의 세금 징수업을 대행해 주는 비즈니스를 하고 있었다.[1] 로마 당국이 특정 지역에 대한 총 세금액을 통

---

1 공식적으로는 '조세 임차인'이라고 한다.

보하면, 삭개오와 같은 사업자들이 세금을 징수해 할당액을 갖다 바친다. 로마는 이 대행자들이 징수를 수월하게 할 수 있도록 관원과 군인들을 파견해주기는 했지만, 따로 수고비를 지급하지는 않았다. 그래서 세리들은 최대한 동포들로부터 징수 아니 사실상 착취하려는 유혹을 받을 수밖에 없었다(눅3:12-13). 많이 거둘수록 자기 몫이 많이 남으니 말이다. 아마 삭개오도 크게 다르지 않았을 것이다. 게다가 여리고는 이스라엘 제 2의 도시로서 인구도 넘쳤고, 상업과 물류의 중심지여서 징수할 세액 자체가 많았다. 그러니 이런 도시에서 거대 회계법인을 운영하는 삭개오가 부자가 아니었다면 그것이 더 이상한 일일 것이다.

어쨌든 삭개오는 굉장한 부자였고, 동료 유대인들은 당연히 그를 미워했다. 삭개오가 외세인 로마의 부역자였기 때문만은 아니다. 당시의 평범한 유대 백성들에게 있어서 조세는 기본적으로 매우 과중한 부담이었는데,[2] 세리들은 이 부담 위에 부담을 한층 더하는 존재들이었기 때문이다. 사실상 그는 이방인 취급을 받고 있었다. 나중에 예수님은 그에 대해 **"이 사람도 아브라함의 자손이다!"**라고 회복 선언을 해주셨는데(눅19:9), 이 말인즉 그동안 삭개오가 아브라함을 시조로 하는 이스라엘의 친족 공동체로부터

2 　기본적인 직접·간접세(인두세, 토지세, 소금세와 각종 판매세 등)는 물론이고 종교세 (십일조, 성전세 등)와 관세에 이르기까지 당시 유대의 평민들은 '참을 수 없는 세금의 무거움'에 짓눌려 살아가고 있었다. 누가복음에도 기록된 호구조사는 기본적으로 이와 같은 세금의 징수를 위한 강압적인 자료 조사의 성격이 짙었고, 갈릴리의 유다는 바로 이 문제로 반란을 일으키기도 했다.

내놓은 자식과도 같았다는 뜻이다. 아마도 삭개오와 친밀하게 지내는 이웃은 거의 없었을 것이다. 돈은 많았지만 사람들로부터 따돌림받고 심지어 키도 평균치를 한참 밑돌았던 남자, 버려진 자식, 그가 바로 삭개오였다. 그래서 (좀 넘겨짚어 보자면) 아마 자존감이 상당히 낮았을 테고, 행복지수도 그리 높지 않았을 것이다.

그런 삭개오에게 어느 날, 유명한 랍비이자 대중의 우상인 예수가 여리고를 지나간다는 소식이 들렸다. 듣자 하니 이번에 그가 예루살렘에 올라가면 뭔가 한판 크게 벌어질 것 같다고 한다. 호기심이 강하게 발동했다. 삭개오는 예수를 꼭 한 번 보고 싶었다. 만나보고도 싶었지만, 그건 언감생심이었다. 저런 유명 랍비가 창녀만큼이나 죄인 취급받는 자신을 만나줄 리가 없질 않는가? 그냥 멀리서 얼굴이나 한 번 보고 오자 싶었다.

하지만 그것도 쉬운 일은 아니었다. 민족 반역자로 낙인찍혀 있는 자기 같은 인물이 섣불리 군중 속에 섞였다간 쥐도 새도 모르게 시카리파의 칼에 암살당할 수도 있었기 때문이다.[3] 또 무엇

---

3   요세푸스에 의하면, 시카리파들은 대낮에 도시 한복판에서 (명절에 운집한) 인파들 사이에서 살인을 저지르고는 태연히 시치미를 떼는 자들이었다. 시카리파를 열심당의 한 분파로 보기도 하지만 엄밀히 말하면 이 둘은 구분된다. 시카리파 역시 크게 보면 반로마 반란 집단이고 기득권 지배 계층의 와해를 의도했지만, 그들의 실질적인 공격 목표는 주로 같은 민족인 유대인 중에서 권력 계층인 대제사장들과 사두개인들 그리고 최상위 부자들이었다. 반면 열심당은 초기에 시카리파와 연대하기도 했지만 기본적으로 그들보다 좀 더 조직적이고 정치적으로도 훨씬 더 급진적이었다. 시골 출신의 제사장들이 주축을 이루고 있었고, 궁극적으로 성전의 정결함의 회복을 목표로 삼았다.

보다도 키가 너무 작아서 뭔가 특별한 수를 내지 않는 한 사람들 어깨 너머로 예수의 얼굴을 볼 수 없을 것이 뻔했다.

아무리 생각해도 방법이 없었다. 마침내 예수께서 여리고에 들어오시는 날이었다. 삭개오는 일단 밖으로 나가 예수 일행이 지나가는 길로 향했다. 예상했던 대로 벌써 많은 인파가 몰려 있었다. 사람들이 에워싸고 있는 저 한 가운데에 예수가 있는 것이 분명했다. 하지만 역시나 삭개오의 시야에 예수의 모습은 들어오지 않았다. 삭개오는 낙심했다. 그렇다고 그냥 이대로 돌아가고 싶지는 않았다. 왠지 오늘 이 랍비 혹은 선지자를 보지 못하면 평생 후회할 것 같았다. 그때 삭개오의 머릿속에 섬광처럼 아이디어 하나가 떠올랐다. "그래, 앞질러 가서 나무 위에서 보자!" 삭개오는 급히 달음질쳐 예수 일행이 지나갈 길 주변에 있는 돌무화과나무 위에 올라갔다.[4] 종려나무들도 많았지만 돌무화과나무가 야트막해서 올라가기 편했던 까닭이다. 게다가 잎들도 넓어서 은신하기에도 좋으니 금상첨화였다.

잠시 후, 군중에 둘러싸인 예수 일행이 삭개오가 올라가 있는 나무 근처에 다다랐다. "아, 저 이가 예수구나." 삭개오는 뚫어져라 예수를 쳐다보았다. 그런데 그 순간, 예수의 얼굴이 자기 쪽을 향하는 것이 아닌가! 예수님은 슬쩍 미소 지으며 다정한 목소리

---

4   사람들 앞에서 달리는 것, 그리고 나무 위에 올라가는 것 모두 중동의 어른들은 어지간해선 하지 않는 행동들이다, 특히나 삭개오처럼 부유하거나 혹은 권력과 명예가 있는 남성이라면 더더욱 그렇다.

로 말했다. "삭개오야, 어서 내려와라. 오늘 네 집에서 하룻밤 신세 좀 져야겠다."

삭개오는 너무 놀라 하마터면 나무에서 떨어질 뻔했다. "아니 어떻게 내 이름을 알고 계시는 거지?" 하지만 지금 그게 중요한 게 아니었다. 누군가 자기 이름을 이렇게 친근하게 불러준 적이 언제였던가? 더군다나 뭇 백성의 사랑과 존경을 받는 랍비가 많은 사람들 앞에서!

삭개오의 가슴이 뛰기 시작했다. 재빨리 나무에서 내려와 예수님께로 달려갔다. "이쪽으로 오시지요. 제가 모시겠습니다." 삭개오는 너무나 즐거웠다. 실로 얼마만에 이런 감정을 느껴보는 것인지 모를 지경이었다. 하지만 지켜보는 사람들의 마음은 급격하게 불편해졌다. "애초에 여리고에서 묵지 않겠다고 할 때는 언제고,[5] 이제 와서 갑자기 그것도 기껏 저런 죄인의 집에서 하룻밤을 지내겠다니. 며칠 후면 유월절인데 부정해져도 괜찮다는 건가? 그것도 메시아라는 사람이?"

그들의 수군거림에도 아랑곳하지 않고 예수님은 죄인 삭개오의 집에 들어가셨다. 그리고 얼마간의 시간이 흐른 후, 삭개오는 갑자기 자리에서 일어나 중대발표를 하기에 이른다. "주여, 보십시오! 제 모든 소유의 절반을 가난한 사람들에게 나누어 주겠습

---

5   예수님은 여리고로 들어가 특별히 시간을 지체하지 않고 그냥 그 성읍을 지나가셨다(눅19:1). 삭개오가 올라가 있었던 돌무화과나무는 필경 여리고 성 밖에 (예루살렘으로 향하는 길에) 심겨져 있었던 것들일 것이다.

니다! 그리고 제가 혹시 누구의 것을 사기쳐 빼앗은 일이 있다면 네 배로 갚겠습니다!"

삭개오의 집에서 대체 무슨 일이 있었던 것일까? 예수님이 그러라고 삭개오를 설득하셨을까? 내가 어렵게 죄인인 네 집에 들어왔으니 너도 뭔가 성의 표시를 해야 된다고 압박하셨을까? 부자 청년에게 하셨던 것 같은 말씀을 그에게도 하셨을까? 그런 증거나 암시는 전혀 없다. 다만 예수님과 삭개오가 함께 먹고 마시는 친밀한 교제의 시간이 있었을 뿐이다. 다시 말해, 삭개오가 회심한 이유는 아니 그의 변화가 시작된 이유는 무엇보다도 그가 예수님의 인격을 몸소 접하고 예수님과 친밀한 시간을 다소간 보냈기 때문이다. 예수님의 인격에서 흘러나오는 따뜻한 온기가 삭개오의 마음을 녹였기 때문이다. 예수님과의 즐겁고 은혜로운 만남이 많은 재물로도 전혀 채울 수 없었던 삭개오의 텅 빈 마음을 뿌듯하게 채워준 것이다.

이런 충만한 기쁨이라니! 이것은 그동안 삭개오가 살면서 재물이나 그 무엇으로도 결코 가져보지 못한, 완전히 다른 차원의 기쁨이었다. "앞으로도 이런 기쁨을 누리면서 살고 싶다!" 예수님의 인격을 직접 접했을 때 부어진 은혜의 힘이 삭개오의 마음 속 깊이 숨어 있었던 하나님을 향한 갈망을 일깨운 것이다. 예수님과의 인격적 애착이 일그러진 자아상을 갖고 있었던 이 작달막한 중년 사내의 마음을 난데없이 힘차게 두들겼던 것이다. 한껏 마음의 배가 불려진 삭개오의 선언을 보라. 그는 율법의 요구[6]를 훌쩍 뛰어넘는 네 배의 보상 나아가 소유의 절반에 대한 사회 환원을 약속했다. 이렇듯, 오직 예수님과의 즐거운 만남만이 계명에 대한 문자적 순종을 넘어 그 속에 담긴 하나님의 뜻에 넘치도록 부응할 수 있는 동력을 제공해 줄 수 있다. 예수님의 은혜에 녹아내린 마음만이 진정한 변화에 시동을 걸 수 있는 것이다.

이렇게 여리고의 유명하고도 거대한 낙타 한 마리가 좁디좁은 바늘귀를 통과하게 되었다. 사회적인 제도로 할 수 없었던 것이, 통렬한 도덕적 훈계로 불가능했던 것이 예수님과의 인격적인 만남을 통해 가능하게 되었다. 삭개오가 보여 주듯이, 부자도 천국에 갈 수 있다. 새 하늘과 새 땅, 거룩하고 즐거운 도시 새 예루살렘의 입주민이 될 수 있다. 단, 예수님을 인격적으로 만나야 한다. 예수님과의 도탑고도 인격적인 사귐이 주는 안전감과 영혼의 기쁨을 누려야 한다. 예수님께 받아들여졌다는 기쁨이다. 나 같은 죄인도 예수님께 사랑받을 수 있다는 놀라운 기쁨이다. 도대체 그 기쁨의 맛이 무엇인지 경험해보아야 한다. 그 차원이 다른 기쁨으로 내 마음의 잔이 채워져야 한다.

6　율법은 원금에다 오분의 일 곧 20%를 더해서 보상할 것을 요구한다. 즉 120%의 보상이 모세의 계명이다(민5:7). 반면에 오늘 삭개오는 400%의 파격적인 보상을 약속하고 있는 셈이다.

궁극적으로 우리의 자아가 하나님의 사랑과 예수 그리스도의 은혜와 성령의 힘에 사로잡혀 있으면 된다. 진짜 은혜를 아는 사람은 돈도 은혜롭게 쓴다. 우리가 받은 은혜의 최고봉이 영생인 것을 안다. 이 값을 매길 수 없는 영생을 약속받았고 또 실제로도 조금 맛보아 그 가치를 알고 있으니, '영생의 그림자에 불과한 것들을 소유하는 수단에 불과한 돈'에 매이지 않는다. 돈을 우리의 주인이 아닌 유익한 종으로서 자유롭게 부리면서 살 수 있는 것이다.

예수님을 만난 후의 삭개오가 그러했던 것처럼.

하나님 아버지. 우리도 삭개오처럼 예수님을 인격적으로 만나기를 원합니다. 예수님과 지극히 친밀한 사귐을 갖기 원합니다. 그 사귐이 주는 영혼의 기쁨을 맛보아 알게 하옵소서. 그 차원이 다른 질 높은 기쁨으로 마음의 잔을 가득 채워주소서.

예수님의 인격에서 흘러나오는 따뜻한 온기와 사랑스러움으로 우리의 마음을 녹여주소서. 상처받은 마음을 녹여주시고 치유받게 하소서. 외로운 마음을 녹여주시고 위로받게 하소서. 탐욕으로 지친 마음을 녹여주시고 마음의 배가 부르게 하소서. 차갑고 비정한 마음을 녹여주셔서 따뜻한 사랑의 사람이 되게 하소서.

죄를 회개하게 하시고, 이제부터 새로운 삶을 살게 하소서. 오직 예수님을 만남으로, 그 은혜의 힘으로 전혀 새로운 피조물이 되게 하옵소서.

밤에
만나
다

요3:1-21

길 위에서 부자 청년과 삭개오를 만나신 후, 예수님은 유월절에 맞추어 예루살렘에 입성해서[1] 여러 표적들을 더 행하셨다(요 2:23). 지난 3년 동안 꾸준히 고조되어 왔던 예수님의 명성은 한껏 부풀어 오른 풍선처럼 이제 최고조에 이르게 되었다. (좀 과장하자면) 예루살렘의 모든 눈들이 예수님을 주시하게 되었다. 많은 사람들이 표적들로 인해 더욱 예수님께 관심을 갖게 되었고, 주목하게 되었고, 그리고 믿게 되었다.

니고데모는 바로 그런 사람들 중의 한 명이었다. 니고데모에게 인상적이었던 것은 역시 표적이었다. 예수님이 행하시는 표적을 보니 예수님은 틀림없이 (그 실체를 정확히 알 수는 없어도) 뭔가 비범한 존재였다. 최소한 구약 시대의 엘리야처럼 하나님께서 보내셨기 때문에 이적을 행할 수 있는 진짜 선지자급의 인물이었다. 그래서 니고데모는 그 실체를 좀 더 알아보고자 '밤에' 예수님께로 왔다(요3:2). 그는 바리새인으로서 산헤드린 공회의 멤버인 유대인의 지도자였다(요3:1). 이스라엘 전체 인구 중에서 단 71명에 해당

---

1 이것이 예수님의 세 번째 예루살렘 방문이었던 것 같다. 공관복음서는 예수님이 그의 공생애 기간 중에 딱 한 번 예루살렘에 들어가셨던 것처럼 묘사하지만, 요한복음을 보면 세 번(혹은 네 번)에 이른다. 오늘날 일반적으로 예수님의 공생애를 3년으로 간주하는 것도 이 때문이다. 아무튼 공관복음서는 그중에 아마도 세 번째 방문만을 기록한 것으로 보이고, 유명한 '성전 청결 사건'은 바로 이 마지막 방문 때에 있었던 것으로 여겨진다.

이야기 열여덟

하는 유력자이니 사람들 눈을 피해 올 수밖에 없었을 것이다.[2]

어쨌든 니고데모는 나름 쉽지 않은 발걸음을 했고(바리새인들을 대표해서 왔는지도 모를 일이다), 그의 신분에 걸맞게 품위 있는 인사말을 예수님께 던진다. "랍비여… 하나님이 함께 하시지 아니하시면 당신이 행하시는 이 표적을 아무도 할 수 없음이니이다." 요3:2 니고데모는 짐짓 예수님을 높여 드리며 자신의 주 관심사가 역시 표적임을 드러냈다. 그런데 예수님의 대답은 전혀 표적과 상관없는 하나님의 나라에 관한 것이었다. 좀 더 구체적으로, 하나님의 나라를 보는 것과 관련된 것이었다(요3:3). 뒤에서는, 하나님의 나라에 들어가는 것에 대해 말씀하신다(요3:5).

예수님과 우리의 만남은 많은 경우 이런 식으로 진행된다. 우리는 늘 표적에 마음을 둔다. 물론 예수님께 관심이 있어 예수님을 만나기 원하지만, 좀 더 속내를 깊이 들여다보면 예수님께서 내 인생에 행하시는 표적이 있느냐 없느냐가 가장 중요한 이슈다.

---

2 그럼에도 불구하고 (일반적으로) 요한복음의 저자는 이 '밤에'라는 표현을 통해 은근히 니고데모의 영적인 어둠을 암시하고 있는 것으로 해석된다. 가룟 유다가 끝내 회개하기를 거부하고 최후의 만찬 자리를 떠났을 때 이렇게 묘사하고 있는 것도 비슷한 뉘앙스를 풍긴다. "유다가 그 조각을 받고 곧 나가니 밤이러라." 요13:30 더불어 요한의 이와 같은 상징주의의 기원이 예수님께 있다는 것도 기억할 만하다. "예수께서 이르시되 아직 잠시 동안 빛이 너희 중에 있으니 빛이 있을 동안에 다녀 어둠에 붙잡히지 않게 하라 어둠에 다니는 자는 그 가는 곳을 알지 못하느니라 너희에게 아직 빛이 있을 동안에 빛을 믿으라 그리하면 빛의 아들이 되리라." 요12:35-36

뭔가 짜릿한 영적인 체험, 뭔가 기적적인 성취의 경험, 남들이 다 인정할 만한 하나님의 역사, 그런 것들을 기대하며 예수님께 온다. '밤에' 오는 것이다. 물론 운 좋게 기대가 충족되기도 한다. 하지만 더 운이 좋은 사람은 오늘 니고데모가 들었던 것과 같은 예수님의 동문서답을 듣게 된다. 인생의 가장 중요한 문제는 표적의 문제가 아니라는 대답이다. 가장 중요한 문제, 누구나 한 번쯤은 철두철미하게 생각해 보고 점검해 봐야 하는 문제, 그것은 '내가 과연 지금 하나님의 나라를 보고 있느냐'다. 나아가 '하나님의 나라에 들어갈 수 있느냐' 하는 것이다.

이런 도전은 일찍 받을수록 좋다. 그만큼 우리의 영적 성장의 여정에서 시간 낭비를 줄일 수 있기 때문이다. 일찍 영안이 열려 하나님의 나라의 그 영적인 실체를 볼 수 있어야 한다. 하나님의 나라에 들어가는 것은 그런 연후에나 가능한 일이기 때문이다.

그렇다면 어떻게 해야 하나님의 나라를 보고, 또 들어갈 수 있을까? 예수님은 '위로부터' 나야[3] 한다고 말씀하신다. '아래로부터'가 아니다. 인간 자신 안에 있는 자질들을 아무리 샅샅이 뒤져 보아도 답이 없고, 땅 위에 존재하는 어떤 자원으로부터도 도움을 기대할 수가 없다는 뜻이다. 인간은 압도적인 죄의 권력에 짓

---

[3] 개역개정성경에서 '거듭'으로 번역된 헬라어 단어는 '아노덴'(ἄνωθεν)인데, 이는 문자적으로 '위로부터'의 의미이며 유추적으로 '거듭', '처음부터 다시'의 의미를 갖는다. 그러므로 이 부분을 '거듭나지 아니하면'(요3:3)으로 번역한 것은 문법적으로 틀린 것은 아니지만 문맥적으로 틀린 것이며, (예수님의 의도가 아니라) 니고데모의 오해를 반영하고 있다고 볼 수 있다.

눌려 있어서 너무나 무기력한 상태이므로 도무지 '아래' 곧 인간 편에서는 희망의 빛이 보이지 않고, 대신에 저 '위' 곧 하나님 편에만 소망이 있다는 것이다. 하지만 니고데모는 이것을 물리적으로 다시 태어나는 것으로 이해했고, 당혹감과 충격을 느꼈다. 그래서 그는 예수님께 이렇게 묻는다. "제가 이렇게 나이 들었는데 어떻게 다시 태어날 수 있습니까? 어떻게 어머니 뱃속에 다시 들어갔다 나올 수 있다는 말씀입니까?"

예수님은 다시 이렇게 말씀하신다. "육으로 난 것은 육이요 영으로 난 것은 영이다. 내가 지금 너에게 말하는 '위로부터의 남'은 육적인 것을 말하는 것이 아니라 영적인 거듭남을 말하는 것이다. 그리고 이 위로부터의 영적인 거듭남은 물과 성령으로만 가능하다."

그러자 니고데모는 또 한 번 예수님께 묻는다. "어찌 그러한 일이 있을 수 있나이까?" 이 질문은 액면 그대로는 '그러면 위로부터의 영적인 거듭남을 가져다주는 물과 성령은 또 어떻게 가능합니까?'의 의미일 수 있다. 하지만 뉘앙스에 따라 '위로부터의 영적인 거듭남 같은 것에 대해서는 들어본 일이 없습니다'로 들리기도 한다. 아마도 그래서 예수님도 이렇게 대꾸하신 것 같다. "네가 명색이 이스라엘을 대표하는 말씀 선생이면서 그런 것도 모른단 말이냐?"

니고데모가 몰랐던 말씀은 어떤 것일까? 구약성경 여러 곳에 위로부터의 영적인 거듭남에 관한 말씀들이 흩어져 있지만, 역시

대표적인 것은 에스겔 선지자의 다음과 같은 말씀일 것이다.

"맑은 물을 너희에게 뿌려서 너희로 정결하게 하되 곧 너희 모든 더러운 것에서와 모든 우상 숭배에서 너희를 정결하게 할 것이며 또 새 영을 너희 속에 두고 새 마음을 너희에게 주되 너희 육신에서 굳은 마음을 제거하고 부드러운 마음을 줄 것이며 또 내 영을 너희 속에 두어 너희로 내 율례를 행하게 하리니 너희가 내 규례를 지켜 행할지라."겔36:25-27

여기에 위로부터의 영적인 거듭남에 대한 선명한 비전이 담겨 있다. 인간은 절대 스스로의 힘으로는 영적으로 거듭날 수 없다. 인간의 영은 너무 망가져 있어서 수선한다고 해서 새 것이 되지 않는다. 새 것이 되기는커녕 여기저기 덕지덕지 손 댄 자국으로 인해 더 괴상한 존재가 되고 만다. 인간은 내버려두면 절대로 하나님과 이웃들을 먼저 사랑할 수가 없다. 그럴 의욕도 없고, 의욕은 있을지라도 능력이 없다. 인간은 자연적으로는 평생 자기 자신의 욕망과 안위를 위해 급급하다가 결국 만족하지 못하고 씩씩거리며 생을 마치는 존재다. 하이델베르크 교리문답 제 5문의 답이 말하는 것처럼, 우리는 본성적으로 하나님과 이웃들을 미워하는 성향이 있을 뿐이다.[4]

---

4 문. 당신은 이 모든 것을 온전히 지킬 수 있습니까?
   답. 결코 지킬 수 없습니다. 왜냐하면 저에게는 본성적으로 하나님과 이웃을 미워하는 성향이 있기 때문입니다.

오직 하나님이 새 영을 넣어 주셔야 인간은 새로운 영적 존재가 된다. 성령이 우리의 마음 밭을 아주 깊게 갈아엎어 주셔야만 새로운 씨앗이 심어진다. 땅 위의 어떤 능력이나 자원도 인간을 전적으로 새롭게 하지 못한다. 새로운 생명은 오직 위에 계신 하나님으로부터 내려와서 인간에게 부어지는 것이다. 인간은 그제서야 돌처럼 굳은 마음이 살처럼 부드러워지고 하나님과 이웃들을 먼저 사랑할 수 있는 영혼의 신세계에 발을 들여놓을 수 있다.

　　니고데모를 책망하신 예수님은 이제 그를 한 걸음 더 핵심으로 이끌어들이신다. 핵심은, 모세가 그 옛날 광야에서 뱀을 든 것같이 예수님 자신이 십자가에 달려 들려야 한다는 것이다. 예수님 자신의 십자가 죽음을 통해서만 인간의 더럽고 무거운 죄책이 씻어지는 것과 성령으로 다시 태어나는 것 곧 영적인 거듭남이 가능하다는 것이다.

　　그런데 모세가 광야에서 뱀을 들었던 이유가 무엇일까? 물론 하나님의 명령대로 한 것인데, 하나님을 원망해서 불뱀에 물려 죽게 된 이스라엘 백성들을 살리기 위해서였다. "불뱀을 만들어서 장대 위에 매달아라. 누구든지 그것을 보면 살리라." 장대 위에 매달린 놋뱀 그 자체에 무슨 능력이 있었던 것이 아니다.

　　그러면 놋뱀을 쳐다본 사람들이 왜 다 살았는가? (니고데모 식으로 묻자면) "어찌 그러한 일이 있을 수 있었는가?" 놋뱀을 쳐다보면 살리라고 말씀하신 하나님을 믿는 믿음이, 그들을 살린 것이다. 즉 구원의 능력은 놋뱀이 아니라 믿음 안에 있었던 것이다.

그러니까 예수님이 놋뱀 이야기를 한 것은 결국 믿음에 관한 이야기를 하시기 위해서였다. 15절을 보자. "이는 그를 믿는 자마다 영생을 얻게 하려 하심이니라." 다시 말해, 위로부터의 영적인 거듭남을 가져다주는 물과 성령의 역사는 예수님을 '믿을 때'(단순한 지적 동의가 아니다) 일어난다는 것이다. 우리가 십자가에 달리신 예수님을 믿을 때, 예수님이라는 살 길을 마련해주신 하나님을 신뢰하고 하나님께 인생을 온전히 다 의탁할 때, 오직 그때 우리는 물과 성령의 역사를 체험하고 영적으로 거듭나고, 하나님의 나라를 보고 들어갈 수 있다는 것이다. 영생을 선물로 받을 수 있다는 것이다.

그리스도인들에게는 당연한 이야기이지만, 믿음이 있어야 구원을 받는다. 믿음은 하나님이 주시는 영생의 선물을 받을 수 있는 우리의 빈 손이다(손이 없어도 혹은 그 손 안에 다른 것이 들어 있어도 선물을 받을 수 없다). 좀 더 세밀하게 표현하자면, 믿음이 유일한 구원자이신 하나님과 우리를 연결시켜 준다(바다에 빠진 사람에게 구조선으로부터 던져지는 로프를 생각해 보라).

또 믿음은 하나님이 우리에게 주시는 영생의 각양 좋은 국면들을 하나하나 펼쳐서 보여주는 프리즘prism과도 같다. 프리즘을 지나기 전의 빛은 단순히 하나의 빛깔로 보이지만 그것을 통과하고 나면 일곱 가지 설레는 무지개색이 입체적으로 드러나는 것처럼 말이다. 아무튼 우리는 예수 그리스도를 믿음으로 하나님과 연결되고, 하나님은 물과 성령으로 새로운 관계를 시작해 주신다. 소원했던 마음 심지어 적대감이 사라지고 하나님을 사랑하며 하나님을 신뢰하는 관계가 시작된다(영생의 첫 번째 빛깔이 펼쳐진다!)

더 놀랍게는, 하나님과 '부모-자식의 관계'가 된다(예수님은 이 새로운 가정의 맏아들이 되신다). 그러므로 우리에게 살 길이 열리는 것이다(요1:12 ; 고후6:18). 저 유명한 요한복음 3장 16절을 찬찬히 들여다보라. 하나님이 예수 그리스도를 우리에게 보내주신 이유는 '믿고 살라'는 것이다. 우리에게 살 길을 열어주시려는 것이다. 도대체 답이 없는 인류에게, 그저 죽음으로 내달리는 인간들에게, 불뱀에 물려 거의 다 죽게 된 인생들에게 놋뱀이라는 출구전략을 마련해 주신 것이다.

"하나님이 세상을 이처럼 사랑하사 독생자를 주셨으니 이는 그를 '믿는 자마다' (누구든지) 멸망하지 않고 영생을 얻게 하려 하심이라." 요3:16

어떤 살 길인가? 어떤 구원의 길인가? 그리스도의 십자가라는 구원의 길이다. 이제 누구든지 그리스도의 십자가를 보고 그리스도의 십자가라는 살 길을 마련해주신 하나님을 믿으면, 그래서 하나님께로 돌아서면, 하나님의 품에 안기고 하나님께 인생을 맡겨드리면 누구든지 산다. 하나님과의 관계가 회복되고 하나님의 자녀가 되었는데, 하나님께서 당신의 자녀들을 죽이시겠는가? 하나님께서 자기 자식들을 심판하시겠는가? 자기 자식들을 멸망하도록 내버려 두시겠는가?

그런 부모는 세상에 없다. 하나님은 우리가 그리스도를 믿으면 살고 믿지 않으면 죽게 두시려고 그리스도를 보내신 것이 아니다. 그리스도는 결코 냉정한 리트머스 시험지가 아니다. 믿지 않는 사람들이 멸망당하는 것은 그들이 붙든 선택의 결과일 뿐, 결코 하나님의 의도가 아니다. 하나님의 뜻은 실로 모든 사람이 예수를 믿고 구원 곧 살 길에 이르는 것이다.

"하나님은 모든 사람이 구원을 받으며 진리를 아는 데에 이르기를 원하시느니라."딤전2:4

우리가 예수 그리스도를 믿어야 하는 이유는 믿고 살려는 것이라기보다는(물론 그런 결과를 낳지만), 믿음이 하나님의 사랑에 대한 합당한 반응이기 때문이다. 자기의 외아들을 죽음에 내어주실 정도로 하나님이 이처럼 우리를 사랑하셨는데, 그런 하나님을 믿지 않으면 달리 누구를 믿을 수 있을까?

또한 믿음은 연약하기 그지없고 무력하기 한이 없는 인간이 하나님의 은혜와 능력에 대해서 보일 수 있는 최선의 반응, 그리하여 하나님께 기쁨과 영광을 안겨드릴 수 있는 유일한 반응이다. 그래서 (성서학자 톰 라이트N. T. Wright의 표현대로) 믿음은 '진정한 인간의 증표'다. 즉 우리가 하나님을 겸손히 믿고 신뢰할 때 비

이야기 열여덟

로소 우리 안에 있는 '하나님의 형상을 품은 진정한 인간성'이 되 살아나고 발현되는 것이다.

많은 사람들이 니고데모처럼 '밤에' 예수님을 만난다. 예수님이 내 인생에 가시적인 표적을 행해주시기를 기대한다. 그것도 나쁘지는 않다. 표적들 때문에 예수님께 관심을 갖는 것 자체는 괜찮다. 그것은 표적의 순기능이다. 하지만 우리의 주된 관심이 여전히 표적들에게만 붙들려 있다면, 그때 우리의 영적인 상태는 밤이다. 속히 낮의 세계에 발을 들여놓아야 한다. 영적으로 거듭나는 것이 표적을 경험하는 것보다 더 중요하다. 영적으로 거듭나서, 다시 태어나서 하나님의 나라를 볼 수 있어야 한다. 영적인 세계를 볼 수 있어야 한다. 하나님이 인생들에게 찾아오셔서 그 영혼에 무슨 일을 하시는지, 바로 그 진짜배기를 볼 수 있어야 한다.

영혼의 문제, 영의 세계, 그런 것에 관심을 갖고 또 감지할 수 있어야 한다. 예수님의 초림 때 본격적으로 시작되어 그분의 재림 때 웅장하게 드러날 위대한 하나님의 나라가 지금, 내 시대에, 내 커뮤니티에서 그리고 내 삶과 관계성에서 어떻게 작동하고 있는지 알아차려야 하는 것이다. 그리고 그렇게 영적으로 거듭난 사람만이 마침내 예수님이 재림하셔서 이 땅에 하나님의 나라 곧 천국을 완성하실 때, 그 나라에 들어갈 수 있다.

그러니까 이것보다 더 중요한 것이 세상에 또 어디 있겠는가?

하나님 아버지, 우리도 때때로 니고데모처럼 밤에 주님께 나아옵니다. 영적인 어린아이와도 같이 예수님께 나아옵니다. 예수님께 마음을 두는 것이 아니라 표적에 마음을 두고 찾아옵니다.

하지만 우리 인생에 있어서 참으로 중요한 것은 표적이 아니라 하나님의 나라인 것을 잊지 말게 하옵소서. 하나님의 나라를 보고 하나님의 나라에 들어가는 것이 중요함을 기억하게 하옵소서. 예수님께서 이미 표적 중의 표적인 십자가 표적을 보여주신 것을 알게 하옵소서.

하나님 아버지께서 우리 한 사람 한 사람을 그토록 사랑하셔서 당신의 외아들을 고통스럽고 수치스러운 십자가에 내어 주셨으니, 그 사랑을 믿게 해주옵소서. 사랑을 믿고 하나님을 믿게 해주옵소서. 하나님을 믿고 우리 주 예수 그리스도를 믿고, 그리고 살게 해주옵소서.

나아가 하나님이 마련해 주신 이 귀한 살 길을 세상 사람들에게 힘써 전하게 하옵소서. 우리가 먼저 낮에 다니게 하시고, 우리 이웃들에게도 이 찬란한 낮의 광명을 선전하게 하옵소서.

가룻 유다

선
택
의
기
로
에
서
만
나
다

요1:35-44

드디어 메시아의 마지막 일주일이 시작되었다. 예수님은 이 주간에 성전을 청결하게 하셨다.[1] 이때 예수님은 상당히 공세적이며 과격하시다. 가히 '폭력적이다'라고 말할 수 있을 정도다. 요한복음의 기록에 의하면, 예수님은 밧줄로 채찍을 만들어서[2] 상인들 소유의 짐승들을 다 내쫓고 환전상들의 돈을 바닥에 쏟아버리셨을 뿐만 아니라 좌판들까지 죄다 뒤집어엎으셨다(마태·마가복음에 의하면 비둘기 파는 사람들이 앉아있던 의자들도 둘러 엎으셨다).

이탈리아 르네상스 미술의 기수인 지오토 디 본도네Giotto di Bondone의 작품 <성전 정화>를 보면 예수님은 심지어 오른손 주먹을 치켜들고 환전상들의 면상에 곧 한 방 날리실 것 같은 분위기다. 입술은 굳게 앙다물었고 눈은 도끼눈에, 위협적인 모습이

---

1   학자들에 따라서 성전 청결이 공생애 초반에 한 번 있었다는 견해, 공생애 마지막에 한 번 있었다는 견해, 그리고 초반과 마지막에 각각 한 번 그러니까 총 2번에 걸쳐서 예수님의 생애를 수미상관(inclusio)으로 감싸고 있다는 견해로 나뉜다. 이 책에서는 기본적으로 공관복음서의 연대기를 따라 마지막에 한 번 있었던 것으로 간주하지만, 두 번 있었을 개연성도 있다. 만약 그렇다면 유대 지도자들은 반복적이고 의도적인 예수의 도발 행위에 대해서 더 이상 묵과할 수 없다는 결론에 이르게 되는 셈이다.

2   개역개정성경에서 '노끈'으로 번역되어 있는 '스코이니온'(σχοινίων)은 물론 노끈으로도 번역할 수 있지만 여기서는 내러티브의 과격한 어감을 고려할 때 '밧줄'이 더 어울릴 것 같다. 이 단어가 거룻배를 연결하는 굵은 거룻줄을 가리키는 데도 사용되기 때문이다(행27:32).

흡사 호전적인 격투기 선수를 방불케 한다. 환전상들은 겁에 질려 있고 주변 사람들은 혐오와 경멸의 눈빛으로 이 무뢰한을 쳐다보고 있다. 점잖은 랍비가 아니라 영락없는 테러리스트다. 그가 소리지른다.

"내 아버지의 집으로 장사하는 집을 만들지 말아라!"

여기서 우리는 잘 분별해야 한다. 예수님이 이렇게까지 분노하신 이유는 사람들이 단순히 성전에서 '장사라는 행위를 했기 때문'이 아니라 성전을 '장사하는 곳으로 여겼기 때문'이다. (나아가 필시 이방인의 뜰에서 어지럽게 좌판을 벌임으로써 이방인들이 하나님께 나아오는 것을 심각하게 방해했기 때문이리라.)

예수님은 성전 안에서 장사하는 행위가 일절 있어서는 안 된다고 말씀하시는 것이 아니다. 꼭 필요한 장사라면, 성전의 운영을 돕고 사람들의 필요를 돕는 것이라면 괜찮다. 사실 환전상들이나 제물 파는 자들은 본래 순례자들의 편의를 돕기 위해서 등장한 요긴한 존재들이다. 하지만 성전 자체를 장사 곧 비즈니스의 관점으로 바라보거나, 성전에서 이루어지는 제사와 기도 및 그 모든 경건의 행위들을 이익의 수단으로 생각한다면 그것은 불가하다. 심지어 불의한 이득을 취하고 타인의 예배를 방해한다? 하나님의 격렬한 분노를 사는 일이다.

초점은 우리의 마음이고 시선이다. 우리의 마음이 근본적으로 경건을 무엇으로 보고 있느냐 하는 것이다. 경건이 하나님을 사랑하는 내 마음의 표현이라면 옳은 것이다. 하지만 경건이 내 이익의 수단이라면 옳지 않은 것이다. 그것은 마음의 타락이고 시선의 타락이다. 오늘도 주님이 그토록 분노하시는 일인 것이다.

성전 청결 후 표적을 구하는 유대인들에게 예수님은 이렇게 말씀하셨다.

"이 성전을 헐어라. 내가 사흘 동안에 다시 세워놓을 것이다."

이 말씀은 지금껏 성전이 해왔던 기능과 역할을 이제는 예수님 자신이 감당하신다는 의미이다. 그동안 유대인들에게 성전은 하나님이 임재하시는 곳이고 하나님께 용서를 구하고 죄사함의 은혜를 누리는 곳이었는데, 이제 그 모든 일들이 오직 예수 그리스도 자신 안에서 일어난다는 선언이다.

그러므로 이제는 예수 그리스도 외에 그 어떤 것에도 우리 경건의 무게 중심이 있어서는 안 된다. 특정한 예배 공간이나 예배 시간이나 특정한 설교자 혹은 단체가 성전 노릇을 해서는 안 된다. 오직 예수 그리스도 그분만이, 그 인격 자체가 하나님을 만나는 통로요 하나님의 은혜를 누리는 참된 성전이 되는 것이다.

이와 같은 예수의 가르침과 대담한 행동은 유대인들에게 충격 그 자체였다. 특히 성전과 관련된 비즈니스와 이익을 독점하고 있었던 제사장들과 사두개인들에게는 용납할 수 없는 도전이었다.[3] 그들은 이제 예수를 죽일지 말지 고민하는 단계를 넘어 어떻게 탈 안 나게 죽일지를 연구하기에 이르렀다(막11:18).

그런데 그들만큼이나 자기 이익에 민감했던 한 사내가 이 음산한 계획에 먼저 손을 내밀고야 말았다. 바로 예수님의 제자 중 하나였던 가룟 유다이다. 예수님은 가룟 유다에 대해서 '**차라리 태어나지 않았으면 좋을 뻔했던 사람**'(마26:24)이라고 표현하셨다. 그만큼 가룟 유다는 인류 역사상 가장 저주스러운 인생을 '살다 간' 사람, 혹은 가장 저주스럽게 인생을 '마친' 사람이었다. 그런 의미에서 차라리 안 태어나는 게 좋았을 사람이었다. 하지만 오해해서는 안 되는 것이 있다. 유다의 인생이 처음부터 그렇게 운명지어졌던 것은 아니라는 점이다. 유다는 얼마든지 다른 인생을 살 수 있었다. 그처럼 불행하고 비참하게 인생을 마치지 않을 수도 있었다. 유다가 인생을 그렇게 끝내게 된 것은 전적으로 크고 작은 자기 선택들의 총합의 결과였다. 하나님의 거대한 구속 역사의 소용돌이 속에서 어쩔 수 없었던 희생양이 아니란 말이다.

---

3   제사장들과 사두개인들만 성전 비즈니스와 관계있었던 것은 아니다. 넓게 보면 사실상 예루살렘의 거의 모든 주민들이 성전의 거룩함과 특별함 그리고 거기에서 비롯하는 유형무형의 가치에 의존해서 살고 있었다. 환전상들은 물론이고 순례자들이 묵는 숙박시설의 주인들과 그 식솔들, 성전 자체에서 근무하는 여러 종사자들, 크고 작은 성전 증축과 보수에 동원되는 일꾼들(때로는 제사장들도 석공의 역할을 감당했다)과 자재를 공급하는 수공업자들, 희생 제사로 바쳐진 동물들의 가죽을 가공해 생계를 꾸려나가는 무두장이들, 심지어 산헤드린 공회의 일부 멤버들까지도 성전의 이익과 연루되어 있었다. 그야말로 성전은 예루살렘 전체의 든든한 경제적 기반이었다고 말해도 과언이 아니다.

사실, 어떤 의미에서는 선택이 곧 그 사람이다. 인간은 애초에 자유로운 존재로서 창조되었고, 그 자유를 딛고 매 순간 선택의 도약을 함으로써 하나님 앞에서 책임지는 존재가 되도록, 하나님의 형상을 빚어가는 존재가 되도록 디자인되었다. (닛사의 그레고리Gregory of Nyssa가 비유한 것처럼) 우리는 각자 우리 인생을 그려나가는 화가들이고, '선택'은 그 캔버스를 채워가는 장인인 것이다.

우리는 선과 악 중에서 선택할 수 있고(물론 '선'을 선택해야 한다), 선과 더 나은 선 중에서도 선택해야 한다(최선을 다해 '더 나은 선'을 선택해야 한다). 악을 선택할 수밖에 없다면 악과 더 심한 악 사이에서도 처절하게 고뇌해야 한다. 처음엔 사람이 하나의 선택을 하지만, 시간이 흐르고 선택들이 쌓이면 결국 선택들의 합이 그 사람이 된다. 좋은 선택들이 쌓이고 쌓이면 좋은 인생이 되고, 잘못된 선택들이 거듭 반복되면 인생이라는 그림을 망치게 되는 것이다.

유다의 잘못된 선택 중 가장 근본적인 것은 그가 예수님보다 돈을 더 사랑하기로 선택한 바로 그 선택이다.[4] 유다가 처음부터

---

4 유다가 예수님을 배신한 동기에 대해서 다양한 정치적, 심리적 이유를 찾는 것이 일부 신학자들 그리고 대중문화의 지치지 않는 경향 중 하나다. 그리고 언제나 그 주요 근거로 삼는 것이 유다의 이름 앞에 붙는 '가룟'이라는 수식어다. 이 '가룟'(Iscariot)에서 시카리파(Sicarii)의 시카(sica: 초승달 모양의 단도)의 흔적을 발견할 수 있다는 것이다. 하지만 설사 유다가 시카리파 출신이었다 하더라도 결국 예수님을 배신한 이유는 돈 때문이었다고 성경이 (특히 요한복음이) 일관되게 주장한다는 사실이 그 무엇보다도 중요하다.

돈을 좋아하는 사람이었는지, 아니면 제자들 중에서 돈궤를 맡는 일을 하다가 유혹에 빠져 나중에 돈을 좋아하게 됐는지 알 수 없지만 아무튼 그는 예수님을 따라다니면서도 언제부터인가 실상은 돈을 사랑하는 사람이었다. 예수님을 사랑해서 예수님을 따라다닌 것이 아니라, 예수님이 돈이 되기 때문에 예수님을 따라다닌 사람이었다. 유다에게 있어서 예수님은 돈벌이의 수단 그 이상도 그 이하도 아니었다. 나사로의 동생 마리아가 값비싼 향유한 옥합을 예수님의 머리에 부었을 때 유다가 한 말을 보라. "이 향유를 삼백 데나리온에 팔아서 가난한 사람들에게 나누어 줄 일이지, 어쩌자고 그렇게 쓸데없이 낭비하느냐!"요12:5

요한의 해설대로 유다가 정말 가난한 사람들을 생각해서 그런 말을 한 것이 아니라, 자기가 빼돌릴 수 있는 거액의 헌금이 눈앞에서 사라지는 것을 보고 분통이 터진 것이다(요12:6). 삼백 데나리온이면 당시 평범한 노동자의 일 년 연봉에 해당하는 큰 돈이다. 헌금이 큰 만큼 빼돌릴 돈도 만만치 않았을 텐데, 이런 절호의 기회가 허무하게 날아간 것이다. 유다는 화가 나서 견딜 수가 없었다. 그래서 그날 이후로 결심하고 대제사장들을 만났다. 대제사장들에게 하는 유다의 말을 또 보라. "내가 예수를 너희에게 넘겨줄 텐데, 얼마나 주겠느냐?"마26:15

유다에게 있어서 예수님은 그저 자신의 필요에 따라서 얼마든지 다른 사람에게 넘겨줄 수 있는 존재였다. 겉으로는 주님, 주님 하면서 예수님을 따라다녔지만, 사실 유다는 예수님을 자기 소유물처럼 생각했던 것이다. 돈이 되면 가지고 있고 돈이 안 되면 언제고 다른 사람에게 처분할 수 있는 자기 자산 말이다. 사실상 예수님이 자기의 주님이 아니라 종이었던 셈이다. 대제사장들이 유다의 이런 속내를 알고 있었는지는 모르겠지만, 아무튼 그들이 유다에게 건넨 예수의 몸값은 소름 돋게도 은 삼십 곧 종의 몸값이었다(출21:32).[5]

이처럼 유다는 일관되게 오랜 세월동안 돈을 사랑하는 사람이었고, 예수님에 대해서 잘못된 태도를 가지고 있었다. 그렇기 때문에 사탄이 그에게 들어갔다. 그리고 사탄이 들어갔기 때문에 유다는 마침내 자기 인생 중에서 가장 잘못된 선택 즉 예수님을 팔기로 약속하는 선택을 하게 된 것이다(눅22:3-5).

하지만 유다에게는 여전히, 그럼에도 불구하고 아직 기회가 있었다. 먼저, 예수님이 최후의 만찬 자리에서 제자들의 발을 씻기실 때였다. 예수님은 제자들에게 "너희들이 다 깨끗하지만 한 사람은 아니다"라고 말씀하셨다. 유다는 그때 종처럼 자기 발을 씻기시는 예수님을 내려다보면서 마음을 고쳐먹을 수 있었다. 이 얼마나 좋은 기회였는가 말이다.

---

5 물론 이것은 예수님 당대가 아니라 출애굽 시대의 화폐가치이다. 하지만 율법을 잘 알고 있는 대제사장들에게 그 돈의 액수가 의미하는 바는 항구적인 것이다. 즉 그들은 (다른 액수가 아닌) '은 삼십'이라는 상징적인 금액을 유다에게 내어줌으로써 예수를 종처럼 멸시하고 있었을 수 있다. 혹은, 그들이 부지불식간에 한 이 행동을 통해 하나님이 (예수를 종 취급하는) 유다의 속마음을 드러내신 것인지도 모른다.

하지만 스승의 겸손한 섬김도 유다의 마음을 움직이지 못했다. 잠시 후 예수님이 괴로우셔서 사뭇 심각하게 말씀하셨다. **"내가 분명히 말하지만, 너희 중 하나가 나를 팔 것이다."**요13:21 제자들은 놀랐고, 배신자가 누구일지 알아내고 싶어졌다. 베드로가 요한을 시켜 예수님께 알려주시길 구하자, 예수님은 **"내가 떡 한 조각을 적셔다 주는 자가 그니라"** 하셨다. 그리고 실제로 떡 한 조각을 적셔서 직접 유다에게 주셨다. 유다가 바로 옆 자리에 있었기 때문에 가능했을 텐데, 아무튼 이는 특별한 사랑과 애정의 표시였다. 유다가 이때만이라도 깜짝 놀라고 떡 조각을 받지 않았다면, 아니 떡 조각을 받아 입에 물고 눈물을 흘렸다면, 예수님 앞에 무릎을 꿇고 회개했다면 그는 오늘날의 유다로서 인생을 마치지 않을 수 있었을 것이다.

그러나 유다는 이 절호의 기회마저도 놓친다. 아니 내팽개쳐버린다. 태연하게 떡 조각을 받는다. 얼마나 강심장인지! 정말 죄악으로 단련된 마음이 아닌가? 그래서 다시 한번 사탄이 최종적으로 유다의 속에 들어간다. "조각을 받은 후 곧 사탄이 그 속에 들어간지라 이에 예수께서 유다에게 이르시되 **네 하는 일을 속히 하라...**"요13:27

"네가 하는 일을 속히 하라", 무슨 말일까? 유다가 마지막 기회마저도 내팽개쳐버렸기 때문에 이제는 다른 선택의 여지가 없게 된 것이다. 그런데 예수님을 팔아넘기는 선택은 그렇다 치더라도 유다 자신의 남은 삶을 위한 진짜 마지막 기회는 아직도 남아 있었다. 유다는 예수님이 대제사장 안나스와 가야바의 연이은 심문을 통해 정죄 받고 빌라도에게 넘겨지는 것을 보고 스스로 뉘우쳤다(마27:3).[6] 그리고 배신의 대가로 받은 은 삽십을 대제사장들과 장로들에게 도로 갖다 주었다. 그러면서 말한다. "내가 무죄한 피를 팔고 죄를 범하였도다."마27:4

이때 유다의 마음에 정확히 무슨 일이 일어나고 있었는지 알거나 묘사하는 것은 무척 어려운 일이다. 우리는 다만 그가 그 후에 보여준 행동을 통해서 짐작할 수 있을 뿐이다. 유다는 놀랍게도 은을 성소에 던져 넣고 물러가서 스스로 목을 매어 죽는다. 너무나 신속한 결말이었다. 자신의 행동을 뉘우쳤으니 마음 아파하고 울면서 이제 앞으로 어떻게 해야 할지 고민할 수는 없었을까? 만약 그렇게 했다면 예수님은 심지어(어쩌면 당연히!) 유다마저도 용서하고 그에게 새로운 삶과 사명을 주지 않으셨을까?

---

6 '뉘우쳐'로 번역된 헬라어(μεταμεληθεὶς) 동사의 원형은 '메타멜로마이'인데, 이것은 복음서 저자들이 '회개'를 표현하기 위해 일반적으로 사용했던 '메타노이아'(μετανοία)와는 다른 어감을 갖고 있다. 즉 '회개'가 감정적 애통함은 물론이고 삶의 방향을 전체적으로 돌이키는 것을 포함하는 반면, '뉘우침'은 단지 일이 뜻대로 잘 안 풀린 것에 대한 속상함(시쳇말로 '열 받음')의 표현이라고 봐야 한다. 종교개혁자 칼빈(John Calvin)은 유다의 경우에 대해서 (좀 더 긍정적으로) '율법의 회개'(repentance of the law)라고 표현하는데, 이는 자신의 죄의 심각성은 인정하되 하나님을 오직 심판자요 보응자로서만 이해하고 그것에 압도됨으로써 회개가 그저 지옥으로 들어가는 입구(entryway of hell)가 되고 만 경우다. 반면 '복음의 회개'(gospel repentance)는 역시 자기 죄를 깨닫고 아파하며 고통스러워하긴 하지만 (히스기야, 다윗 그리고 니느웨 사람들처럼) 하나님이 자비하신 분이라는 믿음으로 딛고 일어나서 하나님께로 삶을 돌이키는 경우에 해당한다.

하지만 유다는 그 모든 가능성의 문을 자살로써 닫아버렸다.[7] 그는 살면서도 줄곧 잘못된 선택들을 누적해왔을 뿐만 아니라 마지막 죽음까지도 자신의 절망을 인치는 최악의 선택지로 삼고 말았던 셈이다. 비록 후회는 했지만 회개하고 기어이 새로운 삶을 살아보려는 의지가 그에겐 없었다. 예수님을 바라보고 그분께 모든 처분을 맡겨드릴 마음이 없었다. 자존심이 상해서였을까? 아니면 용기가 없었던 것일까? 아무튼 그런 의미에서도 유다는 철저히 예수님과 무관한 사람 즉 구원과는 거리가 먼 사람이었던 것이다.

　유다는 열두 제자 중의 한 사람이었다. 예수님과 가장 가까이 있었던 사람들 중의 하나였다. 최후의 만찬 때도 그는 분명히 요한과 더불어 예수님의 바로 옆자리에 앉아 있었다. 심지어 그는 제자들 중에서 회계 일을 맡았을 만큼 동료들에게도 신뢰받고 능력을 인정받았던 사람이었다. 하지만 그의 몸은 비록 예수님 곁에 있었지만, 그 마음은 예수님과 너무 멀었다. 얼음장처럼 차가운 마음을 숨기고 있었다. 예수님을 배반할 때 입맞춤으로 신호를 한 그였다. 가장 친밀한 애정의 표시를 가장 비정한 배신의 수단으로 사용한 것이다. 진저리가 쳐지고 소름이 돋는다.

　사실 유다는 예수님과 아무 상관이 없었다. 심지어 상관이 없

7　자살이 그 자체로서 그리스도인에게 가능한 일인지 논하는 것은 또 다른 어려운 문제. 조심스럽긴 하지만, 나는 최소한 병리적인 현상으로서의 자살이 정죄 받지 않아야 하고 나아가 '자기 자신을 위한 자살'과 '다른 사람을 위한 자살'이 구분되어야 한다고 믿는다.

는 정도가 아니라 예수님을 자기 이익의 수단으로 생각했다. 이런 유다의 마음과 태도는 오늘날 우리도 자칫하면 가질 수 있는 그런 마음이요 태도다. 몸은 주님과 가까이 있으나 마음으로는 멀 수 있다. 심지어 주님을 내 이익의 수단으로 생각할 수 있다.

하나님은 이런 마음에게 계속해서 경고하신다. 주님을 주님으로 대하라고 말씀하신다. 이제라도 바른 선택을 하라고, 그래서 참된 제자로 돌아오라고 호소하신다. 우리는 삶의 한복판에서 매 순간 선택의 기로에 선 채 예수님을 만난다. 멸망할 유다의 길을 걸을지, 아니면 참된 제자의 길을 걸을지 말이다.

만남을 위한 기도

하나님 아버지, 우리 중에 누구도 가룟 유다와 같은 불행한 인생을 살지 말게 하옵소서. 몸은 주님과 가까이 있으나 마음은 먼 것 같은 그런 인생 되지 말게 하소서. 주님을 주님으로서가 아니라 내 이익의 수단으로 삼는 그런 망할 마음을 추호라도 갖지 않게 하옵소서.

조금이라도 그런 마음의 싹이 튼다면, 오늘 우리에게 경고해 주소서. 한 번의 경고로 알아듣지 못한다면 거듭거듭 경고해 주소서. 주님을 주님으로 대하라고 큰 소리로 꾸짖어 주소서. 우리의 몸을 쳐서라도 멈추게 하소서.

이 경고와 꾸지람과 징계로 인해 깜짝 놀라 회개하게 하소서. 음침한 유다의 마음을 완전히 몰아내게 하소서. 이제라도 주님의 참된 제자로 돌아오게 하소서. 매일매일 선택의 기로에서 바른 선택을 하게 하소서. 멸망할 유다의 길이 아니라 참되고 진실한 제자의 길을 택하게 하옵소서.

이야기 스물

십자가 위의 행악자

마지막 순간에 만나다

눅23:39-43

예수님이 십자가에 달려 돌아가시던 날, 예수님의 좌우편에는 두 명의 사형수가 더 매달려 있었다. 누가복음은 이 두 사람을 '행악자'라고 표현하고 있고, 마태와 마가복음은 '강도'라고 기록한다(마27:38 ; 막15:27). 누가는 두 사람의 죄목에 대해서 일반적인 용어를 사용한 것이고, 마태와 마가는 좀 더 특정한 것이다. 마태와 마가가 사용한 단어는 '레스테스'(ληστής)인데, 이 단어는 물론 일반적인 강도, 도적을 가리키기도 하지만 구체적으로 혁명가 혹은 폭도를 지칭한다. 백성들이 예수님 대신 놓아주기를 구했던 바라바가 바로 이 레스테스였다(요18:40). 누가와 마가복음의 표현을 빌리자면 '(로마에 대항하는) 민란을 일으키고 그 민란 중에 살인한 자'였던 것이다(눅23:19 ; 막15:7).

그러니까 예수님 좌우편에 달린 사형수들과 바라바는 일반적인 강도나 살인자가 아니라 로마제국에 항거해서 반란을 일으키고 그 와중에 필연적으로 살인도 한 정치범이라고 말할 수 있다. 백성들이 '유명한 죄수'인 바라바를 풀어 달라고 한 것을 보면(마27:16), 아마도 그가 최근에 있었던 민란의 지도자였고 예수님 좌우편의 두 사람은 그의 수하였을지 모른다.

아무튼 예수님과 함께 십자가에 달렸던 두 사람은 로마의 압제에 대항해 칼을 뽑아들었던 독립투사들이었다. 이스라엘을 하나님이 다스리시는 나라로 되돌려 놓고 성전의 정결함을 회복하

이야기 스물

기 위해선 응당 칼과 폭력을 사용할 수도 있다고 믿었던 열성파들이었고, 민중은 대체적으로 그들을 존중하거나 혹은 두려워했다.[1] 이들이 이른바 열심당원들이었는데, 호시탐탐 기회를 노리다가 때가 되면 격문을 돌리고 세를 규합해 반란을 일으켰다(반란은 때때로 내전의 규모에 이르기도 했다). 그들은 언제나 마음속에 일종의 역할 모델을 갖고 있었다. 바로 BC 164년에 헬라제국의 통치로부터 조국을 해방시키고 성전을 청결하게 했던 유다 마카비우스였다.

유다 마카비우스는 ('망치'라는 별명에 걸맞게) 강력했던 셀류쿠스 왕국을 야금야금 때려 부서뜨리고 마침내 예루살렘 성전에 서 있던 제우스 신상마저 치워버렸던 그야말로 민족의 영웅이었다. 열심당원들은 (비록 그 안에 다양한 분파들이 존재했고 또 서로 반목하기도 했지만) 궁극적으로 모두 같은 꿈을 꾸고 있었다. 제 2의 유다 마카비우스가 되어 로마제국을 몰아내고 이스라엘을 다시 하나님의 나라로 복원하는 것이다. 이 숭고한 대의 혹은 비전을 위해서라면 살인은 물론이고 어떠한 폭력이나 수단도 가능하다. 가만히 앉아 있는 것은 죄악이다. 하나님은 오직 스스로 돕는 자를 도와주실 것이다!

---

1   요세푸스는 열심당을 바리새파, 사두개파, 에세네파에 이은 '네 번째 철학 분파'(the fourth philosophy)라고 칭하며 그들이 바리새파와 매우 비슷한 생각을 갖고 있다고 평가했다. 하지만 동시에 그들의 호전성에 대해서는 몹시 부정적이었다. 특히 로마와의 전쟁(기원후 66-70년)중에 그들이 보여준 폭력성과 잔인함에 대해 '피에 굶주린 맹수들'과 같았다고 표현하기도 한다.

예수님 좌우편의 두 사형수는 이런 강철 같은 신념의 소유자들이었다. 그들은 확신범이었고, 확신범들이 보통 그렇듯이 자신들과 다른 세계관과 전략을 용납하지 못한다. 로마 치하에서 사는 유대인이 달리 어떤 방식으로 살 수 있단 말인가?

그래서 두 사형수는 모두 예수님을 욕했다. "함께 십자가에 못 박힌 강도들도 이와 같이 욕하더라."마27:44 그들이 보기에 예수는 정말로 욕을 먹어 마땅한 인간이었다. 자기들 같은 보통 사람도 나라를 위해서 최선을 다하고 헌신하건만, 도대체 이 사람은 어떻게 된 건가? 병자를 고치고 귀신을 내어 쫓으며 보리떡 다섯 개와 물고기 두 마리로 수천 명을 먹일 수 있는 능력자가, 어떻게 이렇게 허무하게 생을 마감할 수 있는 것인가? 어떻게 이렇게 자신의 인생과 능력을 낭비할 수 있는가?

더군다나 이 사람은 열심당원들의 정신적 고향인 갈릴리 출신이 아니던가? 그야말로 칼을 뽑아들어 백성들의 마음을 하나로 모을 수 있는 최고의 적임자가 아니었던가? 십자가에 매달려 고통스러운 중에도 두 죄수는 예수님을 욕했다. 로마도 증오스러웠지만 로마를 극복할 수 있는 능력을 가지고서도 이렇게 바보 같이 죽어가는 몹쓸 예수에게도 화를 참을 수가 없었다.

그때였다. 내내 침묵으로 일관하셨던 예수님이 처음으로 입을 열었다. "아버지여... 저들을 용서해 주소서... 자기들이 무슨 일을 하는지 알지 못해서 저럽니다." 두 죄수는 놀랐다. 어안이 벙벙했고, 할 말을 잃었다. 심한 채찍질로 이미 반죽음 상태였던 예수가 살과 신경이 찢어지고 뼈가 으스러지는 고통 속에서 내놓은 첫 마디는 용서였다. 자기를 무자비하게 채찍질하고 못질했던 로마 군인들을 용서해달라는 것이었다. 실쭉거리며 비웃고 있는 구경꾼들을 용서해달라는 것이었다. 이 모든 것을 뒤에서 획책하고 고소해하는 유대 종교지도자들을 용서해달라는 것이었다. 자기들처럼 누구에게라도 욕하고 원망하고 저주해야 마땅할 텐데, 정신줄을 놓아버리고 아무런 악담이라도 마구 쏟아내야 직성이 풀릴 텐데 이 판국에 용서라니...

두 죄수는 기가 막혀서 동시에 입을 다물었다. 군인들은 예수의 기도를 들었는지 못 들었는지 아랑곳하지 않고 이 불쌍한 죄수의 옷을 누가 가질지 제비를 뽑았다. 관리들은 오히려 더욱 비웃었다. "저 자가 그동안 남을 많이 구원했다지? 그렇다면 이제 자기 자신을 구원할 차례이겠군." 대제사장들과 서기관들과 바리새인들 그리고 장로들도 비웃음에 동참했다. "남은 구원했지만 정작 자기는 구원하지 못하는 게지." 조롱과 모욕이 점점 도를 더해갔다. "이스라엘의 왕 아니시던가? 지금 당장 십자가에서 내려와 보시지! 그러면 우리가 믿어 주겠다!" 잠시 입을 다물고 있었던 두 사형수 중 한 명도 다시 이 괴악한 조롱의 대열에 가세했다. "네가 그리스도라고 하지 않았느냐? 한 번 능력을 보여봐라! 너와 우리를 구원해 보란 말이다!"

그런데 그 순간 정말로 이상한 일이 벌어졌다. 두 사형수 중 다른 한 사람이 별안간 예수님을 조롱한 동료 사형수를 꾸짖은 것이다. 좀 전까지도 같은 목소리로 예수님을 욕했던 그가 아닌가? 그랬던 그가 너무나 갑작스러운 태도 변화를 보인 것이다. 그는 동료 사형수를 꾸짖으며 이렇게 말했다. "네가 똑같이 죽을 죄를 짓고서도 하나님이 두렵지 않으냐! 우리는 지은 죄가 커서 십자가에 달리는 것이 당연하지만, 이 사람은 죄가 하나도 없다!"눅 23:40-41

과연 무엇이 이 사형수를 변화시켰을까? 그는 대체 무엇을 보았던 것일까? 그는 용서를 보았다. 용서의 실체를 보았고, 이런 극한 상황에서도 용서가 가능하다는 놀라운 사실을 두 눈으로 확인했다.

사실 진정한 용서만큼 인간과 인간 사이에서 어려운 것이 또 있을까? 정직하게 말한다면, 거의 불가능에 가까운 것이 아닐까? 나에게 상처를 주고 나에게 손해를 끼치고 나에게 고통을 준 사람에게 마음 깊이 우러나온 용서를 베푼다는 것이 정말 가능한 일인가? 적어도 이 사형수는 그런 것이 불가능하다고 생각해왔다. 그러니 그는 칼을 든 것이고 동포들에게 고통을 주는 로마에게 같은 고통을 돌려주려고 했던 것이다. 그런데 그 불가능한 용서가 눈앞에서 벌어지고 있다! 이 예수에게 고통은 심지어 과거의 일도 아니지 않는가? 그는 지금 현재 자기에게 고통을 주고 있는 실로 모든 사람을 현장에서 이미 용서하고 있다. 이것은 그야말로 듣지도 보지도 못했던 새로운 세상이다. 이 사형수는 짧은 시간 동안에 불현듯 엄청난 진리를 깨닫게 되었다. "아, 이것이야말로 저 예수가 수없이 말했던 하나님의 나라일지 모른다!”

깨달은 마음은 바빠지기 마련이다. 변화된 사형수는 마음을 모아 얼른 예수께 간청했다. “예수여, 나중에 당신의 나라가 펼쳐지면 저를 잊지 말고 기억해 주소서!”눅23:42 그는 무엇보다도 예수가 다스리시는 새로운 왕국에서 살고 싶은 열망이 생겼다. 예수를 왕으로 섬기고 예수의 다스림을 받으면서 그분의 백성으로서 한 번 살아보고 싶은 염원이 생긴 것이다. 그 나라의 의미를 지금 여기서 온전히 알 수 있는 것은 아니라고 하더라도 말이다.

기진해 있던 예수님은 말라붙은 힘을 쥐어짜 겨우 고개를 들었다. 그를 바라보았고, 힘들게 입을 열었다. 하지만 목소리는 분명하고도 따뜻했다. **“내가 확실히 말하지만, 네가 당장 오늘부터 나와 함께 낙원에 있게 될 것이다.”**눅23:43

사형수는 분명 ‘나중에’ 예수로부터 은혜를 입고자 했다. 하지만 예수님은 ‘당장 오늘부터의’ 은혜를 약속하셨다. 그의 마음에 환희가 피어올랐다. 눈물의 샘이 터지고 감사의 마음이 심장을 적셨다. 예수님을 만나기 전까지만 해도 분노와 절망으로 몸부림쳤던 심장이다. 예수님의 기도를 듣기 전까지만 해도 후회스럽고 한스러운 인생이었다. 그렇게 이제 몇 시간 후면 얼마 남지 않은 생의 불꽃이 꺼지고 영원히 음부에 떨어질 영혼이었다. 그런데 인생의 그 마지막 순간에 그는 예수님을 만났다. 예수님의 삶과 죽음을 통해 용서라는 이름의 익숙하면서도 새로운 빛을 보았다. 그것은 어두운 세상을 밝혀주는 빛이었고, 꼬일 대로 꼬인 세상을 제 자리로 돌려놓을 수 있는 유일한 복원력이었다.

그랬다. 그는 예수님을 통해 진정 새로운 차원의 힘을 보았다. 칼의 힘이 아니라 용서의 힘, 사람의 마음을 역동적으로 변화시키고 세상을 부드럽게 치유하며 역사의 수레바퀴를 꾸준히 앞으로 끌고 갈 수 있는 힘 말이다. 당장 자기 자신이 하나의 산 증거가 아닌가? 그 무엇으로도 잠재울 수 없었던 분노와 증오가 이 용서의 화신 앞에서 허물어져 버린 것이다.

"이 나사렛 예수는 정말로 세상을 용서하기 위해 태어났구나. 우리에게 용서를 가르치려고 죽는구나. 힘이 없어서 죽임을 당하는 것이 아니라 힘을 내려놓아서 기꺼이 죽는구나!"

힘을 가진 인간이 그 힘을 쓰지 않는 것은 쉬운 일이 아니다. 모욕당하고 공격받을 때는 더욱 그렇다. 상대가 날카로운 혀로 공격하면 더 독한 혀로 대갚음해 주고, 주먹을 날리면 주먹과 발로 반격하고, 칼을 들이대면 칼과 총으로 제압하는 것이 인간의 본능이자 본성이다. 그러므로 진짜 인간이셨던 예수님께도 십자가는 쉽지 않으셨으리라. 그분은 진짜 인간이어서 이런 충동이 무엇인지 아셨을 뿐만 아니라, 동시에 진짜 하나님이셨지 않는가? 그는 마음만 먹으면 열두 군단이나 되는 천사들의 군대를 즉시 동원할 수 있었다(마26:53). 예루살렘은 곧 피바다가 될 수도 있었다. 사실 군대도 필요 없었다. 예수님은 손가락 하나로도 주변에 둘러선 수많은 대적들을 하늘 높이 들어 올렸다가 힘껏 바위 위에 메어칠 수 있었다.

예수님께는 정말로 그런 힘이 있으셨다. 그런데 쓰지 않으셨다. 보란 듯이 십자가에서 내려오지 않으시고, 끝까지 버티셨다. 광야에서처럼 사탄은 이 순간에도 예수님을 유혹했을 테지만, 예수님은 그 아프고 수치스러운 십자가에서 미동도 하지 않으셨다. 내려오면 모든 것이 끝나기 때문이다. 삼위일체 하나님이 공들여 세우셨던 인간과 피조 세계를 위한 구원 계획이 한 순간에 물거품이 되기 때문이다.

예수님은 아버지 하나님을 사랑해서 버티셨고, 그리고 우리를 사랑하니까 버티셨다. 자신이 십자가에서 내려오면 앞으로 모든 세대의 모든 딸과 아들들이 속절없이 지옥문을 열고 들어갈 수밖에 없기에, 불쌍한 우리를 위해 내려오지 않으셨다. 칼에 대항해서 칼을 드는 것을 끝까지 고집할 때 하나님의 계획은 무너진다. 누군가가 먼저 칼을 버려야 한다. 예수님이 먼저 이 일을 하셨다. 그것은 진이 빠지는 씨름이었고, 힘겨운 싸움이었다. 예수님은 이 씨름을 했고, 이 싸움을 이기셨다.

누가 졌는가? 물론 사탄이다. 그런 식의 교만과 보복의 악순환을 통해서 인간의 영과 세상을 지배하고자 하는 사탄이다. (기독교 윤리학자 스탠리 하우어워스Stanley Hauerwas의 표현처럼) '인간의 두려움을 연료 삼아 여기저기에서 폭력의 불길을 끝없이 피워올리는 세상'이다. 예수님은 그런 교만과 불순종의 죄를 짓는 인간들을 대표해서 겸손과 순종으로 죗값을 치르셨다. 만방에 용서가 선포되었고, 이제 우리는 예수님의 본, 겸손과 평화의 길을 우직하게 걸으면 된다. 걷다가 넘어질 것이다. 걷다가 실패할 것이다. 다시 인간의 길로 돌아가고 싶어질 것이다. 예수님을 유혹했던 사탄이 우리도 유혹하고 참소할 것이다. 그러나 끝까지 걸을 수 있다. 먼저 그 길을 걸어가신 예수의 영이 우리의 마음속에서 종착역까지 도울 것이기 때문이다.

우리 중의 누군가는 변화된 사형수처럼 인생의 마지막 순간에 예수님을 만나기도 한다. 평생 죄를 짓다가, 자기가 죄인인 것을 의식하지도 못한 채 살아오다가 지옥불에 떨어지기 직전에 예수님을 만난다. 정말 구사일생으로 생명줄을 붙잡는다. 그렇게 간발의 차이로 구원열차에 올라타도 그에게 눈치 줄 사람은 없다. 하나님은 이미 오래 전부터 열차 안에 앉아 있었던 사람이나 종 치기 직전에 올라탄 사람이나 차별하지 않고 사랑하신다(마20:14). 하나님은 그런 분이시고 하나님의 나라는 그런 곳이다. 예수님을 만나기에 너무 늦은 시간이란 없다.

정말로 좋은 소식 아닌가? 하지만 우리 중의 누구도 정말 이렇게 늦게 예수님을 만나지는 않기를 기도하자. 가능하면 조금이라도 일찍 예수님을 만나서 그분과 즐겁게 사귐을 갖고 그분을 섬기는 복을 누리자. 오늘 이 사형수는 예수님의 약속을 받고 나서 마지막 숨을 거두기까지 감사와 기쁨의 눈물을 흘리면서도 한편으로는 못내 아쉽고 한탄스러웠을 것이다.

"아, 이렇게 좋은 분을 좀 더 일찍 만났더라면! 좀 더 많은 시간을 함께 했더라면!"

만남을 위한 **기도**

　사랑하는 하나님 아버지, 우리를 위해 당신의 귀한 외아들을 이 땅에 보내주셔서 감사합니다. 사랑하는 주님, 우리를 위해 그 아프고 수치스러운 십자가를 감당해 주시니 감사합니다. 능히 그 괴로운 십자가에서 내려오실 수 있었는데, 우리를 불쌍히 여기셔서 끝까지 참고 버티신 것을 기억합니다. 우리를 용서해 주시고, 우리를 사랑하시되 끝까지 사랑해 주시니 참으로 감사합니다.

　이제 우리도 예수님이 먼저 가신 그 길을 충성스럽게 걸어가게 하옵소서. 힘이 있으나 힘을 쓰지 않는 길, 교만할 만하나 교만하지 않는 길, 나를 먼저 사랑할 수 있으나 하나님과 이웃들을 먼저 사랑하는 길, 그 십자가의 길을 걸어가게 하옵소서.

　걷다가 넘어져도 다시 일어나게 하시고, 걷다가 실패해도 심기일전해서 다시 시작하게 하소서. 눈물이 날 만큼 힘들어도 포기하지 말게 하소서. 앞서 가신 우리 주님 기억하면서 성령의 손을 잡고 마지막까지 완주하게 하소서.

　또한, 바라건대 그 누구도 십자가 위의 사형수처럼 정말 인생의 마지막 순간에 예수님을 만나지는 않게 하소서. 좀 더 많은 사람들이 좀 더 일찍 예수님을 만나 사귐을 갖고, 그분을 섬기는 복된 인생을 살게 하소서.

　모든 영광과 찬송을 구주 되신 예수님과 우리 아버지 하나님께 올려드리나이다!

사도 요한

"품 안에서 만나다"

요21:1-14

예수님은 아침 9시쯤에 (마르틴 행엘Martin Hengel이 묘사한 대로) '의도적으로 굴욕감과 모욕을 주기 위해 꼼꼼히 고안된' 십자가형에 처하셨고, 여섯 시간 정도 극심한 고통을 당하시다가 오후 3시쯤에 숨을 거두셨다.[1] 군인들이 건네는 값싼 포도주에 입을 대지 않으심으로 그 모든 수치와 영적·육체적 고통을 온전히 껴안으셨다. 도저히 용서할 수 없는 상황에서 모두를 용서하심으로 함께 매달린 사형수 한 명의 마음을 변화시키셨다.

아들의 고난을 차마 보기 힘드셨던 아버지 하나님은 햇빛이

---

1 예수님이 겟세마네 동산에서 로마 군대와 성전 경비병들에게 체포된 것은 밤중이었다. 예수님은 결박을 당한 채로 먼저 안나스에게 끌려갔고, 후에는 곧바로 가야바에게 심문을 받았다. 모두 한밤중에 일어난 일이었다. 다음으로 빌라도의 관정으로 끌려가서 연이어 심문을 받으셨는데, 이는 십자가에 달리시던 날의 새벽이었다. 빌라도의 심문이 얼마나 계속됐는지 정확히 알 수는 없지만 요한은 판결이 난 시간을 '제육시'라고 기록하고 있다(요19:14). 만약 이 '제육시'를 유대식으로 계산하면 낮 12시 곧 정오가 되는데, 이렇게 되면 예수님의 수난 이야기의 전체 시간표가 공관복음서와 일치하지 않는 문제가 생긴다. 공관복음서는 일관되게 예수님이 아침 9시에 못 박히셨고(막15:25), 정오부터 오후 3시까지 어둠이 계속됐으며(마27:45 ; 막15:33 ; 눅23:45) 오후 3시에 운명하셨다고 기록하고 있기 때문이다(마27:50 ; 막15:37 ; 눅23:46). 유일한 해결책은 요한복음의 제육시를 로마식으로 계산하는 것이다. 그러면 예수님은 밤새 안나스와 가야바에게, 이어서 새벽 6시까지 빌라도에게 심문을 받으시고 약 3시간 후에 십자가에 못 박히셨다고 정리할 수 있다.

가장 밝아야 할 정오부터 오후 3시까지 칠흑 같은 어둠으로 골고다 언덕과 세상을 덮어버리셨다(그 순간 정말 치 떨리게 꼴도 보기 싫은 세상이었으리라!)[2]. 그리고 성전의 지성소를 가리고 있던 두꺼운 휘장을 두 쪽으로 갈라버리셨다(막15:38). 이제 아들 예수의 죽음으로 하나님 자신께로 오는 문이 열린 것이다(히10:20). 예수께서는 자신의 사명이 완수되었음을 인지하셨고, 마침내 마지막 호흡을 아버지께 맡겨드렸다. 이 모든 거룩한 죽음의 과정을 지켜본 로마의 백부장은 예수께서 진실로 의인이었다고 인정할 수밖에 없었고, 줄곧 비웃거나 방관자의 눈으로 구경하던 무리들도 그제서야 가슴 한켠이 아려오는 것을 느꼈다. 대부분의 백성들이 죽지 말았어야 할 분이 죽었다는 것을 깨달았고, 가슴을 치며 무거운 마음으로 집에 돌아갔다(눅23:48).

하지만 그날 골고다 언덕 위에서 그 누구보다도 가슴 저미는 슬픔으로 예수님의 죽음을 바라봐야만 했던 사람은 분명 예수의 어머니 마리아였을 것이다. 그녀가 비록 오래전에 예수의 어머니로부터 예수님의 여종으로 각성되었다고 하더라도 여전히 예수님은 혈통상 그녀의 소중한 맏아들이었기 때문이다. 그런 의미에서 그날 (단테Dante Alighieri의 표현처럼) '자기 아들의 딸'인 마리아는 이중의 고통을 겪어야만 했다. 사랑하는 아들의 죽음을 감내

---

2 '정오의 흑암'은 유대 묵시 문학에서 등장하는 하나의 상징이기도 하다. 즉, 악이 창궐하고 하나님의 백성들이 고통당하는 역사와 시간의 한복판으로 마침내 심판자이자 구원자이신 하나님이 극적으로 개입하시는 신호탄 중의 하나인 것이다.

해야 하는 고통에 더하여 사랑하는 주님의 죽음을 지켜봐야 하는 고통까지 말이다. 아마 예수님도 그런 마리아가 마음 쓰이셨던지 임종 전에 그녀를 제자 요한에게 특별히 부탁하셨다.

"보라, 네 어머니이다."요19:27

이제 요한이 마리아의 새 아들이 되었고, 요한은 부탁받은 대로 그의 새 어머니 마리아를 그날부터 평생 보호하고 섬기며 함께 살았다.

그런 이유에서였을까? 요한은 다른 열한 제자들이 모두 각자의 자리에서 순교하고 난 후에도 90세에 이르기까지 장수하며 사도로서의 역할을 감당할 수 있었다. 예루살렘에서 복음을 전하다가 박해를 피해 소아시아의 에베소로 옮겨갔으며, 거기에서 요한복음과 요한 1,2,3서를 기록했다. 이후 다시 도미티안 황제 때 밧모 섬으로 유배되었고, 여기서 마지막 성경 곧 요한계시록을 남겼다. 사도 요한은 다른 제자들과 마찬가지로 복음 전도자였고 또 목회자이기도 했지만 그 무엇보다도 이 성경들을 통해 예수 그리스도가 누구이신지를 깊이 있게 알려준 계시의 사람이었던 것이다(계1:1).

요한은 세베대의 아들로서 그의 형 야고보와 함께 갈릴리의 어부였다. 품꾼들을 부리고(막1:20) 베드로와도 동업했던 것을 보면(눅5:10), 꽤 큰 규모의 어업을 했던 나름 부유한 집안 출신이었다.[3] 아마도 10대 후반 혹은 20대 초반의 젊은 나이에 세례 요한의 제자가 되었고, 스승과 함께 있다가 어느 날 운명적으로 예수를 만났다.[4] 자기의 눈엔 그저 갈릴리에서 흔히 볼 수 있는 평범한 청년인데, 스승 세례 요한은 그를 보고 놀라운 한 마디를 던진다. "봐라! 저분이 바로 세상 죄를 지고 가는 하나님의 어린 양이시다."요1:29,36 그 순간부터 요한은 자기도 모르게 마치 자석에 이끌리듯 예수를 따랐다. 첫날부터 함께 오랜 시간을 보냈고, 얼마 지나지 않아 자신의 인생을 송두리째 이 젊은 랍비에게 걸었다(막1:19-20). 아버지와 가업을 모두 포기하고 형 야고보와 함께 열두 제자단의 일원이 된 것이다. 쉽지 않은 결정이었지만 그만큼 요한에게 예수님은 매력적인 인물이었고 특별한 의미였다.

그는 예수님이 직접 보아너게 곧 '우레의 아들'이란 별명을 붙여주셨을 만큼 불같은 성격의 소유자이기도 했다(막3:17). 사마리아 사람들이 예수님을 환대하지 않는 것에 분개해서 선지자 엘리야를 떠올리고 하늘의 불로 그들을 살라버리자고 제안했던 것은 유명한 일화다(눅9:51-56). 자기들을 따르지 않는 어떤 이가 예수의 이름으로 귀신을 내쫓는 모습을 보고는 역시 역정을 내며 못하게

---

3   요한은 심지어 대제사장과 친분이 있기도 했는데(요18:15), 아마도 연소한 요한의 직접적인 친분이 아니라 그의 아버지 세베대가 비즈니스적으로 관계를 맺고 있었기 때문인 것 같다.

4   요한은 이 운명적 만남이 있었던 날의 시간을 그의 책 요한복음에 기록해 놓았다(요1:39).

하는 속 좁은 마음도 가진 인물이었다(막9:38-40).

그것뿐이 아니다. 예수님의 십자가 죽음이 얼마 남지 않은 시점까지도 깨닫지 못한 채 형과 함께 부끄러운 청탁을 하기도 했다.[5] "선생님, 우리가 뭘 원하든지 우리 부탁을 좀 들어주십시오." 예수님은 담담히 물었다. **"뭘 해주기를 원하느냐?"**

"이제 예루살렘에 입성해서 주님이 왕이 되시면, 주님이 다스리실 그 나라에서 주님 다음으로 높고 영광스러운 자리를 차지하게 해주십시오."막10:37

이렇게 낯 뜨거운 부탁을 어쩌면 이리도 스스럼없이, 그것도 다른 제자들이 다 듣고 있는 자리에서 할 수 있는 것일까?(막10:41). 물론 요한 스스로 자신은 그럴 만한 자격이 있다고 믿었기 때문일 것이다. 즉 요한이 그만큼 예수님을 사랑하고 예수님께 충성했기 때문이다. 그만큼 예수님께도 사랑받았고 그 사랑을 확신했기 때문이리라. 마치 어린 아이가 자기를 사랑함에 틀림이 없는 부모에게 아무 부끄러움 없이 무엇이든 당당하게 요구하는 것처럼 말이다. 요한이 요한복음에서 스스로를 '예수께서 사랑하시는 제자'라고 표현하는 것을 보라(남들이 그렇게 불렀을 가능성은 거의 없어 보인다). 예수님이 설마 요한 한 사람만 구별되게 편애하

---

5 마태복음에서는 야고보와 요한의 어머니가 아들들을 데리고 와서 직접 청탁한 것으로 묘사한다(마20:20-21). 아마도 평소 재정적인 후원을 해왔던 그녀 곧 '세베대 부인'(Mrs. Zebedee)이 그것을 근거로 예수님께 나름 당당하게 요구를 했던 것 같다(눅8:3). 아무튼 어머니가 먼저 치맛바람을 일으키고, 아들들도 이어 같은 부탁을 한 것으로 보인다.

셨을까마는 어쨌든 요한 스스로는 자신이 예수님께 특별한 사랑을 지극하게 받고 있다고 믿어 의심치 않았다. 그만큼 요한은 예수님을 사랑했고 예수님께 헌신했으며 어딜 가든 예수님 곁에 바짝 달라붙어 있었다. 예수님이 변화산에 올라가셨을 때를 비롯해서 중요한 순간마다 베드로, 야고보와 더불어 예수님 곁을 지켰고, 최후의 만찬 때는 아예 예수님의 품 안에 있었으며, 십자가 아래에서도 마지막까지 예수님 곁을 떠나지 않았다. 예수님이 부활하셨다는 소식을 듣고 쏜살같이 달려 (열정만 넘치는 베드로를 제치고) 가장 먼저 무덤에 도착한 것도 요한이었고(요20:4), 갈릴리 바닷가에 서 계신 주님을 가장 먼저 알아본 것도 그였다. 그런 요한이었기에, 오직 그만이 공관복음서들과는 다른 차원의 요한복음을 쓸 수 있었다.

물론 요한복음은 나머지 세 복음서들이 완성되고 30여 년이 지난 후에 기록되었다.[6] 요한은 이 30여 년의 숙고와 성찰과 톺아보기를 거쳐 그리고 공관복음서들의 바탕 위에서 요한복음을 써내려갔기 때문에 아무래도 그의 책에 깊이가 더해질 수밖에 없긴 하다. 하지만 누구나 인정하듯이 요한복음이 단순히 그런 이점만을 가지고 쓸 수 있는 책은 아닌 것이다.

요한은 분명 다른 열한 제자들이 갖지 못한 예수님과의 친밀

---

6 공관복음서들은 대략 주후 50-70년 사이에 기록된 것으로 추정된다. 반면 요한복음은 80-90년 사이에 기록되었다. 즉 요한은 공관복음서들이 기록된 지 짧게는 10여 년, 길게는 30여 년이 지난 후에야 요한복음을 기록한 셈이다.

함 그리고 애착이 있었다. 누구보다도 늘 예수님 가까이 있었고 자연스럽게 예수님과 많은 대화를 나누었으며, 특별한 사랑과 남다른 관찰력으로 주님의 삶과 죽음을 지켜보았다. 거기에 30여 년의 묵상과 기도와 성령의 조명이 더해진 것이다. 즉 하나님께서 그렇지 않아도 예수님과 각별했던 가장 어린 제자 요한의 영안을 특별히 더 열어주셔서 하나님의 경륜을 더 온전히 이해하게 하셨고, 무엇보다도 주님의 폐부를 더 깊숙이 들여다보게 하셨다. 그는 예수께서 이 땅에 계실 때에도 그의 품안에 있었지만, 주님이 승천하신 후에도 여전히 하나님의 품안 깊은 곳에서 가장 밝고 풍부한 계시를 하나님으로부터 받은 것이다. 그래서 사도 요한은 억누를 수 없는 벅찬 감동으로 요한복음의 첫 문장을 이렇게 적었다.

"태초에 말씀이 계시니라 이 말씀이 하나님과 함께 계셨으니 이 말씀은 곧 하나님이시니라!"요1:1

하나님은 자신의 품안에서 귀를 기울이고 있던 요한에게 "너희와 3년간 함께 했던 예수는 다름 아닌 나 하나님이다"라고 속삭이셨다. 오늘날 그리스도인들에게는 너무나 당연한 진리, 하지만 요한이 처음 들었을 때나 요한복음의 첫 독자들이 처음 들었을 때는 가히 상상하기 어려운 전율을 느꼈을 바로 그 진리를 말이다.

그랬다. 요한이 만난 나사렛 예수는 하나님이셨다. 그는 하나님으로부터 보내심을 받은 선지자, 메시아, 인자 정도가 아니라 하나님 자신이셨다. 성부 하나님의 생각과 마음과 의지를 표현하는 그분의 말씀이셨고, 동시에 하나님이셨다. 성부 하나님에 대한 최종적 해석이시자 그 자신이 하나님이셨다. 성부 하나님의 유일한 아들이시자 아버지께 순종하는 분이시지만, 그 자신이 성부 하나님과 동등한 신성, 능력, 영광을 지니신 참 하나님이셨다. 성부 하나님의 진리를 충성스럽게 전하는 분이었지만, 그 자신이 진리가 영구히 머무는 공간이요 진리 그 자체이셨다. 구약성경에서 '여호와 하나님'으로 불렸던 콧대 높은 유대인들의 유일신, 세상을 창조하시고 히브리 민족을 출애굽 시키시고 선지자들에게 말씀을 주셨던 바로 그 하나님과 동등한 존재이시자 그 하나님 자신이셨다.

무엇보다도, 볼 수 없는 성부 하나님을 사람들에게 보여주기 위해 육체를 입고 이 땅에 오신 분, 보이지 않는 하나님의 형상이 그 인격과 성품 안에 충만하게 농축되어 있으신 분, '하나님의 최고의 형상'God's supreme image으로서 사람이 되어 사람들 사이에 머물렀다 가신 분, 그분이 바로 예수님이셨다.

"말씀이 육신이 되어 우리 가운데 거하시매 우리가 그의 영광을 보니 아버지의 독생자의 영광이요 은혜와 진리가 충만하더라."요1:14

세상에 어떻게 이런 일이 있을 수 있었는가? 요한은 그 3년여의 시간 동안 하나님과 함께 걷고 하나님과 함께 먹으며 심지어 하나님을 만지고 하나님의 품 안에 기대기도 했었다. 지금도 그때를 떠올리면 주님의 따뜻한 체온이 느껴지는 듯한데, 그 주님이 세상을 창조하신 하나님이셨다니!

그것뿐인가? 부활하신 주님을 갈릴리 바닷가에서 만났을 때, 그분은 요한과 제자들에게 손수 아침 밥상을 차려주셨다. 직접 숯불을 피워 놓으시고 그 위에서 떡과 생선을 굽고 계셨다. "와서 **아침들 먹어라.**" 그렇게 다정하게 말씀해 주셨다. 창조주 하나님이신 그분이! 그리고 생각하면 생각할수록 십자가야말로 말문이 막히고 목이 메이는 사건이었다.

어떻게, 도대체 왜 하나님이신 분이 저주받은 십자가에 달려 죽으실 수 있는가? 어떻게 우주의 창조주가 한낱 피조물들의 손에 죽으실 수 있었던가? 왜 능력의 하나님이 저 흉측하고 괴로운 십자가에서 끝내 내려오지 않으셨는가? 경배받기에 합당하신 분이 어쩌자고 온갖 수모와 조롱을 용납하셨는가? 왜, 왜, 왜 대체 왜 그러셨는가?

하나님은 자신의 품안에서 울고 있는 요한에게 다시 한 번 말씀하셨다. "그건, 내가 너희를 사랑하기 때문이다." 그래서 요한은 하나님께 들은 대로 요한 1서에 이렇게 적어 놓았다.

"사랑은 여기 있으니 우리가 하나님을 사랑한 것이 아니요 하나님이

우리를 사랑하사 우리 죄를 속하기 위하여 화목제물로 그 아들을 보내셨음이라."요일4:10

사실 예수님 자신은 제자들과 함께 있을 때 '사랑'에 대해서 말씀하신 일이 별로 없으셨다.[7] 제자들과 사람들에 대한 사랑을 두고 생색내신 적이 없으시다. 손을 잡아주심으로, 귀신을 내쫓거나 병을 치료해 주심으로, 진리의 말씀을 가르쳐 주심으로, 혹은 친구의 장례식장에서 눈물 흘리시거나 배고픈 제자들에게 손수 아침 밥상을 차려주심으로, 그리고 때로는 온유하고 겸손한 침묵으로 사랑을 표현하셨을 뿐 요란한 말로 그것을 피력하지 않으셨다. 그 모든 사랑을 그저 행동으로 보여주셨다. 마지막엔 십자가 위의 죽음이라는 행동으로.

요한은 그렇게 하나님이신 예수를 만났고, 사랑이신 하나님을 만났다. 예수 안에 존재하시는 하나님을 만났고, 예수로서 존재하시는 하나님을 만났다. 따뜻한 피가 흐르고 부드러운 살로 덮인, 사랑 그 자체를 만났다. 이 만남이 그의 삶을 뿌리째 흔들었고, 마침내 온전히 바꾸어 놓았다. 예수님을 만난 그의 삶은 결코

7 　대표적인 예외가 있다면 요한복음 13장 34절 말씀인데("새 계명을 주노니 서로 사랑하라 내가 너희를 사랑한 것 같이 너희도 서로 사랑하라"), 이것 역시 자신의 사랑을 과시하기 위해서가 아니라 제자들의 사랑을 격려하기 위해서 하신 말씀이다.

이전과 같을 수 없었다. 그의 삶에 무엇인가가 일어났다. (마틴 부버Martin Buber의 말처럼) 때로는 알아차리기 힘들 만큼 미묘한 숨결 같은 내면의 변화로, 또 때로는 씨름판 위에서 허덕거리는 것과 같은 격렬한 삶의 변화로.

그의 삶은 본래 안정적이고 부유했으나 예수님을 만난 이후로 기꺼이 방랑과 가난을 벗 삼았다. 그는 야망으로 가득 찬 사람이었으나 예수님을 만나면서 그 속된 마음을 비워내고 대신 하나님의 나라를 가슴에 담기 시작했다. 당파적이고 속 좁은 사람이었지만 예수님을 만난 이후로 모든 사람을 넉넉히 품을 만한 그릇으로 천천히 그러나 견고하게 빚어져갔다. 그의 언어와 성품도, 그리고 그의 심장과 상상력도 모두 다 새롭게 빚어져갔다.

그렇게 갈릴리의 우레의 아들이 초대교회의 사랑의 사도가 되었다. 자기가 만났던 사랑이신 주님을 본받아 그 역시 오래도록 삶으로 사랑을 살아내고, 입술로도 사랑을 전했다. 아마도 그 자신은 하루라도 빨리 세상을 떠나서 사랑하는 주님 품안에 다시 안겨있고 싶었으리라. 평생 바늘과 실처럼 끈끈하게 함께 했던 형 야고보의 이른 죽음(행12:1-2), 그리고 다른 제자들의 순교 소식이 들려올 때마다 동료들의 죽음에 대한 슬픔과 더불어 주님에 대한 그리움이 사무쳐 흐느껴 울었을 테다. 하지만 주님이 자기에게 맡기신 사명은 순교가 아니라 순교와도 같은, 아니 어쩌면 순교보다도 더 지난한 사도로서의 90평생의 삶이었다.

결국 누구보다도 주님을 사랑하고 사모했던 요한이 그 누구보

에필로그

다도 늦게 주님께로 돌아갔다(춤추며 뛰어갔으리라!). 끝까지 주님의 모친을 보살폈고, 자신처럼 예수를 직접 만나보지 못한 사람들과 오고 오는 모든 세대의 영혼들을 위해 성경을 기록했다. 그리고 예수가 누구이신지를 모르거나 오해하고 있던 당대의 사람들을 위해 죽는 날까지 신실하게 가르치고 증언했다.

"예수님은 하나님이십니다. 그분은 사랑이십니다. 나는 그분 안에서 하나님의 아들의 영광을 보았습니다. 아니 하나님의 영광을 보았습니다. 그분 안에 은혜와 진리가 충만한 것을 보았습니다!"

요한은 하나님이 세상을 이처럼 사랑하셔서 자신의 독생자를 죽음에 내어주셨다고 말했다(요3:16). 그런데 하나님이 그토록 사랑했던 '그 세상'은 실제적으로 무엇이었을까? 요한은 그것을 요한복음에 하나하나 정성껏 묘사해 놓았다. 그것은 곧 사람이었는데, 어떤 철학적이고 관념적이며 사변적인 존재가 아니라 피와 살로 이루어져 있고 영혼과 체온을 가진 구체적인 사람들이었다.

니고데모를 보라. 그는 남자요 유대인이요 품위 있는 지식인이요 부자요 권력자요, 그리고 종교적으로 정통에 속하는 사람이었다. 사마리아 여인을 보라. 그는 성깔 있는 여자요 이방인과도 같은 천한 사마리아인이요 믿을 수 없을 만큼 복 없는 인생이었다. 38년 된 병자는 너무 오래 누워 있어서 사실상 죽은 자와 다름없는 희망 없는 사람이었다. 또 자신의 죄 때문에 병을 얻은 사람이었다. 날 때부터 맹인 된 사람은 원인도 모른 채 차마 인생이라 말하기도 어려운 비참한 인생을 그저 꾸역꾸역 힘겹게 살고 있었다. 음행하다 잡힌 여인은 그 어떤 핑계도 댈 수 없는 인생의 막다른 골목에, 벼랑 끝에 서 있던 위기의 사람이었다.

이 모든 사람을, 특정한 현실에 놓인 인간들을 하나님은 이처럼 사랑하셨다. 이 모든 종류의 사람을, 그리고 스스로는 결코 구원의 도를 깨달을 수 없는 사람들을, 나아가 사실상 그 영혼이 죽은 것과도 같은 모든 애처롭고 불쌍한 사람들을 하나님은 사랑하셨다.

그리고 예수님이 만나주셨다.

이제, 당신이 만날 차례다. 이토록 만날만한 예수를 만나고, 그 영이 새롭게 되어 물동이를 집어던지고 삶의 자리로 기운차게 돌아갈 때다.

· 게르트 타이센(Gerd Theißen)『갈릴래아 사람의 그림자』 2019, 비아.

· 게리 버지(Gary M. Burge)『요한복음』 NIV 적용주석. 2010, 솔로몬.

· 그레고리 빌(Gregory K. Beale)『요한계시록 주석』 2015, 복있는사람.

· 김세윤『요한복음 강해』 2001, 두란노.

· 김호경『예수가 하려던 말들』 2022, 뜰힘.

· 김회권『요한복음』 2020, 복있는사람.

· 다렐 보크(Darrell L. Bock)『복음서를 통해 본 예수』 2012, 솔로몬.

· 단테 알리기에리(Dante Alighieri)『신곡』 연옥편/천국편. 2007, 민음사.

· 달라스 윌라드(Dallas Willard)『하나님의 모략』 1998, 복있는사람.

· 데렉 티드볼(Derek Tidball)『십자가』 2003, IVP.

· 데이비드 A. 드실바(David A. deSilva)『문화의 키워드로 신약성경 읽기』 2019, 새물결플러스.

『신약 개론』 2013, CLC.

· 데인 오틀런드(Dane C. Ortlund)『더 깊게』 2023, 개혁된실천사.

『온유하고 겸손하니』 2022, 개혁된실천사.

『우리가 몰랐던 예수』 2022, 두란노.

· 디트리히 본회퍼(Dietrich Bonhoeffer)『나를 따르라』 2016, 복있는사람.

『윤리학』 2022, 복있는사람.

· 래리 허타도(Larry W. Hurtado)『주 예수 그리스도』 2010, 새물결플러스.

· 레베카 맥클러플린(Rebecca McLaughlin) 『여인들의 눈으로 본 예수』 2023, 죠이북스.

· 레슬리 뉴비긴(Lesslie Newbigin) 『요한복음 강해』 2001, IVP.

· 레온 모리스(Leon Morris) 『그리스도의 십자가』 2007, 바이블리더스.

· 로버트 스타인(Robert H. Stein) 『메시아 예수』 2001, IVP.

· 로완 윌리엄스(Rowan D. Williams) 『복음을 읽다』 2018, 비아.

　　　　　　　　　　　　　　『심판대에 선 그리스도』 2018, 비아.

· 로이스 티어베르그(Lois Tverberg) 『랍비 예수』 2018, 국제제자훈련원.

· 루이스 벌코프(Louis Berkhof) 『조직 신학』 2000, 크리스찬다이제스트.

· 리차드 넬슨(Richard Nelson) 『열왕기 상,하』 현대성서주석. 2000, 한국장로교출판사.

· 리차드 버릿지(Richard A. Burridge) 『네 편의 복음서, 한 분의 예수』 2000, 기독교연합신문사.

· 리처드 미들턴(J. Richard Middleton) 『해방의 형상』 2009, SFC.

· 리처드 헤이스(Richard Hays) 『신약의 윤리적 비전』 2002, IVP.

· 린 바압(Lynne M. Babb) 『즐겁게 안식할 날』 2006, IVP.

· 마르틴 부버(Martin Buber) 『나와 너』 2000, 대한기독교서회.

· 마르틴 행엘(Martin Hengel) 『십자가 처형』 2020, 감은사.

· 마이클 그린(Michael Green) 『마태복음 강해』 BST. 2005, IVP.

· 마이클 프로스트(Michael Frost) 『바보 예수』 1994, IVP.

· 맥스 루케이도(Max Lucado) 『예수가 선택한 십자가』 2001, 두란노.

· 모토무라 료지(Motomura Ryoji) 『로마사를 움직이는 12가지 힘』 2023, 사람과나무사이.

· 무디 스미스(D. Moody Smith) 『요한 1,2,3서』 현대성서주석. 2001, 한국장로교출판사.

· 박총 『욕쟁이 예수』 2010, 살림출판사.

· 번 포이트레스(Vern S. Poythress) 『구속사적 관점에서 본 예수의 기적』 2019, 새물결플러스.

· 베리 베이첼(Barry J. Beitzel) 『Lexham 성경 지리 주석』 2021, 죠이북스.

· 벤 위더링턴 3세(Ben Witherington III) 『예수와 돈』 2010, 넥서스Cross.

· 빌리발트 뵈젠(W. Bösen) 『예수시대의 갈릴래아』 1998, 한국신학연구소.

· 스탠리 하우어워스(Stanley Hauerwas) 『교회됨』 2010, 북코리아.

· 스티븐 바턴(Stephen C. Barton) 『사복음서의 영성』 1997, CLC.

· 싱클레어 퍼거슨(Sinclair B. Ferguson) 『성령』 1999, IVP.

· 씨 에스 루이스(C. S. Lewis) 『네 가지 사랑』 2005, 홍성사.

　　　　　　　　『천국과 지옥의 이혼』 2003, 홍성사.

· 아타나시우스(Athanasius) 『말씀의 성육신에 관하여』 2021, 죠이북스.

· 알리스터 맥그래스(Alister E. McGrath) 『내가 정말 몰랐던 예수 십자가』 2004, 규장.

· 알프레드 에더스하임(Alfred Edersheim) 『메시아』 2, 3, 4권. 2012, 생명의말씀사.

· 앨런 컬페퍼(R. Alan Culpepper) 『요한복음 해부』 2000, 요단출판사.

· 앨버트 벨(Albert A. Bell, Jr.) 『신약시대의 사회와 문화』 2001, 생명의말씀사.

· 양용의 『마태복음』 한국성경주석 01. 2022, 이레서원.

· 에이든 토저(Aiden Tozer) 『보혜사』 2006, 규장.

· 에케하르트 슈테게만(Ekkehard W. Stegemann), 볼프강 슈테게만(Wolfgang Stegemann)

『초기 그리스도교의 사회사』 2008, 동연.

· 엘리자베스 엘리엇(Elisabeth Elliot) 『고통은 헛되지 않아요』 2019, 두란노.

· 요세푸스(Josephus) 『유대 고대사』 II. 1987, 생명의말씀사.

　　　　　　　『유대 전쟁사』 1987, 생명의말씀사.

· 요아힘 예레미아스(Joachim Jeremias) 『예수시대의 예루살렘』 1988, 한국신학연구소.

· 월터 윙크(Walter Wink) 『사탄의 가면을 벗겨라』 2005, 한국기독교연구소.

· 유진 피터슨(Eugene H. Peterson) 『그 길을 걸으라』 2007, IVP.

　　　　　　　　『묵시 : 현실을 새롭게 하는 영성』 2002, IVP.

　　　　　　　　『비유로 말하라』 2008, IVP.

　　　　　　　　『현실, 하나님의 세계』 2006, IVP.

· 윤은성 『만남』 2018, 미디어샘.

· 이문균 『신앙과 삶 속에서 삼위일체 하나님 알아보기』 2005, 한국장로교출판사.

· 이상규 『초기 기독교와 로마 사회』 2016, SFC.

· 이안 두굿(Iain M. Duguid) 『에스겔』 NIV 적용주석. 2003, 성서유니온선교회.

· 이어령 『먹다, 듣다, 걷다』 2022, 두란노.

· 이진경 『열두 제자 이야기』 2022, 도서출판kmc.

· 제씨 펜 루이스(Jessie Penn-Lewis) 『십자가의 도』 2008, 좋은씨앗.

· 제임스 던(James D. G. Dunn) 『첫 그리스도인들은 예수를 예배했는가?』 2016, 좋은씨앗.

· 제임스 에드워즈(James R. Edwards) 『마가복음』 PNTC. 2018, 부흥과개혁사.

· 제임스 토런스(James B. Torrance) 『예배, 공동체, 삼위일체 하나님』 2022, IVP.

· 조나단 페닝턴(Jonathan T. Pennington) 『산상수훈 그리고 인간 번영』 2020, 도서출판 에스라.

· 조석민 『요한복음의 새 관점』 2015, 솔로몬.

　　　　『이해와 설교를 위한 요한복음』 2019, 이레서원.

· 존 브라이트(John Bright) 『이스라엘 역사』 1993, 크리스찬다이제스트.

· 존 빔슨(John Bimson) 『IVP 성경주석』 NBC. 2008, IVP.

· 존 스토트(John R. W. Stott) 『그리스도의 십자가』 1998, IVP.

　　　　『비교할 수 없는 그리스도』 2002, IVP.

· 존 오스월트(John N. Oswalt) 『이사야』 NIV 적용주석. 2004, 성서유니온선교회.

· 칼 바르트(Karl Barth) 『하나님의 인간성』 2017, 새물결플러스.

· 케네스 베일리(Kenneth E. Bailey) 『중동의 눈으로 본 예수』 2016, 새물결플러스.

· 크레이그 반즈(M. Craig Barnes) 『오늘을 위한 하이델베르크 교리문답』 2016, 복있는사람.

· 크레이그 블롬버그(Craig L. Blomberg) 『가난하게도 마옵시고 부하게도 마옵소서』 2012, IVP.

· 크레이그 키너(Craig S. Keener) 『성령 해석학』 2020, 새물결플러스.

· 크리스토퍼 라이트(Christopher Wright) 『구약의 빛 아래서 그리스도를 아는 지식』 2010, 성서유니온선교회.

· 크리스토퍼 애쉬(Christopher Ash) 『티칭 시편』 2020, 성서유니온선교회.

· 토마스 아 켐피스(Thomas A Kempis) 『그리스도를 본받아』 2021, 선한청지기.

· 토마스 토렌스(Thomas F. Torrance) 『그리스도의 중재』 2024, 사자와어린양.

· 톰 라이트(N. T. Wright) 『톰 라이트, 칭의를 말하다』 2011, 에클레시아북스.

· 티머시 켈러(Timothy Keller) 『예수를 만나다』 2014, 베가북스.

　　　　　　　　　　『죽음에 관하여』 2020, 두란노.

· 파울라 프레드릭슨(Paula Fredriksen) 『바울, 이교도의 사도』 2022, 도서출판 학영.

· 프랭크 메이트라(Frank J. Matera) 『신약 윤리학』 2014, CLC.

· 프레더릭 머피(Frederick J. Murphy) 『초기 유대교와 예수 운동』 2020, 새물결플러스.

· 프레드릭 뷰크너(Fredrick Buechner) 『통쾌한 희망사전』 2005, 복있는사람.

· 프레드릭 댄커(Frederick W. Danker) 『신약성서 그리스어 사전』 2017, 새물결플러스.

· 플래너리 오코너(Flannery O'Connor) 『현명한 피』 2017, IVP.

· 플레밍 러틀리지(Fleming Rutledge) 『예수의 마지막 말들』 2023, 비아.

· 필립 얀시(Philip Yancey) 『기도』 2007, 청림출판.

　　　　　　　　　『내가 알지 못했던 예수』 1998, 요단.

· 하워드 마샬(Howard Marshall) 『IVP 성경주석』 NBC. 2008, IVP

· 헤르만 바빙크(Herman Bavinck) 『개혁교의학 4』 2011, 부흥과개혁사.

　　　　　　　　　『개혁파 윤리학 1』 2021, 부흥과개혁사.

· Andreas J. Köstenberger 『John』 BECNT. 2004, Baker Academic.

· Colin E. Gunton 『The One, The Three And The Many』 1993, Cambridge University Press.

· Craig S. Keener 『A Commentary On The Gospel Of Matthew』 1999, Eerdmans.

　　　　　　　『The Gospel Of John』 vol 1. 2003, Baker Academic.

　　　　　　　『The Mind Of The Spirit』 2016, Baker Academic.

· Daniel B. Wallace 『Greek Grammar Beyound the Basics』 1996, Zondervan Acsdemic.

· Daniel J. Harrington & James F. Keenan

　　　　　『Jesus And Virtue Ethics』 2010, Rowman & Littlefield Publishers.

　　　　　『Paul And Virtue Ethics』 2002, Rowman & Littlefield Publishers.

· Darrell L. Bock 『Luke』 vol 1. BECNT. 1994, Baker Academic.

　　　　　　　　　　『Luke』 vol 2. BECNT. 1996, Baker Academic.

　　　　　　　　　　『Theology Of Luke And Acts』 2012, Zondervan.

· Donald A. Carson 『The Gospel According To John』 1990, Eerdmans.

· Eugene H. Peterson 『The Message』 2002, NAVPress.

· Gregory of Nyssa 『Sermon On The Beatitudes』

　　　　　　　　　　a paraphrase by Michael Glerup. 2012. Inter-Varsity Press.

· James D. G. Dunn 『Jesus And The Spirit』 1975, The Westminster Press.

　"Prophetic Movement and Zealots" in 『The World Of The New Testament』 edit.

　by Joel B. Green and Lee Martin McDonald. 2013, Baker Academic.

· James S. Stewart 『A Man In Christ』 1935, Pantianos Classics.

· John Calvin 『Institutes Of The Christian Religion』 1. edit. by John T. McNeill.

　　　　　　　　　　trans. by Ford Lewis Battles. 1960. Westminster John Knox Press.

· John D. Zizioulas 『Being As Communion』 2004, Vladimir's Seminary Press.

· John R. W. Stott 『The Message Of Ephesians』 BST. 1979, Inter-Varsity Press.

· Leonardo Boff 『Trinity and Society』 trans. by Paul Burns. 1988, Burns & Oates/Search Press Ltd.

· Leon Morris 『The Gospel According To John』(revised edition) NICNT. 1995, Eerdmans.

· Nonna Verna Harrison 『God's Many-splendored Image』 2010, Baker Academic.

· N. T. Wright 『Jesus And The Victory Of God』 1996, Fortress Press.

· Peter T. O'Brien 『The Letter To The Ephesians』 PNTC. 1999, Eerdmans.

· Raymond E. Brown 『The Gospel According To John』 vol 1. AB. 1966, Doubleday.

· Richard A. Burridge 『Imitating Jesus』 2007, Eerdmans.

· Richard B. Hays 『Echoes Of Scripture In The Gospels』 2016, Baylor University Press.

· Robert H. Stein 『Luke』 NAC. 1992, Broadman Press.

· R. T. France 『The Gospel Of Mark』 NIGTC. 2002, Eerdmans.

· Thomas F. Torrance 『The Mediation Of Christ』 1992, Helmers &Howard.

· Victor P. Furnish 『Theology And Ethics In Paul』 2009, Westminster John Knox Press.

『The Moral Teaching Of Paul』 1985, Abingdon Press.

· Walter Bauer

『A Greek-English Lexicon Of The New Testament And Other Early Christian Literature』

(3rd edition) rev. and edit. by Frederick. W. Danker. 2000, The University of Chicago Press.